本书同时感谢南京大学人文社科双一流建设第三批“百层次”科研项目“政党运作与政治稳定:‘一带一路’沿线65国定量定性混合研究”的支持。

国家出版基金项目
NATIONAL PUBLICATION FOUNDATION

“十三五”国家重点图书出版规划项目

主 编 石 斌

新兴大国崛起与全球秩序变革

第八卷 /

国际体系与国际秩序定量分析

祁玲玲 著

南京大学出版社

图书在版编目(CIP)数据

国际体系与国际秩序定量分析 / 祁玲玲著. -- 南京：南京大学出版社，2022.12
(新兴大国崛起与全球秩序变革 / 石斌主编;第八卷)
ISBN 978-7-305-22821-6

Ⅰ. ①国… Ⅱ. ①祁… Ⅲ. ①国际关系一研究 Ⅳ. ①D81

中国版本图书馆 CIP 数据核字(2019)第 299709 号

出版发行　南京大学出版社
社　　址　南京市汉口路 22 号　　　　邮　编　210093
出 版 人　金鑫荣

丛 书 名　新兴大国崛起与全球秩序变革·第八卷
丛书主编　石　斌
书　　名　国际体系与国际秩序定量分析
著　　者　祁玲玲
责任编辑　徐　楠

照　　排　南京南琳图文制作有限公司
印　　刷　苏州工业园区美柯乐制版印务有限责任公司
开　　本　718×1000　1/16　印张 18.25　字数 240 千
版　　次　2022 年 12 月第 1 版　2022 年 12 月第 1 次印刷
ISBN 978-7-305-22821-6
定　　价　108.00 元

网址：http://www.njupco.com
官方微博：http://weibo.com/njupco
官方微信号：njupress
销售咨询热线：(025) 83594756

总　序

“南京大学亚太发展研究中心”于2016年夏初创设并渐次成长，得“南京大学亚太发展研究基金”之专项全额资助，实乃一大助缘、大善举；众多师友、同道的鼓励、扶持乃至躬身力行，同样厥功至伟。

此一学术平台之构建，旨在通过机制创新与成果导向，以国际性、跨国性与全球性议题为枢纽，将人文社会科学诸领域具有内在关联之学科方向、研究内容与学术人才，集成为国际关系、国家治理、经济发展、社会文化等多个“研究群”，对大亚太地区展开全方位、多层次、跨学科研究，并致力于承担学术研究、政策咨询、人才培养、社会服务与国际交流等功能。

所谓“亚太”，取其广义，乃整个亚洲与环太平洋地区之谓。不特如此，对于相关全球性问题的关切，亦属题中之义。盖因世界虽大，却紧密相连。值此全球相互依存时代，人类命运实为一荣损相倚、进退同步之共同体，断难截然分割。面对日益泛滥的全球性难题，东西南北，左邻右舍，各国各族，除了风雨同舟，合作共赢，又岂能独善其身，偷安苟且？所谓“发展”，固然有“政治发展”、“经济发展”、“社会发展”等多重意蕴，亦当有“和平发展”与“共同发展”之价值取向，其理亦然。

吾侪身为黉门中人，对于大学之使命，学人之天职，理当有所思虑。故欲旧话重提，在此重申：育人与问学，乃高等教育之两翼，相辅相成、缺一不可。大学之本是育人，育人之旨，在"养成人格"，非徒灌输知识、传授技能；大学之根是学问，学问之道，在"善疑、求真、创获"。二者之上，更需有一灵魂，是为大学之魂。大学之魂乃文化，文化之内核，即人文价值与"大学精神"：独立、开放、理性、包容、自由探索、追求真理、秉持理想与信念。大学之大，盖因有此三者矣！

南京大学乃享誉中外之百年老校，不独底蕴深厚、人文荟萃，且英才辈出、薪火相续。于此时代交替、万象更新之际，为开掘利用本校各相关领域之丰厚学术资源，凝聚研究团队，加强对外交流，促进学术发展，展示亚太中心学术同仁之研究成果与学术思想，彰显南京大学之研究水平与学术风格，我们在《南大亚太评论》、《现代国家治理》、《人文亚太》、《亚太艺术》等学术成果已相继问世的基础上，决定再做努力，编辑出版《南大亚太论丛》。

海纳百川，有容乃大。自设门户、画地为牢，绝非智者所为。所谓"智者融会，尽有阶差，譬如群流，归于大海"，对于任何社会政治现象，唯有将各种研究途径所获得的知识联系起来，方能得到系统透彻的理解，否则便如朱子所言，"见一个事是一个理"，难入融会贯通之境。办教育、兴学术，蔡元培先生主张"囊括大典，网罗众家，思想自由，兼容并包"。《论丛》的编纂，亦将遵循此种方针。

故此，《论丛》之内容，并不限于一般所谓国际问题论著。全球、区域、次区域及国家诸层面，内政外交、政治经济、典章制度与社会文化诸领域的重要议题，都在讨论范围之内。举凡个人专著、合作成果、优秀论文、会议文集，乃至特色鲜明、裨利教学的精品教材，海外名家、学术前沿的迻译之作，只要主题切合，立意新颖，言之有物，均在“网罗”、刊行之列。此外我们还将组织撰写或译介各种专题系列丛书，以便集中、深入探讨某些重要议题，推动相关研究进程，昭明自身学术特色。

要而言之，南京大学亚太发展研究中心所执守之学术立场，亦即《论丛》之编辑旨趣：一曰“本土关怀，世界眼光”；再曰“秉持严谨求实之学风，倡导清新自然之文风”；三曰“科学与人文并举，学术与思想共生，求真与致用平衡”。

一事之成，端赖众力。冀望学界同仁、海内贤达继续鼎力支持、共襄此举，以嘉惠学林，服务社会。值出版前夕，爰申数语，以志缘起。

石　斌

2018 年元旦于南京

主编的话

从跨学科视野理解"大变局"时代的全球秩序

这是由十个分卷构成的一部书，而不是各自完全独立、互不相干的十本书。虽然每一卷都有自己的研究重点和研究视角，包括不同的学科视角，因此也具有相对的独立性，但各分卷都是对主题的细化和展开，是一个不可分割的整体。

本书由来自国际关系、比较政治、国际法、经济学、历史学、军事学、环境科学等多个学科的40余位学者共同撰写，耗时多年且长达300余万字，因此需要交代的事情很多，然而篇幅本身已足够庞大，与其繁复累赘、画蛇添足，不如长话短说，仅就本书的研究目标、论述框架、研究方法和主要内容等略作说明。

一、研究之缘起与意义

从学术理论的角度看，国际秩序或内容更为广泛的全球秩序，其历史、现状与走向，是世界政治与国际关系发展进程中最具全局性、长期性与战略性的重大问题，因此是国际政治研究始终不可忽略的一个重要主题。由于民族国家迄今为止仍然是最重要的国际政治行为体，国际秩序自然也是世界秩序的核心内容，因此本书的研究重点和主要内容是"国际秩序"，即主要与国家行为体有关、由民族国家交往互动所形成的秩序。然而很明显的是，当今世界的许多实际问题或现实议题已经远远超出了国家间关系和国际秩序的范围，需要从"世界政治""世界秩序"或"全球秩序"等更加广阔的视野来加以审视。要理解当今世界所面临的各种问题，仅仅关注国家间关系或国家间秩序是远远不够的。国际政治或国际关系研究日益走向世界政治研究或全球国际关系学，相应的世界秩序或全球秩序研究也日渐发展，实为与时俱进的合理之举和必然趋势。

从现实的角度看，当今世界正在发生许多堪称前所未有的深刻变化，“百年未有之大变局”便是就此提出的一个重大判断。这个大变局可能有多重含义，但核心是国际体系正在发生的结构性变迁，即国际力量对比的变化以及与此密切相关的国际秩序观念及国际交往规则、规范与制度的变化。这些变化的主要动力来自一批新兴大国和新兴市场经济体的崛起。国际体系的变化必然导致国际秩序产生相应的变化。近年来全球政治经济领域的一系列重要事态表明，国际秩序正处于某种调整或转型的关键时期。中共二十大报告指出，“世界百年未有之大变局加速演进，新一轮科技革命和产业变革深入发展，国际力量对比深刻调整，我国发展面临新的战略机遇。同时，世纪疫情影响深远，逆全球化思潮抬头，单边主义、保护主义明显上升，世界经济复苏乏力，局部冲突和动荡频发，全球性问题加剧，世界进入新的动荡变革期”。在这个背景下，国际秩序的走向再次成为国际社会普遍关注的一个重大问题。新一轮围绕国际秩序与全球治理体系变革的竞争正在迅速展开。各主要国际力量都在调整自己的对外战略，力图使国际秩序朝着有利于自身的方向发展。

21 世纪是国际政治经济秩序大调整的时代，新兴国家群体的崛起是这个时代最具标志性的事件。战后以来，围绕国际秩序变革的斗争始终未曾停息，且出现过多次高潮，但由于发达国家在国际体系中的总体优势地位，改革进程步履艰难，国际秩序迄今主要反映的还是发达国家的权力、利益与价值偏好。因此，一大批新兴市场经济国家在冷战后的出现，特别是以中国为代表的新兴大国群体的崛起，为国际秩序变革提供了新的动力和可能性。在国际体系发生结构性变迁的过程中，新兴大国如何抓住机遇、应对挑战，推动国际秩序朝着更加公正、合理、和平的方向发展，同时进一步改善自己的国际地位与处境，是一个意义深远的重大课题。中国是最大的发展中国家和新兴大国中的佼佼者，是国际体系与国际秩序发展进程中的一个重要角色，中国学者更有责任从新兴大国的处境、需求和视角出发，就国际秩序与全球治理体系变革所涉及的各种理论与实践问题，特别是中国在其中的地位、目标与作用展开深入、细致的研究。

二、论述框架与研究方法

国际秩序或全球秩序是一个涉及国内、国际、全球等多个层面，政治、经济、安全、法律、文化等众多领域的宏大主题和复杂问题，任何单一学科的思维模式、研究路径或研究方法，都不免有盲人摸象之嫌，只有通过跨学科对话与交流才有可能获得更全面、更深入的理解。由于这个论题本身的重要性，有关国际秩序的研究论著即使称不上汗牛充栋，也可谓相当丰富，但总的来说还存在几个明显的不足：其一是缺乏跨学科综合研究，一般都是各相关学科按照自己的学科思维和研究路径，就自己擅长或关心的某些方面展开独立研究，鲜有学科间的对话与合作；其二是对具体实践领域的探讨还很不全面，一般都着重讨论传统的政治、安全或经济秩序问题，对金融、法律等重要领域或环境、能源、资源等重大新型挑战的关注还很不充分，对网络、外空、极地、深海等国际政治“新疆域”或“新场域”所涉及的秩序问题的探讨，甚至可以说还处于初始阶段；其三是以定性研究和规范研究为主，定量分析和实证研究很少见。国外的相关研究虽然更为丰富甚至更为深入，但也存在许多类似问题，何况国外尤其是西方学者的研究视角和智识关切与我们大不相同，因而并不能代替我们自己的独立思考。

因此，我们在研究设计上做了一些尝试，力图使我们的论述框架、研究内容和研究方法能够契合这一复杂主题本身的要求，更全面地反映国际秩序在理论、历史与现实等方面的发展脉络和重要议题，体现中国学者基于自身观察视角和价值关切所做出的学术努力。在研究视角上，我们主要立足于发展中国家的立场与视角，力图反映中国等新兴大国在国际秩序及其变革进程中的处境、地位、作用与需求；在研究框架上，我们试图建立一个相对完整的跨学科研究体系，将研究内容分为“历史考察→理论探索→议题研究→定量分析→战略思考”五个板块，并注意突出它们之间在逻辑上的相互联系和层次递进关系；在研究方法上，把定性研究与定量分析结合起来，使研究具有更多的科学—实证基础，以求获得逻辑与经验的统一；在研究议题上，除了讨论政治与安全秩序以及经济贸易与金融秩序问题，特别注意探讨国际政治学界过去较少讨论然而十分重要的国际法律秩序与制度规范问题，以及一些新兴政治场域和新兴战略领域的国际秩序问题。

总之，这是一项尝试将历史与现实、理论与实践、宏观战略思考与微观实证研究、定性研究与定量分析结合起来的跨学科探索。

三、主要内容与各卷主题

本书的总体目标，是从发展中国家的视角来探讨国际秩序的理论、历史、现状与发展趋势以及中国等新兴大国在国际秩序与全球治理体系变革过程中的地位与作用问题。基于对国际体系结构与国际秩序内涵的独立见解，本书试图从跨学科视野出发，构建一个相对完整的研究体系和有自身特色的分析框架，其中所涉及的基本要素包括：一种结构，即多极三元化的政治经济结构；三类国家，即发展中国家、新兴大国、发达国家；四个层次，即历史、理论、议题、战略；三大领域，即国际政治与安全秩序、经济贸易与金融秩序、国际法律秩序与制度规范。此外，国际体系与国际秩序还涉及一个更为深层、复杂且影响无处不在的因素，即作为其思想与观念支撑的文化价值基础与意识形态格局问题。这显然也是本书主题必然涉及一个重要方面，但我们没有采取集中论述的方式，而是在各卷相关部分联系具体问题加以讨论。

我们认为，当前国际政治经济体系早已超越了冷战时期的两极二元结构（东西政治两极和南北经济二元），日益呈现出一种多极三元化结构，即政治上日益多极化（包含中美俄日欧等多种政治力量），经济上日益三元化（发展中国家、新兴大国、发达国家三类经济水平）。就国际体系的力量结构以及与此密切相关的国际秩序观念与利益诉求而言，发达国家、发展中的新兴大国群体与一般发展中国家的三分法尽管也只是一种粗略划分，但相对于传统的南北关系或发达国家与发展中国家的二分法，可能更加贴近当今世界政治经济格局的现实。总之，我们有必要把中国等新兴大国视为具有许多独特性的国际政治经济力量。与此相关，发达国家、新兴大国、发展中国家这三类国家在国际体系中的实力地位以及它们在国际秩序观念与政策取向方面的共性与差异，或许是理解当今国际秩序稳定与变革问题的一个重要视角。就此而论，在中国的国际战略与对外政策实践中，如何区别对待和有效处理与这三类不同国家之间的关系，是一个值得深入研究的问题。此外我们还应该看到，中国等新兴大国目前尚未进入发达国家行列，但综合实力又明显强于大部分发展中国家，在某些领域甚至接近或超过了许多发达国家，因此随着主客观条件的变化，它们在国际身份、发展需求与实际作用等方面可能具有某种可进可退、可上可下的“两重性”，这种两重性在国际秩序的变革进程中既是一种独特优势，也可能意味着某些特殊困难。深刻认识和准确把握这种两重性的实践含义，有助于新兴国家合理确定国际秩序的改革目标，准确定位自己的身份与作用，从而制定合理的外交战略，采用有效的政策工具。

本书内容由以下五个板块（十个分册）构成，它们在逻辑上具有内在联系，在研究层次上具有递进关系。

理论探索：即第一卷《国际秩序的理论探索》。旨在厘清国际秩序理论所涉及的核心问题；通过对当前国际政治经济体系结构及其发展趋势的重新界定和阐释，以及三类国家国际秩序观念及其成因的比较分析，揭示现有国际体系、国际秩序和全球治理相关理论在解释力上的价值与缺陷，特别是西方国际政治理论所蕴含的秩序观念、有关国际秩序的各种流行观点及其现实背景；最后着眼于新兴大国的理论需求与可能的理论贡献，为研究具体问题以及发展中国家参与国际秩序变革、应对各种实际问题提供理论参考或理论说明。

历史考察：即第二卷《战后国际秩序的历史演进》。目的是联系二战后国际体系的演变历程，厘清国际秩序的发展脉络，揭示当前国际秩序的历史根源、基本性质、主要特点和发展趋势；总结过去数十年里发展中国家在寻求国际政治经济秩序变革过程中的经验教训，凸显新兴大国在"大变局"时期所面临的机遇和挑战；此卷旨在为"理论探索"提供经验依据，为"议题研究"提供历史线索，为"战略思考"提供历史借鉴。

议题研究：包括第三卷《国际政治与安全秩序概观》、第四卷《国际安全治理重大议题》、第五卷《国际经济秩序的失衡与重构》、第六卷《国际秩序的法治化进阶》、第七卷《地区秩序与国际关系》。这是全书的重点内容，目的是讨论当代国际政治与安全秩序、国际经济贸易与金融秩序、国际法律秩序以及地区秩序等主要领域的具体、实际问题。其中对环境、能源等新型安全挑战，网络、外空、极地等新兴领域以及作为国际秩序之重要基础的国际法律体系的探讨，也许是本书最具特色的内容。从"问题—解决"的角度看，只有弄清楚这些重要实践领域的现状、趋势、关键问题及其性质，才能明确变革的方向、目标和重点。

定量分析：即第八卷《国际体系与国际秩序定量分析》。旨在通过比较分析新兴大国与主要发达国家在软硬实力方面的主要指标，了解中国等新兴大国在国际体系与国际秩序中的实际地位与发展需求，在重要实践领域的能力和影响力变化趋势，从而为合理的战略设计与政策选择提供较为具体、可靠的事实依据。

战略思考：包括第九卷《大国的国际秩序观念与战略实践》、第十卷《全球秩序变革与新兴大国的战略选择》。这个部分很大程度上是对上述议题的归纳、总结以及实践应用上的转换。国际关系是一个互动过程，在思考中国等新兴大国参与塑造国际秩序的理念与战略时，还应该了解其他国家的观点与政策，这样才能做到知己知彼。因此我们首先考察了各主要国家或国家集团的国际秩序观念、战略目标与相关政策取向，在此基础上进而探讨中国等新兴大国的战略选择。我们研究国际秩序问题，最终还必须联系中国特色大国外交的实践，回到当前中国自身的理念与政策上来。因此全书最后一章介绍了中国领导人的相关论述，实际上是对新时期中国的国际秩序观念和政策取向的一个分析和总结，故作为全书的一个"代结论"。总之，在思考中国等新兴大国推动国际秩序与全球治理体系变革的战略与策略问题时，我们主张遵循这样一些基本原则：吸取历史教训、注意理论反思、针对实际问题、基于客观条件、做出合理反应。

最后，感谢 40 余位作者的鼎力支持和辛勤劳动。各卷的主要作者，如宋德星、肖冰、葛腾飞、崔建树、舒建中、蒋昭乙、毛维准、祁玲玲等等，都是各自学科领域的优秀学者，也是与我们长期合作的学术同道；许多同行也给我们提供了很多非常具体、中肯和富于启发性的意见和建议，在此表示衷心感谢。特别要感谢南京大学出版社金鑫荣社长、杨金荣主任和诸位编辑工作者的支持和鼓励。尤其是责任编辑官欣欣女士，她不仅以极大的热情和坚韧的毅力襄助我们这项困难重重、久拖不决、有时几乎令人绝望的工作，还参与了有关章节的撰写和修订。

此书的研究和写作，先后被列入"十三五"国家重点出版规划项目和国家出版基金支持项目，这至少表明，此项研究本身以及我们的跨学科尝试，是一项有意义的工作。然而国际秩序或全球秩序是一个极为复杂的主题，且正处于一个重大转型时期。开放式的跨学科探索，其好处自不待言，但由于学科思维的不同，研究途径与方法的多元，观点上的差异乃至分歧也在所难免，对一些相关概念的理解也不尽相同，我们无法、似乎也不宜强求统一。我们的初衷是跨学科对话，在基本宗旨和核心关切尽可能一致的前提下，不同学科的作者可以从各自专业视角出发提出自己的见解。当然，在同一个论述框架内如何避免逻辑上的矛盾，如何更合理地求同存异，尤其是在核心概念和重要问题上尽可能形成共识，仍是一项需要继续努力磨合的工作。

更重要的是，由于此项研究本身前后耗时多年，研究内容复杂、时空跨度较大，而正处于“百年未有之大变局”的世界，变化之大、变速之快，出乎很多人的预料，许多新现象、新问题我们甚至还来不及仔细思考，遑论在书稿中反映出来。一些章节由于写作时间较早，文献资料或论断不免显得有些陈旧，我们也只能在有限的时间内尽可能做一些更新工作。尽管对这一主题的研究和思考不会结束，但由于各种主客观条件的限制，此项工作本身却不能无限期拖延下去。因此，缺点乃至谬误都在所难免，许多观点还很不成熟，各部分的内容和质量也可能不够平衡。总之，较大规模的跨学科研究其实是一件非常困难的事情。我们虽然自不量力做了多年努力，仍然有事倍而功半之感，希望将来还有进一步完善的机会。敬请学界同仁和读者诸君予以谅解并提供宝贵意见。

石斌

2022年10月1日于南京

前 言

国际体系与国际秩序一直以来是国际关系研究的核心议题,在过往的国际理论发展中围绕国际体系和秩序的形成与变迁产生了丰富的学术成果。过去几十年间"新兴国家"的崛起成为世界秩序讨论的重要议题,引发了中西方学术界的激烈讨论。作为两个密切相连的概念,国际体系和国际秩序有着各自侧重点,前者强调国家实力的结构性分布,而国际秩序作为一种秩序落脚在关系意义上,或被认为是体系层面的国际法,多边或双边的经济、安全组织以及自由主义导向的规则等,抑或指向超越了国家层面上升到系统层面、具有整体性意义、规定某一阶段全球国际关系基本特征的概念。赫德利·布尔(Hedley Bull)在关于国际秩序的经典定义中则提供了更加宽泛的关于国际秩序的理解,即包括对国际社会的基本目标、维持国际体系的路径、各相互独立的行为体的理解。在现有的研究中,关于国际体系与秩序的讨论呈现出理论讨论与实证研究并举但侧重理论探讨的基本特征,现有的实证研究主要集中在个体新兴国家的案例剖析或比较分析,目前仍然相对缺乏较为系统的国际体系及国际秩序的全球经验展示。正是从这个角度出发,本书试图做出一点经验研究的探索,尝试建构一个评估全球大国国家实力的分析框架,在此框架下通过具体的指标来精确衡量新兴大国力量的现状与历史变迁,这是对国际体系中的新兴大国的比较分析,具体表现为对各国硬实力、软实力等客观指标的呈现。同时,我们认为,比较视角下各国政治精英与民众对国际体系及秩序的主观认知同样是理解国际关系不可或缺的部分。这里我们对于国际秩序的理解更倾向于采纳布尔较为宽泛定义的思路，尤其侧重国际体系内各独立行为体的理解。这不仅是因为宽泛理解国际秩序有助于更全面地认知变动的国际体系，而且也考虑到实证研究中的数据可获得性。在现有以个体受访者为基本信息单位的民意调研中对于国际关系的发问一般均落脚在主权国家的基本视角，鲜有上升到系统层面针对国际秩序抽象特征的数据。我们相信，通过精确数据来展示对国际体系内的独立行为体的理解尽管并非完全覆盖国际秩序的内涵，但无疑可以加强对当前国际秩序特定维度的经验把握。在此基础上，本书包括两大核心内容：第一部分考量新兴大国在国际体系中的地位及其变迁，主要包括分析新兴大国的经济力量、军事力量以及软实力，并与西方发达国家在各个指标上进行比较，以实证数据来阐释何为“新兴”，展示这些国家在国际体系中的地位如何变迁至当前的基本格局。第二部分则利用民调数据对跨国比较视野下的国际秩序认知展开分析，讨论全球民众如何看待美国、俄罗斯以及新兴的中国，讨论欧洲民众如何看待欧盟发展，并对拉丁美洲、中东地区、亚洲地区等焦点国家间关系的民意调查展开数据分析，以呈现全球民众的主观认知层面的国际秩序。最后一部分简练呈现 2020 年疫情冲击下国际秩序的讨论以及民众国际秩序认知随之产生的变化，指出在不确定性增加的今天对于国际秩序的实证研究产生了更多的需求与更大的挑战。

全文共分成 14 章，第一章至第六章讨论国际体系中的新兴大国议题，包括阐释定量实证研究“新兴大国”的必要，交代了本书分析的样本选择以及指标体系如何建构，文章第一部分共选取了 20 个具有代表性的大国，包括亚非拉及中东地区的 12 个新兴大国，阿根廷、巴西、中国、印度、印度尼西亚、墨西哥、沙特阿拉伯、韩国、南非、土耳其、波兰、俄罗斯，以及 8 个西方发达国家，美国、日本、德国、法国、英国、意大利、加拿大还有澳大利亚，围绕这 20 国在经济实力、军事实力以及软实力三大维度上各个指标的表现展开分析。第三章具体讨论 20 国从 1960 年至 2018 年国内生产总值、人均国内生产总值以及经济增长状况;第四章针对 20 国的军费开支、军队规模以及 1816 年以来 20 国的国家物质力量进行比较分析;对 20 国的政府能力以及在文化及教育方面的软实力分析呈现在第五章;第六章通过对前三章详细指标的梳理和归类,对 12 个新兴国家不同的崛起模式进行总结,对“新兴国家”这一提法提出谨慎乐观的基本观点。

第七章至第十三章是本书的第二大部分,主要依托皮尤研究中心(Pew Research Center)2017 年数据及部分 2018、2019 年数据讨论全球各国民众对国际秩序及大国的基本认知。在对国际秩序认知的现有研究进行了梳理之后,第八章详细介绍了所采纳的皮尤“全球态度与趋势”数据中所涉及的国家以及相关调研问题。第九章分析全球 38 国民众对美国、美国人,美国文化、习俗、政治价值的基本态度;第十章围绕欧盟议题展开,呈现欧洲十国对欧盟的基本评价;第十一章分别讨论中东各国对伊朗及沙特阿拉伯的态度、拉丁美洲各国如何认知古巴,以及亚太地区各国对印度、日本、韩国、朝鲜的基本看法,全球民众对俄罗斯的态度也安排在第十一章;尔后第十二章呈现全球视野下的中国。第十三章基于前四章的基本数据,分析了全球视野下的中美俄三国力量对比,对全球国际秩序的大图景进行了勾勒,再次强调国际秩序的主观认知与国际体系中各国实力的客观指标之间可能产生的差异,以及国际秩序的主观认知研究的重要性。全书的最后一章讨论在不确定性日趋增加的未来,实证研究新型大国的重要性。

总而言之,本书试图以相对精确的定量方式描述国际体系中新兴大国的客观及主观的地位,充斥着各类数据图表,甚是乏味,与目前国内学术界国际关系主流文章的风格差异较大。就本书而言,以这样的方式来分析国际体系的基本现状客观上来说尚未形成特别深入的理论阐释,当然,并非定量实证研究与理论讨论无涉,只是本书的努力乃是国际体系和秩序实证研究的描述性起步,在此基础上因果机制的定量研究则会与理论阐释有着更为密切的联系,是未来国际秩序实证研究的方向。伴随着疫情带来的不确定性，世界形势的实证研究显得越发必要同时也越发艰难。一直以来，较之国内政治运行中结构性因素的重要作用，国际关系相对受到更多随机性因素的影响，对国际关系议题展开科学研究阻力甚大，而像这样席卷全球的疫情冲击无疑增加这一方向研究的难度。然而对我们来说，随着中国的崛起，中国元素与世界各国极为广泛且日趋深入地接触，无论从客观层面还是从跨文化的认知层面来理解世界格局以及国家间关系变得尤其重要。随着定量研究在社会科学领域的日渐昌盛，相信国际关系的研究也将受益于这样的宏观趋势，在更加科学的思维推动下展示出更加精确而动感的国际秩序变迁的画卷，并能离析出背后的复杂动因，助力中国更好地融入全球体系，更精彩地展示中国立场。

目　录

第三部分　不确定的未来中的新兴大国

图表目录

第一部分

新兴大国在国际体系中的地位及其变迁

第一章
定量研究“新兴大国崛起”的必要

第一节 “新兴大国”的学术热度

作为冷战后全球范围内最为重要的现象之一，“新兴大国”（emerging market）的崛起微妙地冲击着现有的国际秩序，全球新秀力量与传统大国的较量或合作不仅正面冲击着后者的国际视野，也正悄然改变着前者在国际事务中的地位与角色定位。如此高显著度的国际现象自然也是国际问题学者关注的焦点，一组简单的数据就能帮助我们窥视“新兴大国”这一主题的学术热度。以“emerging market(s)”作为主题词在美国科技信息研究所网络数据库（ISI Web of Knowledge）中的社会科学引文索引（Social Science Citation Index，SSCI）核心期刊中进行搜索会发现（见图 1.1），在过去近 20 年中对于新兴国家（市场）的讨论文章已经积累了近 40 000 篇，而且呈现逐年攀升的态势，数据表明，这一话题的学术热度大有方兴未艾之势，学者们仍然在进行全方位的探索。中国作为新兴大国的最重要力量之一，本国学者对此话题自然也是高度关注，相关学术挖掘应和了国际学术界的基本格局（见图 1.2）。关于“新兴国家”与“国际秩序”的文章数量在过去的 30 年中逐年攀升，呈现出耐人寻味的格局。在国内学术界，关于“新兴国家”的学术热情在 2010 年之后的五年颇为高涨，后来有一定的减弱，但与此同时关于“国际秩序”的探讨却获得了学者们极大的关注，无疑这是与新兴国家的崛起息息相关的。从某种意义上来说，当前中国国际关系学界更愿意从国际秩序变迁的视角来探讨新兴国家的地位。然而，关于新兴国家学术讨论的繁荣并没有挤压这一话题有待进一步挖掘的空间，就国际关系领域目前的研究来看，尤其是在新兴国家议题的实证研究、新兴国家内部的差异等维度仍然有极大的探索空间。

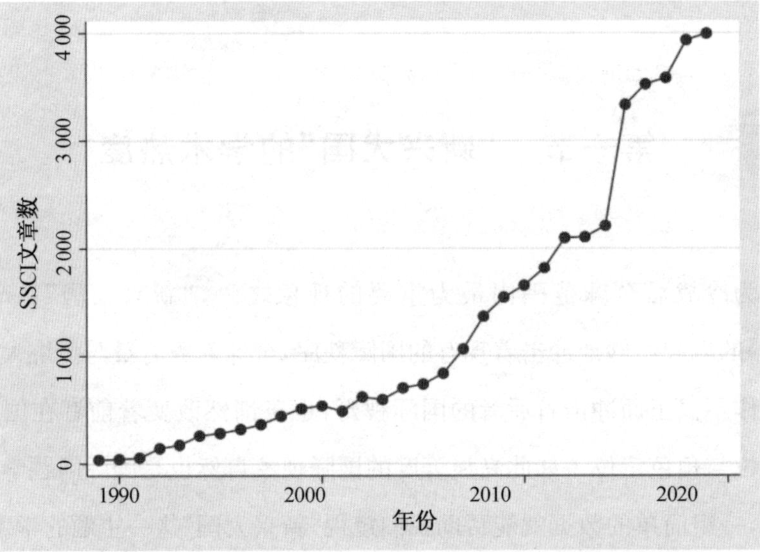

图 1.1　SSCI 期刊中“新兴大国”主题的文章（1989—2019）

数据来源：SSCI 核心期刊数据库，相关数据由笔者搜索关键词获得。①

① 通过在 SSCI 数据库中对社会科学（social science）类别的文章以“emerging market”作为主题词进行搜索，共获得 39 367 篇文章，按照年份逐年编码获得的数据，该操作的时间为 2020 年 3 月 30 日。

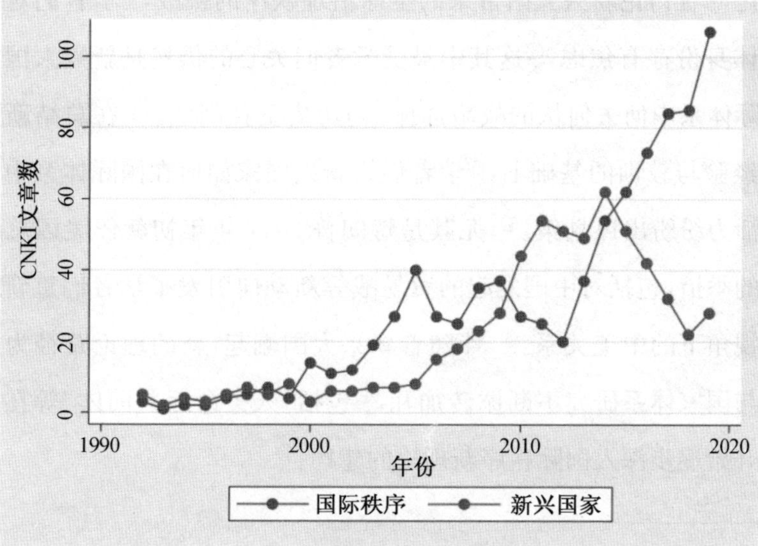

图 1.2　中国知网数据库中关于“新兴国家”与“国际秩序”的文章(1989—2019)

数据来源:中国知网(CNKI)中文期刊数据库,相关数据由笔者搜索关键词获得。[①]

目前,国内学术界关于新兴国家的讨论首先是被搁置在国际秩序变革的宏大框架中进行理论探索。国际关系领域的学者们纷纷在理论层面探索新兴大国的崛起如何可能冲击现有的国际体系,[②]继而讨论国际体系可能面临的变革以及某些维度具有韧性的沿革。[③] 这些研究既从经济体系视角展示全球

① 图 1.2 是笔者通过中国知网数据库,在核心期刊以及中文社会科学引文索引(Chinese Social Sciences Citation Index, CSSCI)期刊中利用“新兴国家”“国际秩序”为关键词搜索,然后分别编码了 1992 年至 2019 年逐年的文章数量制作而成,搜索时间为 2020 年 3 月 30 日。

② 例如,唐世平:《国际秩序的未来》,载《国际观察》,2019 年第 2 期,第 29 - 44 页;杨洁勉:《当前国际大格局的变化、影响和趋势》,载《现代国际关系》,2019 年第 3 期,第 1 - 6 页;李巍、罗仪馥:《从规则到秩序——国际制度竞争的逻辑》,载《世界经济与政治》,2019 年第 4 期,第 28 - 57 页。

③ 例如,秦亚青:《国际体系的延续与变革》,载《外交评论》,2010 年第 1 期,第 1 - 13 页;秦亚青:《世界格局、国际制度与全球秩序》,载《现代国际关系》,2010 年第 S1 期,第 10 - 17 页;张建新:《后西方国际体系与东方的兴起》,载《世界政治与经济》,2012 年第 5 期,第 4 - 20 页;章前明:《从国际合法性视角看新兴大国群体崛起对国际秩序转型的影响》,载《浙江大学学报》,2013 年第 1 期,第 5 - 17 页;蔡拓:《国际秩序的转型与塑造》,载《外交评论》,2009 年第 4 期,第 10 - 15 页。

格局变化，[①]也讨论新兴大国带来的全球治理秩序的挑战，[②]学者们对新兴国家的集体身份存有焦虑，[③]这其中最受学者们关心的仍然是新兴大国在转型中的国际体系中何去何从的战略选择[④]与历史责任问题。[⑤] 在总结新兴国家成败的经验与教训的基础上，[⑥]学者们为新兴国家如何在国际体系中保持其独特的活力纷纷出谋划策。[⑦] 尤其是特朗普 2017 年年初就任美国总统以来一系列的举措，包括对中国发起的贸易战等新动向引发了学者们重新思考国际秩序视角下的中美关系。[⑧] 伴随着新兴大国崛起，新的理论路径为当前新兴国家与国家体系研究不断添砖加瓦，[⑨]包括“人类命运共同体”等在内的全新概念开始逐步深入国际秩序新理论的建构。[⑩]

---

① 陈凤英：《新兴经济体与 21 世纪国际经济秩序变迁》，载《外交评论》，2011 年第 3 期，第 1 - 15 页；杨洁勉：《论“四势群体”和国际力量重组的时代特点》，载《世界政治与经济》，2010 年第 3 期，第 4 - 13 页。

② 黄仁伟：《新兴大国参与全球治理的利弊》，载《现代国际关系》，2009 年第 11 期，第 21 - 22 页；韦宗友：《新兴大国群体性崛起与全球治理改革》，载《国际论坛》，2011 年第 2 期，第 8 - 14 页；迈尔斯・凯勒、游腾飞：《新兴大国与全球治理的未来》，载《学习与探索》，2014 年第 10 期，第 48 - 53 页；刘建飞：《世界政治边距下的全球治理与中国作为》，载《探索与争鸣》，2019 年第 9 期，第 140 - 148 页。

③ 花勇：《论新兴大国集体身份及建构路径》，载《国际论坛》，2012 年第 5 期，第 49 - 52 页。

④ 喻希来、吴紫辰：《世界新秩序与新兴大国的历史抉择》，载《战略与管理》，1998 年第 2 期，第 1 - 13 页；蔡拓：《当代中国国际定位的若干思考》，载《中国社会科学》，2010 年第 5 期，第 121 - 136 页；杨洁勉：《新兴大国群体在国际体系转型中的战略选择》，载《世界政治与经济》2008 年第 6 期，第 6 - 12 页；李晓、李俊久：《美国的霸权地位评估与新兴大国的应对》，载《世界政治与经济》，2014 年第 1 期，第 114 - 141 页；唐世平：《国际秩序变迁与中国的选项》，载《中国社会科学》，2019 年第 3 期，第 187 - 203 页。

⑤ 石斌：《秩序转型、国际分配正义与新兴大国的历史责任》，载《世界政治与经济》，2010 年第 12 期，第 69 - 100 页；林跃勤：《全球治理创新与新兴大国责任》，载《南京社会科学》，2016 年第 10 期，第 1 - 10 页。

⑥ 金灿荣、张莉：《新兴大国崛起的经验教训》，载《当代世界》，2010 年第 11 期，第 4 - 6 页。

⑦ 隆国强：《新兴大国的竞争力升级战略》，载《管理世界》，2016 年第 1 期，第 2 - 9 页。

⑧ 例如，徐进：《中美战略竞争与未来国际秩序的转换》，载《世界政治与经济》，2019 年第 12 期，第 21 - 37 页；汪海宝、贺凯：《国际秩序转型期的中美制度竞争——基于制度制衡理论的分析》，载《外交评论》，2019 年第 3 期，第 56 - 81 页；肖河、徐奇渊：《国际秩序互动视角下的中美关系》，载《美国研究》，2019 年第 2 期，第 107 - 129 页。

⑨ 林跃勤：《论新兴大国崛起的理论准备》，载《南京社会科学》，2013 年第 7 期，第 1 - 8 页。

⑩ 张相君：《论国际秩序规则供给的路径选择——基于人类命运共同体理念》，载《国际观察》，2019 年第 5 期，第 52 - 75 页；吴志成、吴宇：《人类命运共同体思想论析》，载《世界经济与政治》，2018 年第 3 期，第 4 - 33 页。

理论探索之外，新兴大国研究在以下几个既分立又有一定交叉的领域也展开了实证考量。最为常见的是对“金砖国家”等新兴国家的国家竞争力、国家战略、全球治理以及国家间合作抑或冲突的外交关系等话题展开论述。这其中对包括金砖国家在内的新兴国家的经济发展各维度的分析最为透彻，对各国金融、贸易、服务业、产业结构等元素在国际市场中的现状以及面临的挑战均有相对深入的探讨，①学术关注的焦点已经渐渐由描述新兴大国经济现状转而解释新兴市场崛起的原因以及可能的后果。② 此外，还有另一个主题也受到了学者的关注，即新兴国家在气候治理问题上的国际角色及其合作机制与困境。作为观察新兴大国与西方传统大国之间合作与冲突以及新兴国家之间合作与冲突的重要平台，新兴大国在全球气候治理中扮演的角色已经受到了一定的关注。③ 放眼望去，在新兴大国的国别、区域研究与经济、气候等话题的交叉结合中，产生了一批相对专业化同时也相对碎片化的实证研究成果，从讨论南非的经济增长到分析巴西如何参与气候治理，从剖析俄罗斯区域合作到讨论中国的国际直接投资等具体而生动的实证研究已经为我们建构新兴大国的知识体系积累了不少素材。

“新兴大国”经验研究的必要

然而有趣的是，尽管有大量的研究涌现，我们对“新兴大国”这个概念的内涵最原初的理解仍然是模糊而有限的。绝大部分的理论探索文章基本都将

① 相关的研究不一一列举，在中国 CSSCI 期刊中已经有数百篇关于金砖国家经济贸易状况的实证分析。

② 例如，查晓刚：《国际体系演进与新兴国家群体性崛起》，北京：时事出版社，2016 年版。

③ 张胜军：《全球气候政治的变革与中国面临的三角难题》，载《世界政治与经济》，2010 年第 10 期，第 97 - 116 页；傅燕：《从华沙气候大会看国际气候变化谈判中的合作与分歧》，载《当代世界》，2013 年第 12 期，第 44 - 47 页；赵斌：《新兴大国气候政治群体化的形成机制：集体身份理论视角》，载《当代亚太》，2013 年第 5 期，第 111 - 138 页；肖洋：《在碳时代中崛起：新兴大国赶超的可持续动力探析》，载《太平洋学报》，2012 年第 7 期，第 63 - 71 页；赵斌、高小升：《新兴大国气候政治的变化机制——以中国和印度为比较案例》，载《南亚研究》，2014 年第 1 期，第 92 - 104 页。

“新兴大国”这个概念视为一个既定命题的预设，即预设在既有的国际体系中有一部分国家的确已经兴起，并视之为相对统一的国家群体，继而在此基础上讨论世界格局的变迁。然而，“新兴大国崛起”这样的表述实则蕴含诸多极为重要且有待检验的实证性命题，新兴大国的内涵迫切需要具象化的经验性论证方能为宏大理论建构打下扎实的基础。也就是说，现有的宏观理论以新兴国家崛起作为前提假设来讨论是存有实证疑点的。我们认为，要讨论新兴国家崛起的现象，首先必须充分而系统地展示这些国家缘何被称为新兴大国，它们在何种意义上被框定为“新兴”，又缘何可以被称为“大国”？而这一诉求在目前已存有但相对碎片化的国别及专题讨论中尚未实现。英文世界中新兴国家首先被寓意为“新兴市场”，实际上关于这些国家的探索也主要肇始于经济维度的挖掘，然而是不是一部分国家在某些经济指标上显著度走高就能匹配“新兴大国”的名目呢？而且，即便在经济领域，比较视角下各国在不同经济指标下的相对位置差异性极大，这又将如何接洽所谓的新兴大国的地位？是不是所有的新兴大国在各个维度都在“崛起”呢？要回答这些问题，则必须通过系统的经验性指标来呈现新兴国家在目前国际体系中的地位，具体讲，也就是要建立细化的指标来一一衡量新兴国家在国际体系的各个维度上的相对位置。这样的考察势必需要突破经济领域，就国家间社会、经济、政治各个维度的力量对比进行全面展示。

一直以来，从比较视角分析各个国家在国际体系中的相对位置的大图景是醉心于实证研究的学者们孜孜以求的重要议题，因为这一方面可以相对准确地展示新兴国家与守成大国之间的力量对比，另一方面也可以较为精确地呈现新兴国家群体内部的差异性。逻辑上讲，前者在既有的研究中似乎已经不再存疑，因为新兴大国概念本身就是起源于与西方发达国家之间的对比。然而，不仅新兴国家与守成国家之间的力量对比本身就是一个有待检验的重要命题，而且关于新兴国家内部差异性的讨论也相当缺失，在大部分的非国别讨论中往往视新兴国家为一个分析整体，但显而易见它们并不是——在文化历史背景、地理位置分布、政治体制、社会发展动力等各个维度上，各国的情景可谓千差万别。这是与发达国家群体相比一个极为重要的差异，因此，这些新兴大国是否能被视之为“群体”也是有待探讨的重要实证问题，但无论答案如何，理解各国在发展中的不平衡性、差异性是建构新兴大国之间合作机制以及与守成大国博弈的重要前提。也就是说，在这个系统的衡量指标体系中，分析单位应主要锁定为单一主权国家，并不预设有新兴国家群体，在指标体系中呈现新兴力量的出现、新兴国家间的差异性同样是关注点。

比较视角下的大图景还囊括时间维度上的比较，也就是从纵深的时间维度上跟踪各新兴国家兴起（或呈现颓势）的轨迹。“新兴国家崛起”这样的标签似乎在暗示这一批国家有着不可阻挡的上升趋势，然而从实证的角度来说，这却是一个未经经验性论证的理论假设，逻辑上并没有任何理所当然的缘由可以假设这些国家具有持续不败的动力，国际秩序的变迁以及各国发展遭受着太多不确定因素的影响，①无论是短期内出现衰退还是长线时间跨度上的发展无力都是完全可能的情形，②国家力量的发展和国际秩序的变迁存有太多不确定性。因此，从时间维度上描述相关国家的力量嬗变轨迹也同样必要，以

---

① 不可预测因素给国际秩序变迁带来的不确定影响极好地表现在新近发生的全球性新型冠状病毒流行病中，已经有诸多的学者开始讨论这一始料未及的因素如何影响世界秩序：如 Kurt M. Campbell and Rush Doshi, “The Coronavirus Could Reshape Global Order: China Is Maneuvering for International Leadership as the United States Falters,” *Foreign Affairs*, March 18, 2020, https://www.foreignaffairs.com/articles/china/2020-03-18/coronavirus-could-reshape-global-order，访问时间：2020 年 6 月 10 日；John Allen et al., “How the World Will Look After the Coronavirus Pandemic,” *Foreign Policy Analysis*, March 20, 2020, https://foreignpolicy.com/2020/03/20/world-order-after-coronavirus-pandemic/，访问时间：2020 年 3 月 27 日；Andrei Kadomstsev, “A New World Order, or Will Globalization Survive the Coronavirus Pandemic?” *Modern Diplomacy*, https://moderndiplomacy.eu/2020/03/17/a-new-world-order-or-will-globalization-survive-the-coronavirus-pandemic/，访问时间：2020 年 3 月 27 日。

② Ruchir Sharma, “The Ever-Emerging Markets: Why Economic Forecasts Fail,” *Foreign Affairs*, Vol. 93, No. 1, 2014, pp. 52-56.

比较历史的眼光展示一国宏观的发展路径也是讨论国家战略以及如何增强新兴国家持续不断的国家竞争力的重要前提。

如此说来，对新兴国家展开系统的实证比较分析不仅必要而且可挖掘的空间相当广阔，需要一批相关的研究不断推进，本书就旨在在这一路径上做出一小步努力，试图通过建立一个涵盖新兴国家发展各个维度的指标体系来量化衡量各国在国际体系中的相对位置，并以此展开新兴大国与守成大国、新兴国家之间、典型国家在时间跨度上的比较分析。简单来说，就是通过一系列量化的指标来回答，在现有的国际体系中何为“新兴”力量，何为“大国”，它们又是否真正“崛起”？

以下内容将做如下的安排：首先，讨论量化分析的框架，指出如何围绕考察对象“新兴大国”这一个概念在本章中进行样本挑选，并讨论如何建构衡量新兴大国力量的量化体系，给出数据收集来源等技术性操作细节。出于比较分析的缘由，我们的样本也将囊括重要的西方国家样本。其次，运用各类数据图表从经济、军事以及软实力三个方面分析新兴大国的各项指标，旨在展示新兴大国各个维度上在国际体系中的具体位置，这主要是通过与西方国家的比较分析实现，新兴国家间的差异性也会被深入分析。尔后根据新兴国家的不同增长模式进行归类，从而对新兴国家目前国际社会地位与作用作经验性总结。最后一部分，作为新兴国家中最为重要的国家，中国将被作为典型案例深入分析，剖析其在各个维度中的位置，展示中国在崛起的新兴国家中的特殊性与一般特质。

第二章
分析框架：样本选择以及指标体系的确立

“新兴大国”国家样本的选择

从1980年年初由经济学家安东尼·范艾格特梅尔（Antoine van Agtmael）提出“新兴市场”概念来冲击所谓的“美国之外无市场”理念开始，[①]以不断扩张的开放市场为核心的“新兴经济体”“新兴大国”就以各类新名目逐渐进入了众人的视野。广为人知的术语包括“金砖四国”（BRIC，巴西、俄罗斯、印度、中国），后发展到“金砖五国”（BRICS，增加南非），“金砖五国加东欧和土耳其”（BRICET），“新钻十一国”（Next－11，孟加拉国、埃及、印度尼西亚、伊朗、墨西哥、尼日利亚、巴基斯坦、菲律宾、韩国、土耳其、越南），“展望五国”（VISTA，越南、印度尼西亚、韩国、土耳其、阿根廷），“灵猫六国”（CIVETS，哥伦比亚、印度尼西亚、越南、埃及、土耳其、南非）。然而，在这些目不暇接的名词背后，如果进一步检索各个国际机构对于新兴大国的界定，会

① Antoine van Agtmael, *The Emerging Markets Century: How a New Breed of World-Class Company Is Overtaking the World*, New York: Free Press, 2013, pp. 1－4.

发现一系列不甚一致、五花八门的标准，请参见不同国际标准界定的新兴大国列表（表 2. 1）。

表 2. 1　各国际标准界定的“新兴大国”列表

国家	新钻十一国 Next - 11	金砖五国 BRICS	灵猫六国 CIVETS	富时指数 FTSE Index	摩根士丹利指数 MSCI Index	《经济学人》*The Economist*	标普道琼斯指数 S&P Dow Jones Indices	西班牙毕尔巴鄂比斯开银行 BBVA	哥伦比亚大学全球新兴国家 EMGP	上榜次数
中国		是			是	是	是	是	是	6
乌克兰								是		1
以色列						是			是	2
伊朗	是									1
俄罗斯		是		是	是	是	是	是	是	7
保加利亚								是		1
匈牙利				是	是	是	是	是	是	6
南非		是	是	是	是	是	是	是	是	8
卡塔尔					是		是	是		3
印度尼西亚	是		是		是	是	是	是		6
印度		是		是	是	是	是	是	是	7
哥伦比亚			是		是	是	是	是		5
土耳其	是		是	是	是	是	是	是	是	8
埃及	是		是		是		是	是		5
委内瑞拉						是		是		2
孟加拉国	是							是		2
尼日利亚	是							是		2
巴基斯坦	是				是		是	是		4
巴林								是		1
巴西		是		是	是	是	是	是	是	7
拉脱维亚								是		1
捷克				是	是	是	是	是		5
摩洛哥								是		1

（续表）

国家	新钻十一国 Next－11	金砖五国 BRICS	灵猫六国 CIVETS	富时指数 FTSE Index	摩根士丹利指数 MSCI Index	《经济学人》 *The Economist*	标普道琼斯指数 S&P Dow Jones Indices	西班牙毕尔巴鄂比斯开银行 BBVA	哥伦比亚大学全球新兴国家 EMGP	上榜次数
斯洛伐克								是		1
斯洛文尼亚									是	1
斯里兰卡								是		1
新加坡						是				1
智利					是	是	是	是	是	5
毛里求斯								是		1
沙特阿拉伯					是					1
波兰					是	是	是	是	是	5
泰国				是	是	是	是	是		5
爱沙尼亚								是		1
科威特								是		1
秘鲁					是		是	是		3
突尼斯								是		1
约旦								是		1
罗马尼亚								是		1
苏丹								是		1
菲律宾	是				是	是	是	是		5
越南	是		是					是		3
阿拉伯联合酋长国					是		是	是	是	4
阿曼								是		1
阿根廷					是	是		是	是	4
韩国	是			是	是	是		是	是	6
马来西亚					是	是	是	是		4
墨西哥	是				是	是	是	是	是	6

数据来源：

Next－11：Jim O'Neill，Dominic Wilson，Roopa Purushothaman，and Anna Stupnytska of Goldman Sachs，2005，“How Solid Are the BRICs?”，https://www. goldmansachs. com/insights/archive/archive-pdfs/how-solid. pdf；CIVETS，BRICS：Elaine Moore，2012，“Civets，Brics and the Next - 11：Never Mind the Brics，Here Is the Civets，” *Financial Times*， https://www. ft. com/content/c14730ae-aff3-11e1-ad0b-00144feabdc0； FTSE Index：Equality Country Classification，https://www. ftserussell. com/equity-country-classification；MSCI Index：https://www. msci. com/index-country-membership-tool，同时参见 https://www. investopedia. com/terms/e/emergingmarketsindex. asp；“Emerging-Market Indicators，” *The Economist*，2004，https://www. economist. com/taxonomy/term/85/0? page = 140； S&P Dow Jones Indices：“2018 Country Classification Consultation，” file:///Users/qllnju/Downloads/725551 _ spdji2018countryclassification-consultation6. 13. 18. pdf，June 13，2018；BBVA：“BBVA Eagles Emerging and Growth-Leading Economics” Annual Report 2012，https://www. bbvaresearch. com/wp-content/uploads/mult/120215_BBVAEAGLES_Annual_Report_tcm348-288784. pdf #：～：text=45%20EM%3A%20Argentina%2C%20Bahrain%2C，Russia%2C%20Slovak%20Rep. %2C%20South；EMGP：Emerging Market Global Players，http://ccsi. columbia. edu/publications/emgp/. 以上所有数据网站最后访问时间均为 2020 年 7 月 27 日。

表 2.1 非常清晰地表明，包括哥伦比亚大学、英国富时集团、道琼斯公司等在内的各个国际机构因为评价的侧重点不同，使不同的国家组群得以上榜。但如果我们仔细观察这些新兴国家名单，会发现它们之间也存在着不少共识。表格的最后一列是统计出的各国在九大标准下总共上榜的次数。像巴西、中国、印度、印度尼西亚、土耳其等国得到了绝大多数评价标准的认可。虽然之前已经讨论到“新兴大国”实则是一个边界与内涵都相对模糊的概念，然而对于本书的分析，我们必须确立一个精确的分析框架，遴选出具体国家，将概念操作化为具体的指标后才能进行数据的搜集与分析。在操作层面，表2.1 这些评价标准的基本框架可以帮助我们过滤出典型的新兴大国的名单，是在国家样本选择过程中进行概念操作化的重要依据之一。同时，笔者为了呈现在比较视野下新兴大国的国际地位，也需要选择典型的发达国家进入样本。综合考虑到以上的因素，本书将以二十国集团 G20 作为分析的基本框架。二十国集团作为国际经济合作论坛，其宗旨就是推动工业化的发达国家和新兴市场国家之间的对话合作，不仅包括了各大评价标准之间相对具有共识的新兴

发展中大国,而且也包括了主要的西方发达经济体,集团成员涵盖面广,代表性强,人口将近世界总人口的 2/3,国内生产总值占全球经济的 90%左右,贸易额占全球的 80%。

不过,本书在细化的分析框架中对 G20 样本国家基本结构作了稍微改动。有关 G20 的诸多统计均将欧盟国家作为联合统一的统计单位,但因为本书的主要分析对象是主权国家,将不视欧盟为单独的分析样本(尽管我们仍然会有关于欧盟的数据统计与分析)。考虑到欧盟这个概念涉及诸多欧洲国家,大部分的欧洲发达国家例如法、德、意等已经包含在 G20 里,因此样本选择与欧盟概念并不矛盾。不过,欧盟也涉及中东欧地区在苏联解体之后陆续加入的不少国家,包括爱沙尼亚、拉脱维亚、立陶宛、波兰、捷克、匈牙利、斯洛伐克、斯洛文尼亚、罗马尼亚、保加利亚等,而且从整个 G20 的分布来看,欧盟之外并没有独立加入的中东欧国家,因此,有必要选取有代表性的中东欧国家进入分析样本。我们最终选择了波兰作为代表性国家,这主要是参照了 2019 年最新的全球国内生产总值的排名,在以上所列的中东欧国家中波兰的排名最高,位列全球第 22 位,[①]这也契合本书分析新兴大国的主旨。

最终,本书分析的所有样本国家确定为:阿根廷、中国、巴西、印度、印度尼西亚、墨西哥、沙特阿拉伯、韩国、南非、土耳其、波兰、俄罗斯、美国、日本、德国、法国、英国、意大利、澳大利亚、加拿大(参见后文图 2.1:"新兴国家在国际体系中的地位"分析框架图)。

---

① 数据可参见世界银行数据库,同时也可参照基于国际货币基金组织 2019 年统计的排名:"Projected GDP Ranking," Statistics Times, http://www.statisticstimes.com/economy/projected-world-gdp-ranking.php,访问时间:2020 年 3 月 30 日。

分析指标的确定以及数据来源

既然新兴国家兴起与以上这批国家经济实力的强劲增长紧密相连，这些国家之所以赢得全球范围内的关注，最直接原因就是它们作为新兴市场经济实体在全球不容忽略的地位，那么经济实力将是衡量一国实力的首要维度。然而，究竟如何衡量一国的经济实力不仅是大国谈判中纠结的焦点，也是定量的学术文章经常遭受攻击的维度。[①] 在本书的指标体系中，比较妥帖的做法是提炼有可能产生争议的关于经济发展的重要指标，将它们共同呈现，这不仅是出于方法论上的需求，也同样契合我们全方位考察新兴大国发展的初衷。这样的思路很自然地将我们引向了经济领域之外的国家实力指标。按照国际关系研究的基本思路，一国实力可作硬实力与软实力的基本分野，前者主要指代经济实力、军事力量等硬件指标，而后者则指向外交、文化、价值传播等。[②] 由此，本书的分析框架将建构在三个大的维度：经济实力、军事实力以及软实力（参见图 2.1），但具体采用怎样的指标需要继续讨论，因为这不仅需要理论上的界定还要考虑到数据收集的可行性。

在现有的文献中，经济实力应该是三个维度中最被深入挖掘的一个，鉴于本书并不旨在分析新兴国家的经济状况，因此，将主要集中在几个最为重要也是最为常见的指标上：国内生产总值、人均国内生产总值以及经济增长速度，经济指标的数据主要来自世界银行数据库（World Bank Data），这些经济指标

---

① 例如 Isaac Stone Fish, "Is China Still a 'Developing' Country: A Look at Beijing's Favorite Rhetorical Trick," *Foreign Policy*, September 25, 2014, http://foreignpolicy.com/2014/09/25/is-china-still-a-developing-country/，访问时间：2017 年 7 月 17 日。

② Michael T. Klare, "Hard Power, Soft Power, and Energy Power," *Foreign Affairs*, March 3, 2015, https://www.foreignaffairs.com/articles/united-states/2015-03-03/hard-power-soft-power-and-energy-power，访问时间：2017 年 7 月 17 日；也可参见 Joseph S. Nye, Jr., "Get Smart: Combing Hard and Soft Power," *Foreign Affairs*, Vol. 88, No. 4, 2009, pp. 160-163.

年份跨度为1960年至2018年。[①]

军事实力被认为是衡量国家力量的核心元素，[②]这是一个着重实力产出而非实力来源的维度，也就是说衡量军事实力是否强劲最终还是着眼于那些能转化为现实战斗力的元素，包括国防开销、人力资源、军队的基础设施等。[③]这一维度的数据主要来自在国际关系领域广为运用的“国家间战争”(Correlates of War，COW)数据库[④]。这其中的“国家物质力量”(National Material Capabilities，NMC)数据将是以下各指标的直接数据来源。[⑤] 对军事实力的衡量依托两个军队情况的直接指标，即军费开销(milex变量)以及军队人数(milper变量)，但这两个指标在衡量一国军事实力时显得颇为单薄，并不能够相对全面地展示一国国力中可以迅速转化为国家实力、国家集体战斗力的底蕴。因此，这里将充分利用“国家物质力量”这个概念，稍微拓宽衡量一国战斗力的指标体系。按照该数据的建构，我们将囊括：人口体量指标，包括人口总量(tpop变量)以及城市人口(upop变量)；以及工业力量指标，主要以能源消耗(pec变量)以及钢铁产量(irst变量)这两个指标来衡量。要衡量一国的战斗力，一国整体人口规模以及城市化及工业化水平也应该纳入分析。该数据库在综合以上各个维度指标后形成的“国家实力综合指数”(Composite

---

① 经济发展指标的数据来源不仅仅是世界银行，例如Penn World Table，http://cid.econ.ucdavis.edu/pwt.html，也是非常好的数据来源，但是考虑到该数据库覆盖的指标以及年代的限制，以及本分析框架中其他数据来源的一致性，我们还是选择广泛应用的世界银行数据，http://data.worldbank.org/。

② Ashley J. Tellis, *Measuring National Power in the Postindustrial Age*, Arlington VA: Rand Report, 2000, p. 133, https://www.rand.org/pubs/monograph_reports/MR1110.html，访问时间：2019年9月19日。

③ Ashley J. Tellis, *Measuring National Power in the Postindustrial Age*, pp. 134 - 137；同时参见Stephen D. Biddle, “The European Conventional Balance: A Reinterpretation of the Debate,” *Survival*, Vol. 30, No. 2, 1998, pp. 99 - 121.

④ 参见http://www.correlatesofwar.org/data-sets.

⑤ 参见National Material Capabilities (v5.0), https://correlatesofwar.org/data-sets/national-material-capabilities/national-material-capabilities-v4-0.

Index of National Capability，CINC)将会被重点分析，该指标是比单纯的军事实力指标更为全面的衡量一国战斗力的参数。NMC 数据库的时间跨度较长，在经过若干次的更新之后，2017 年更新的最新版本包括了从 1816 年到 2012 年各国的数据，相对应于本章的其他指标分析，我们的分析将主要集中在二战之后。①

最后一个维度是软实力指标。约瑟夫·奈对于国家软实力(soft power)的论述对于稍有涉猎国际政治的学者来说均可谓耳熟能详，②尽管他后来在软实力的基础上还提出了“巧实力”(smart power)的概念，③但后者是将硬实力与软实力相结合的一个概念，因此，软实力概念对于衡量国家实力中的非经济、非军事等非物质能力更加合适。尽管软实力的概念并不难于理解，但如何来测量、操作化软实力这个概念并非显而易见。最近几年，一些国际机构或者学者一直尝试着量化软实力这个概念。④ 当前较为成熟的是由美国波特兰公司(Portland)与南加州大学公共外交中心(USC Center on Public Diplomacy)每年共同发布的“全球软实力 30 强”排名。⑤ 该报告主要通过建构软实力指标体系，以客观数据衡量与随机访谈相结合的形式进行数据搜集，给各国在文化、价值、外交等层面的影响力进行打分，排列出全球软实力最强的 30 个国

---

① 参见 http://www.correlatesofwar.org/data-sets/national-material-capabilities.

② Joseph S. Nye, Jr., “Soft Power,” *Foreign Policy*, Vol. 80, 1990, pp. 153–171; Joseph S. Nye, Jr., *Soft Power: The Means to Success in World Politics*, New York: Public Affairs, 2010.

③ 参见 Joseph S. Nye, Jr. “Get Smart: Combing Hard and Soft Power,” *Foreign Affairs*, Vol. 88, No. 4, pp. 160–163.

④ 例如“Rapid-Growth Markets Soft Power Index,” http://www.ey.com/gl/en/issues/driving-growth/rapid-growth-markets-soft-power-index-soft-power-defined，访问时间：2017 年 7 月 17 日；同时参见 Iliana Olivie and Ignacio Molina, “Elcano Global Presence Index,” https://www.globalpresence.realinstitutoelcano.org/media/31cf995cc87fc1aa79aeafa0a98ede7d.pdf，访问时间：2020 年 3 月 29 日。

⑤ 参见“Soft Power 30: A Global Ranking of Soft Power 2019,” https://softpower30.com/wp-content/uploads/2019/10/The-Soft-Power-30-Report-2019-1.pdf，访问时间：2020 年 3 月 29 日。同时参见该数据库主要建构人 Jonathan McClory 早期的研究成果“The New Persuaders: An International Ranking of Soft Power,” Institute for Government, https://www.instituteforgovernment.org.uk/sites/default/files/publications/The%20new%20persuaders_0.pdf，访问时间：2017 年 7 月 17 日。

家。应该说,这个目前最为专业也是最为全面的软实力指标数据库是直接分析最为理想的数据来源。然而,有两个重要的缺陷使得我们无法直接启用该数据库。第一,最直接的限制就是该数据库的样本选择,因为该数据库集中在全球前 30 强,并没有完全包括我们所要分析的所有 G20 样本,尤其是没有覆盖新兴国家的样本,这是一个关键的缺陷;第二,报告呈现的是前 30 强国家的整体得分,各个维度的具体得分并不清楚,而要精确比对国家之间以及时间维度上的差别,报告中的数据肯定不够。鉴于此,对于该数据库的利用主要体现在借鉴其建构的衡量指标这一层面。我们基本赞同该数据库从网络(Digital)、文化(Culture)、商务(Enterprise)、国际介入(Engagement)、教育(Education)、政府(Government)等角度进行指标筛选,[①]但在具体指标抽取上将有所不同。例如,在商务相关的指标上,像国际直接投资、世界经济竞争力等指标与之前分析的经济指标略有重合,而透明国际(Transparency International)的腐败感知指数(Corruption Perceptions Index)其实并不能诠释为完全的经济运作意义上的腐败;再如,在政府指标上,自杀率并非一个确切的指标,这是一个与社会文化因素联系更为紧密的元素。综合考虑到符合本书分析样本的数据可行性,我们将主要集中在以下几个维度:(1) 政府能力,主要依据世界银行的全球治理指标(Worldwide Governance Indicators, WGI)数据库,[②]该数据库考察了全球范围内各国 1996—2019 年与政府治理能力相关指标:政府问责能力(Voice and Accountability)、政治稳定程度(Political Stability and Absence of Violence and Terrorism)、政府效能(Government Effectiveness)、法规质量(Regulatory Quality)、法治程度(Rule of Law)以及腐败控制程度(Control of Corruption)。(2) 文化影响力,

---

① 参见“Soft Power 30: A Global Ranking of Soft Power 2019,” pp. 48-49.

② 参见 http://data.worldbank.org/data-catalog/worldwide-governance-indicators.

采用历年到访该国的旅游人口总量为指标，数据来源于世界旅游组织。[①]（3）教育的影响力，以每年进入该国学习的外国留学生的总数为指标，[②]数据来源于联合国教科文组织。[③] 这一组指标之外，我们其实跳过了一个非常重要的维度，那就是一国的外交影响力。就衡量指标来说，一国对外援助的力度是不错的量化手段，但目前能够找到的关于 G20 的对外资金援助数据主要是关于发达国家（经济合作与发展组织有详细的数据），但本章分析的重点新兴大国对外资金援助的系统数据比较缺乏，[④]故而迫不得已舍弃这一维度的数据分析。从所选的软实力各维度的指标来看，我们将会对各国的政府运作状况进行较为深入的分析。与社会、文化层面的元素相比，在以主权国家为对象的分析中，政治运作是解释一国对外行为最为直接也是最为重要的元素。综上所述，本章分析的国家样本选择以及衡量新兴大国在国际体系中所处位置的分析框架已经基本达成，请参见图 2.1。

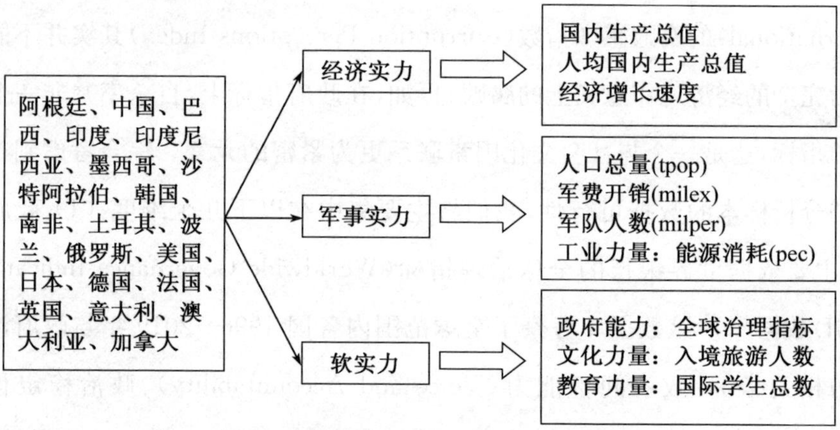

图 2.1 “新兴国家在国际体系中的地位”分析框架图

---

① World Tourism Organization，http://www.unwto.org/facts/menu.html.

② UNESCO Institute of Statistics，http://www.uis.unesco.org/DataCentre/Pages/BrowseEducation.aspx.

③ http://data.un.org/Data.aspx?d=WDI&f=Indicator_Code%3AIT.NET.USER.P2，访问时间：2017 年 7 月 17 日。

④ 参见 Open Data for International Development，http://aiddata.org/donor-datasets.

第三章

新兴大国的经济力量

20 国国内生产总值：1960—2018

对新兴大国经济力量的分析应从它们的整体经济体量开始，世界银行关于国内生产总值的最新数据展示在表 3.1 中。根据世界银行统计，2018 年国内生产总值全球排名前 30 位的国家几乎囊括了这里所分析的所有国家样本，只有南非位列 32 名，在名单之外。① 应该说，所谓新兴国家的概念最直观的维度就是一国整体的经济体量，这已经很好地体现在 2010 年年末中国国内生产总值超越日本上升到全球第二这一节点上。② 当然，截面数据的信息量有限，如若稍稍放宽视界纳入一些历史数据，可能新兴国家"崛起"这个概念在国内生产总值这个维度上会有更好的体现，同时也会有稍微复杂的格局呈现。

---

① 与两年前的 38 名相比，南非国内生产总值近两年的世界排名有所上升。

② 参见世界银行的数据统计，相关的报道例如：Andrew Monahan，"China Overtakes Japan as the World's No. 2 Economy," *The Wall Street Journal*，February 14，2011，https://www.wsj.com/articles/SB10001424052748703361904576142832741439402，访问时间：2017 年 7 月 17 日；"China Has Overtaken Japan as the World's Second-Biggest Economy," *BBC News*，February 14，2011，http://www.bbc.com/news/business-12427321，访问时间：2017 年 7 月 17 日。

表3.2及表3.3分别列出了半个多世纪前1960年世界国内生产总值30强国家以及冷战落幕初期1990年的国内生产总值30强。就1960年的世界经济状况来看，当前的G7成员国家以及澳大利亚除了德国数据缺失没有列入统计之外，其他七国当时均进入世界十强。对应当前排名状况，除去美国的排名并未下降之外(美国的国内生产总值全球份额持续走低，下文会有详细数据)，其他六国均遵循排名走低的轨迹。1960年世界30强中有17席属于西方发达资本主义国家，但仍然有13席属于发展中国家，其中中国、印度、巴西、土耳其和墨西哥有着相当不错的排名。然而在冷战结束前的30年中，各国的经济总量相对位置发生了重要变化。世界经济十强中G7全部上榜，处于政治剧烈转型中的俄罗斯(苏联)当时总量上位列全球第九名。这30年是日韩经济强劲发展时期，日本超越老牌资本主义国家成为世界第二，而韩国也上升到了世界排名15。然而冷战结束后的这30年中，再次出现了新变化，日本在冷战结束20年后被中国超越，这30年，相比于发达国家，分析样本中的发展中国家从90年代以来绝大部分都呈现出上升势头，其中中国、印度尼西亚、韩国、沙特以及波兰都有较大幅度的排名提升。但是，样本中的发展中国家在整体经济体量上同时也呈现出多元的演进路线。自90年代以来，巴西、阿根廷、墨西哥在全球的相对位置上基本持平，而像南非、俄罗斯以及土耳其在冷战结束的近30年里相对位置是下降的。如果我们再比对60年代的格局，会有更加有趣的发现。例如，当前被认为最为强劲的新兴大国“金砖四国”实际上在二战后经济体量已经相当可观，撇开当时还未解体的苏联，其他三国都已经是全球十强，1960年的中国在国内生产总值上已经能排到全球第四，印度为第八，巴西第十名。应该说，这一阶段直到冷战落幕，在西方国家经济体量大幅扩张的30年中，发展中国家的相对位置走低了，1990年中国的国内生产总值滑落到第11位，印度也下降到第13位。我们回头看，80年代初安东尼·范艾格特梅尔提出新兴市场的概念是有着相当的前瞻性的，也就是在西方国家经济

增长颇为强劲的时候，他仍然看到了在当时表现并不算抢眼的那些新兴经济体的潜力。不过在这些新兴国家中，有一个国家比较特殊，在整体经济体量上其实从来没有真正“崛起”过，那就是南非。南非国内生产总值在 1960 年时排名世界第 18 位，到 1990 年为 29，2016 年已经下滑到第 38 位，过去两年稍有回升，现在排名世界第 32 位，南非经济就算在整体经济发展欠缺的非洲大陆也被新秀尼日利亚甩在后头，在全球的表现更不能算得上抢眼。就目前国家间整体对比情况而言，目前 G7 国家仍稳稳占据了世界前十的位置，新兴大国在冷战后虽然有所增长，但各国表现相对多元。因此，总结起来，全球各国国内生产总值体量的整体特征可以表述为：在二战后全球经济的普遍增长中，新兴国家的扩张使得发达国家绝对统治地位遭遇了一定挑战，但西方发达国家仍然是全球市场的主导，尤其是冷战时期南北差距实则拉大；冷战后结束后发展中国家则迎来了新的机遇。以下的时间序列数据会更加详细地展示这一特征。

表 3.1　2018 年国内生产总值全球 30 强

排名	国家	美元（百万）	排名	国家	美元（百万）
1	美国	20 544 343.46	13	澳大利亚	1 433 904.35
2	中国	13 608 151.86	14	西班牙	1 419 041.95
3	日本	4 971 323.08	15	墨西哥	1 220 699.48
4	德国	3 947 620.16	16	印度尼西亚	1 042 173.30
5	英国	2 855 296.73	17	荷兰	913 658.47
6	法国	2 777 535.24	18	沙特阿拉伯	786 521.83
7	印度	2 718 732.23	19	土耳其	771 350.33
8	意大利	2 083 864.26	20	瑞士	705 140.35
9	巴西	1 868 626.09	21	波兰	585 663.82
10	加拿大	1 713 341.70	22	瑞典	556 086.49
11	俄罗斯	1 657 554.65	23	比利时	542 761.09
12	韩国	1 619 423.70	24	阿根廷	519 871.52

（续表）

排名	国家	美元(百万)	排名	国家	美元(百万)
25	泰国	504 992.76	28	阿拉伯联合酋长国	414 178.94
26	奥地利	455 285.82	29	尼日利亚	397 269.62
27	挪威	434 166.62	30	新西兰	382 487.49

数据来源：世界银行，https://data.worldbank.org/indicator/NY.GDP.MKTP.CD，访问时间：2020年4月2日。

表 3.2　1960 年国内生产总值全球 30 强

排名	国家	美元(百万)	排名	国家	美元(百万)
1	美国	543 300.00	16	比利时	11 658.72
2	英国	73 233.97	17	瑞士	9 522.75
3	法国	62 225.48	18	委内瑞拉	7 779.09
4	中国	59 716.47	19	南非	7 575.40
5	日本	44 307.34	20	菲律宾	6 684.59
6	加拿大	40 461.72	21	奥地利	6 592.69
7	意大利	40 385.29	22	新西兰	5 485.85
8	印度	37 029.88	23	芬兰	5 224.10
9	澳大利亚	18 577.67	24	挪威	5 163.27
10	瑞典	15 822.59	25	希腊	4 335.19
11	巴西	15 165.57	26	孟加拉国	4 274.89
12	土耳其	13 995.07	27	伊朗	4 199.13
13	墨西哥	13 040.00	28	尼日利亚	4 196.09
14	荷兰	12 276.73	29	智利	4 110.00
15	西班牙	12 072.13	30	哥伦比亚	4 031.15

数据来源：世界银行，https://data.worldbank.org/indicator/NY.GDP.MKTP.CD，访问时间：2020年4月2日。

表 3.3　1990 年国内生产总值全球 30 强

排名	国家	美元(百万)	排名	国家	美元(百万)
1	美国	5 963 144.00	16	墨西哥	261 253.58
2	日本	3 132 817.65	17	瑞典	259 702.30
3	德国	1 771 671.21	18	瑞士	258 066.55
4	法国	1 269 179.62	19	比利时	205 331.75
5	意大利	1 181 222.65	20	伊拉克	179 885.82
6	英国	1 093 169.39	21	奥地利	166 463.39
7	加拿大	593 929.55	22	土耳其	150 676.29
8	西班牙	536 558.59	23	芬兰	150 676.29
9	俄罗斯	516 814.27	24	阿根廷	141 352.37
10	巴西	461 951.78	25	丹麦	138 247.29
11	中国	360 857.91	26	伊朗	124 813.26
12	印度	320 979.03	27	挪威	119 791.68
13	荷兰	318 330.51	28	沙特	117 630.27
14	澳大利亚	310 777.22	29	南非	115 552.35
15	韩国	279 349.36	30	印度尼西亚	106 140.73

数据来源：世界银行，https://data.worldbank.org/indicator/NY.GDP.MKTP.CD，访问时间：2020 年 4 月 2 日。

图 3.1 中是自 1960 年至 2018 年所有 20 国(包括欧盟整体)国内生产总值的增长对比曲线图。图中数据表明，在过去的半个多世纪中，各国的经济总量普遍经历了不同程度的增长。其中最为显眼的两条增长曲线悬浮在图 3.1 顶部，分别代表了欧盟与美国的经济总量，毋庸置疑，这两个经济体的体量扩张的绝对增幅是最大的。道理并不复杂，当经济体量的底数较大，这些国家即使以不太醒目的速率增长时，也会增加更多的绝对值。图 3.1 传递出最直观的信息是，欧美绝对的整体经济实力仍然是超群的。如果欧盟没有解体的危机，美国与欧盟至少就目前来讲仍然是最大的两个经济实体，而且这样的格局

可能短期内并不会出现结构性巨变。图 3.1 的增长曲线中，最有潜力可以在体量上与美国与欧盟抗衡的国家是中国（图 3.1 中蓝线国家），自 2010 年赶超日本后，从国内生产总值上来说，中国已经将其他发展中国家以及欧美之外的发达国家甩开，其增长曲线可以用“势头迅猛”来形容。尽管有中国的迅猛增长，但图 3.1 中新兴大国崛起的意味似乎并不是很浓，我们需要另一个指标来呈现各国的相对位置，即各国经济总量占世界的份额。

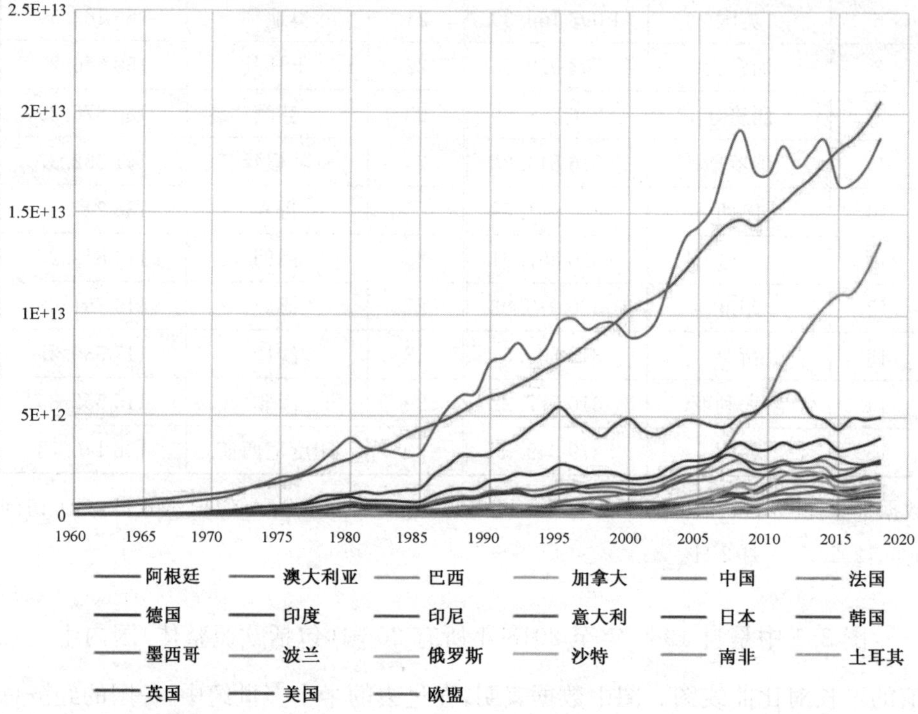

图 3.1　20 国及欧盟国内生产总值增长曲线图（1960—2018）（单位：美元）

数据来源：世界银行，https://data.worldbank.org/indicator/NY.GDP.MKTP.CD，访问时间：2020 年 4 月 2 日。

图 3.2 在计算了各国在全球国内生产总值中所占的份额后，则能更好地体现与表 3.1 数据相对应的关于发达国家国内生产总值世界排名的格局。尽管美国、欧盟与日本在战后经济迅速发展，但所占全球份额确实在不断地缓慢

下降。例如，美国从 20 世纪 60 年代占全球经济近四成，到 2018 年已经逐步下降到23.91%，欧盟在加盟国不断增多的情况下，也从 1960 年的 26%下降到 2018 年的21.91%。[①]就目前的格局来看，欧美主要的下降份额有相当一部分是中国的经济扩张造成的，1960 年占全球经济 4%的中国已经增长到 2018 年的15.4%，但中国目前还没有达到日本在 90 年代顶峰时期 17%的世界份额；日本目前占全球国内生产总值总量 5.79%，虽然比起 30 年前大幅下降，

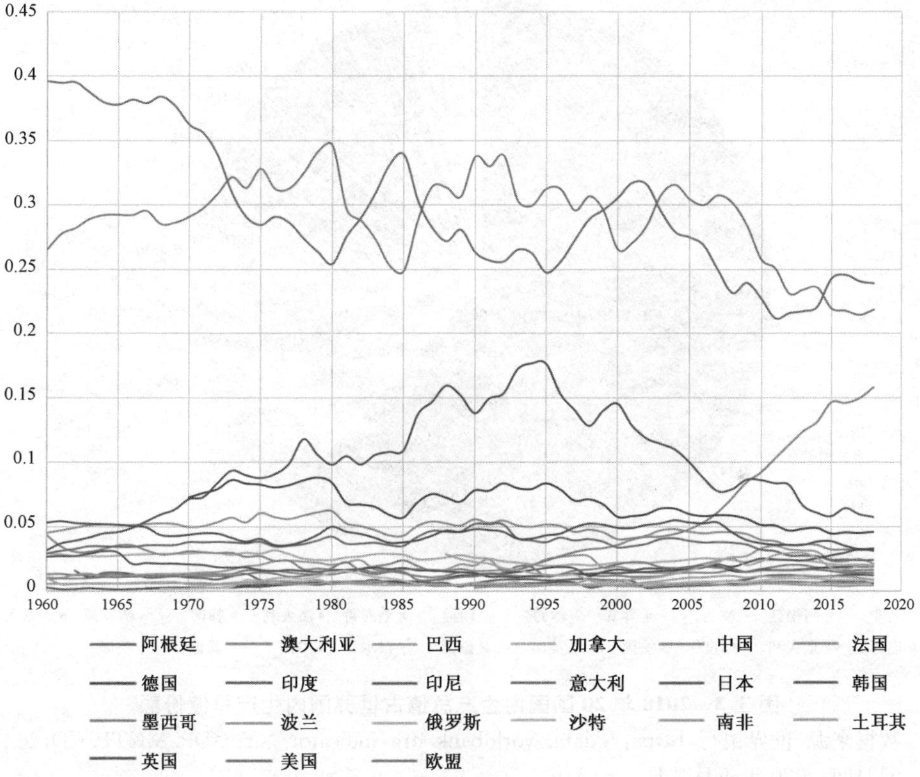

图 3.2　20 国及欧盟国内生产总值占全球份额变迁曲线图(1960—2018)
数据来源：世界银行，https://data.worldbank.org/indicator/NY.GDP.MKTP.CD，访问时间：2020 年 4 月 2 日。

① 参见世界银行历年国内生产总值统计，https://data.worldbank.org/indicator/NY.GDP.MKTP.CD，访问时间：2020 年 4 月 2 日。各国国内生产总值占世界经济的具体份额，由笔者计算而得。

但比起 60 年代仍然有所上升。无论图 3.1 还是图 3.2 似乎都表明，中国的经济体量变迁格局或许不能演绎为所有新兴国家的普遍模式。例如，巴西经济份额 1960 年时占 1%，2018 年时翻番，但也仅占 2.18%；再如印度，其 2% 的份额一直并没有大的波动，俄罗斯比起 1990 年时甚至有所下降（2018 年俄国内生产总值总量占全球总量 1.93%，参见图 3.3）。

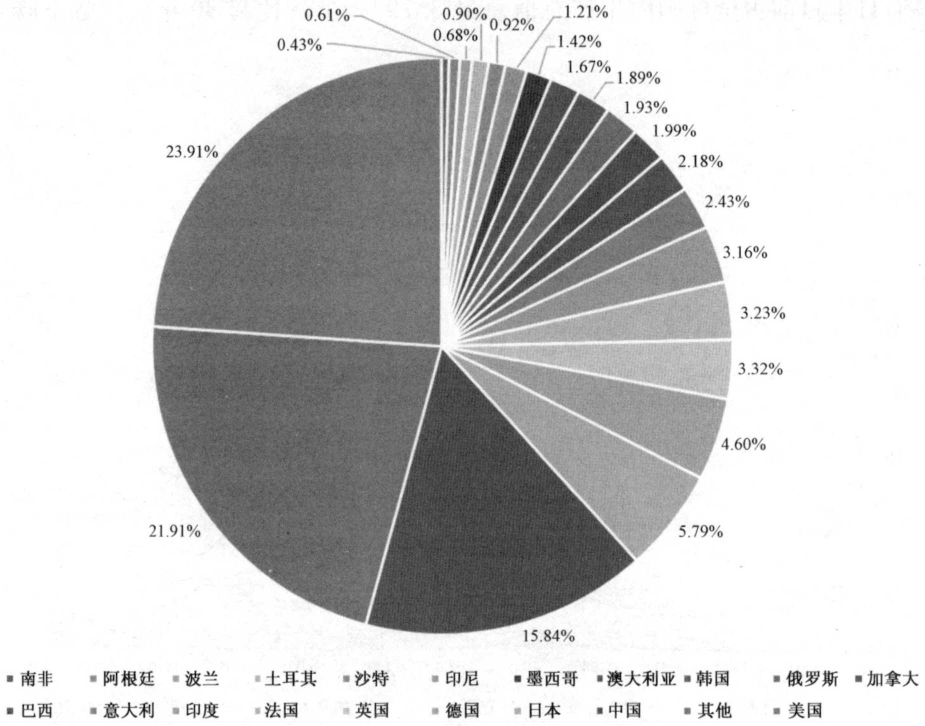

图 3.3　2018 年 20 国国内生产总值占世界国内生产总值份额

数据来源：世界银行，https://data.worldbank.org/indicator/NY.GDP.MKTP.CD，访问时间：2020 年 4 月 2 日。

图 3.3 以饼图的形式展示了 2018 年 20 国国内生产总值占全球国内生产总值份额的比重，这张图能够较好地呈现西方发达国家以及各发展中国家目前的基本状况。不过，为了更好地展示冷战结束 30 年来各国的经济变迁的相对状况，图 3.4 利用各国 1990 年国内生产总值与 2018 年国内生产总值两个

变量制作了二维图，并拟合了冷战后的近 30 年间 20 国国内生产总值增长曲线。这张图很好地展现了增长的不同速率，落在拟合线上的点属于国内生产总值的增长应和了整体变化水平的国家，拟合线以上的国家则超出了整体水平，而拟合线以下的国家则还未达到普遍变化水平。因此，与图 3.1 以及图 3.2 中的信息相呼应，绝大部分发展中国家仍然集中在图 3.4 的左下象限，与 G7 发达国家无论在经济总量还是增长速率上都仍然有相当的距离。G7 发达国家内部的差异明显，其中日本在下方距离拟合线最远的位置充分表明了过去 30 年其经济总量增长的乏力状态，而美国是西方发达国家中表现最强劲的，在经济总量基数很大的基础上，冷战后的 30 年仍然保持着高于 20 国平均水平的增长速度。在发展中国家中，中国作为经济总量扩张的非典型案例在

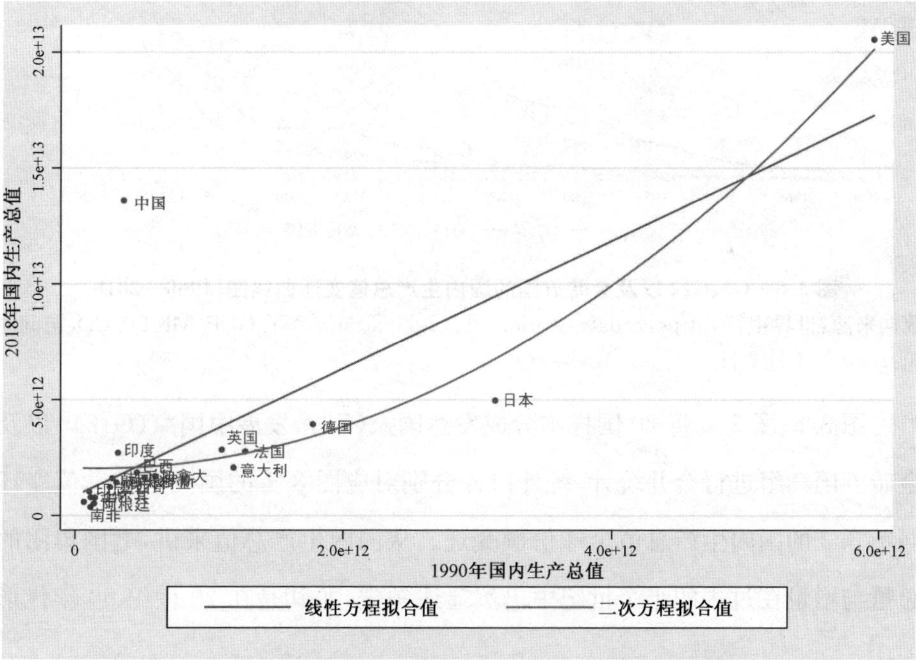

图 3.4　20 国国内生产总值增长二维图(1990 对比 2018)

数据来源：世界银行，https://data.worldbank.org/indicator/NY.GDP.MKTP.CD，访问时间：2020 年 4 月 2 日。

图 3.4 中非常明显,可以更清晰地帮助我们理解中国在全球经济增长格局中的特殊位置。以上各种数据表明,以单独国家为分析单位来进行数据比对,新兴大国国内生产总值与发达国家国内生产总值之间无论是总量还是变迁格局可追赶的空间巨大,那如果以“新兴大国”的国家组群来进行分析,又会有怎样的格局呢?

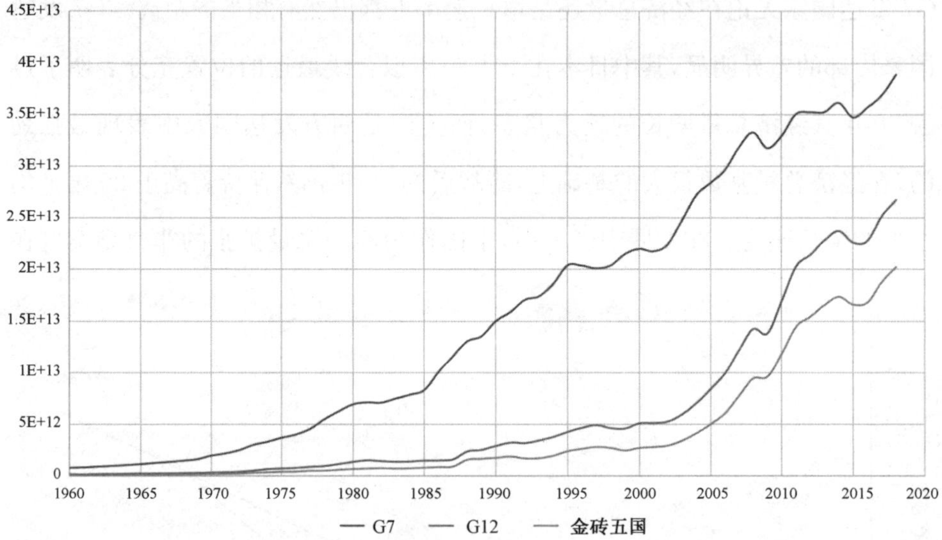

图 3.5　G7、G12 以及金砖五国的国内生产总值变迁曲线图(1960—2018)

数据来源:世界银行,https://data.worldbank.org/indicator/NY.GDP.MKTP.CD,访问时间:2020 年 4 月 2 日

图 3.5、图 3.6 将 20 国样本分成发达国家(G7)、发展中国家(G12)[①]以及金砖五国三组进行合并统计,统计口径分别对应图 3.1 的国内生产总值变迁与图 3.2 的国内生产总值全球份额变迁。从国内生产总值来讲,七国集团的总量与增量在过去的半个世纪中仍然遥遥领先,尤其是在 20 世纪 90 年代形

① 俄罗斯包括在 G12,澳大利亚既没有包含在 G7,也没有包括在 G12 中进行统计。

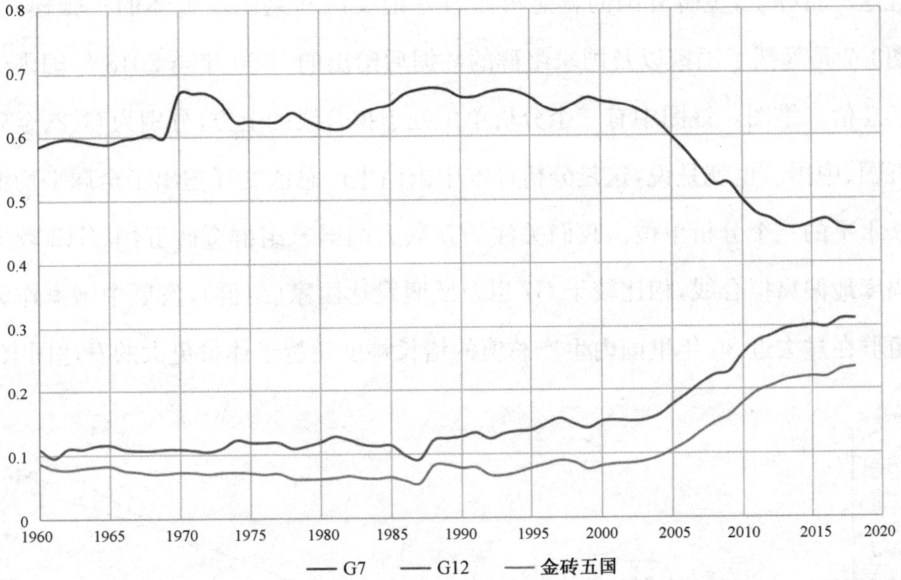

图 3.6　G7、G12 以及金砖五国的国内生产总值占全球份额变迁曲线图(1960—2018)①
数据来源：世界银行数据库，https://data. worldbank. org/indicator/NY. GDP. MKTP. CD,访问时间：2020 年 4 月 2 日。

成了巨大的南北差异，②这个格局在过去的 20 年间有一定的改变。发达国家与发展中国家之间的南北差异减小更好地体现在图 3. 6 中，2008 年爆发的世界金融危机似乎给西方发达国家造成了更大的冲击，其后在 20 国内部，发达国家与发展中国家之间的差异有了大幅的减少。这一趋势比起图 3. 2 中以国家为分析单位的份额变迁对比要更为直观。金砖五国的变迁曲线在图 3. 5 与图 3. 6 中颇为类似，与 12 国整体相比，金砖五国除去体量与份额相对较小之外，基本上完全吻合 12 国整体的增长趋势。可见，至少在国内生产总值的变

---

① 世界银行在 1969 年时候加入了德国的数据导致 1970 年七国集团的份额有了突然上升。
② 例如 Adrian Wood, *North-South Trade, Employment, and Inequality: Changing Fortunes in a Skill-Driven World*, Oxford University Press, 1995; Giovanni Arrighi, Beverly J. Silver, and Benjamin D. Brewer. "Industrial Convergence, Globalization, and the Persistence of the North-South Divide," *Studies in Comparative International Development*, Vol. 38, No. 1, 2003, p. 3.

迁这一指标上，金砖五国的轨迹可以较好地反应新兴国家整体的扩张模式。图3.7是囊括了国家以及国家组群的数据后给出的1990年与2018年国内生产总值二维图。该图中有三个分析单位处于拟合线的上方，分别为G12、金砖五国、中国。也就是说，这是分析样本中国内生产总值变迁超出了全球平均增长水平的三个分析单位。我们关注的新兴大国国家组群金砖五国、G12较大幅度地偏离拟合线，相比较于G7以及欧盟发达国家（组群），发展中国家作为组群在过去近30年里国内生产总值的增长幅度超越了体量更大的发达国家。

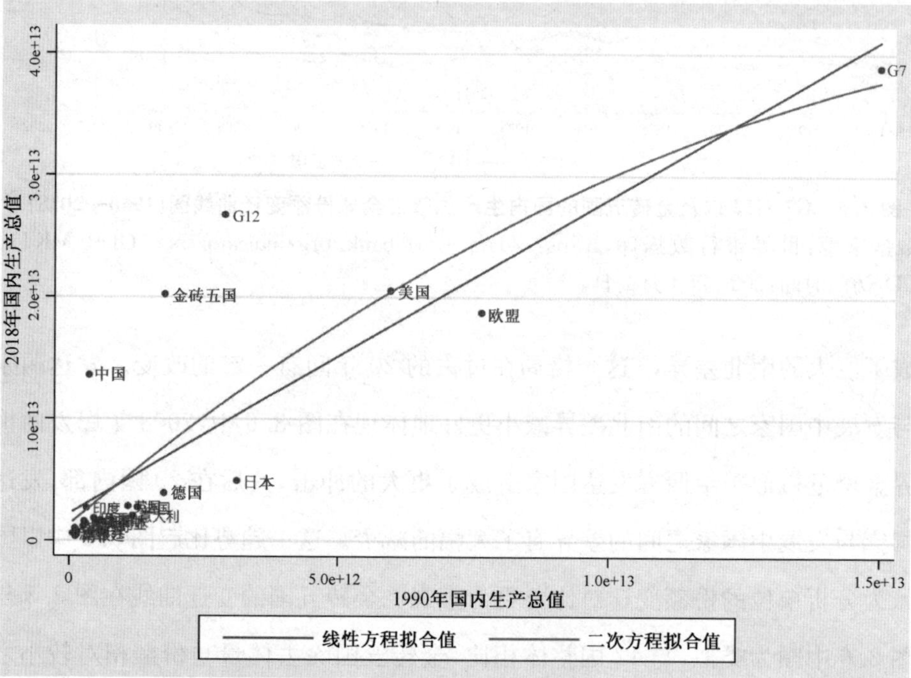

图3.7　20国及G7、G12、金砖五国经济增长二维图（1990对比2018）（单位：美元）
数据来源：世界银行，https://data.worldbank.org/indicator/NY.GDP.MKTP.CD，访问时间：2020年4月2日。

因此，综合图3.1至图3.7的信息，至少可以总结出两条基本结论：(1)所谓新兴市场、新兴大国的概念，在国内生产总值维度上需要更多从占据世界经济份额的角度上来理解，而非绝对体量意义上的，于后者而言，以美国为首的西方发达国家仍然优势明显。(2) 新兴国家的概念更好地展示在国家组群的概念上,就单独的主权国家而言,除去体量庞大的中国,其他单个新兴大国的冲击力似乎不宜过分夸大,当以新兴大国的国家组群进行统计时,能够更加清晰地看到这一群国家兴起的轨迹。这其中,因为中国经济的体量以及增速的特殊性显然极大地影响了新兴大国组群的数据统计,我们会在后文中用更详细的分析来区隔中国与其他国家,但总而言之,单就国内生产总值而言,要准确理解新兴大国何为新兴,以上数据表明以国家组群为单位考量其在全球国内生产总值中的份额是相对确切的视角。

20 国人均国内生产总值:1960—2018

衡量经济发展水平的另一个重要指标是人均国内生产总值,这里且不论该指标是否能更好地反应各国的经济发展真实水平,但至少在经济总量的基础上纳入人口规模因素进行考量后,我们会看到总体量之外另一个重要经济维度的面貌。图 3.8 是世界银行关于人均国内生产总值最近的统计,是以 2018 年美元为单位的统计值。这又是一个可以将西方发达国家和发展中国家进行区隔的统计图表。图 3.8 中人均国内生产总值前八名国家为 G7 成员国家与澳大利亚,其中美国以人均 62 795 美元位列第一位,意大利位列第 8 名,2018 年人均国内生产总值为 34 483 美元,欧盟的平均值超过意大利水平达到 36 570 美元。而新兴的发展中国家在这一指标上则与西方发达国家显示出了极大的差距,以 2018 年全球平均水平(11 312 美元)为基准,新兴的发展中国家大部分处于全球平均线以下,只有韩国、沙特、波兰和阿根廷越过了全球平均线,其中印度因为巨大的人口体量使得人均国内生产总值指标在所有样本国家中垫底,人均国内生产总值仅有 2 010 美元,还不到全球平均水平的五分之一。新兴国家中情形相对乐观的是韩国和沙特,尤其是韩国,2018 年其人均国内生产总值已经达到 31 363 美元,距离欧盟的平均线只有大约

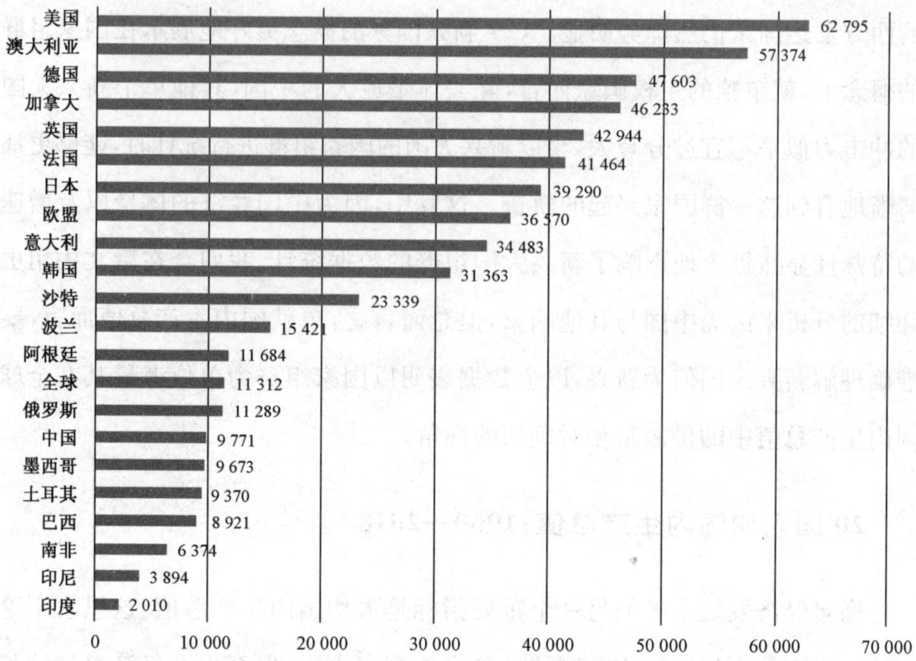

图 3.8　2018 年 20 国、欧盟及全球人均国内生产总值(单位:美元)

数据来源:世界银行,https://data. worldbank. org/indicator/NY. GDP. PCAP. CD,访问时间:2020 年 4 月 8 日。

5 000 美元的差距,仅低于七国集团中最低水平的意大利约3 000 美元。如果我们将时间维度纳入考虑,则能更好地看到发展中国家在该变量上的变迁。图 3.9 是 1960 年至 2018 年各国人均国内生产总值变迁的曲线图,图中仍然可以清晰地看到三组不同特征的国家,即,处于成图上方的 G7,集中在成图下方的新兴国家,介于两组之间的两个国家分别是韩国与沙特,这两个国家至少从 2000 年左右开始就从新兴大国组群中逐渐脱颖而出,在不断地追赶中逐渐靠近七国集团的水平。其中韩国在 2008 年经济危机复苏之后继续接近西方发达国家,尤其与备受金融危机冲击的欧盟各国的差距进一步缩小。相比较而言,主要依靠石油出口这一单一经济结构的沙特的经济水平直接受制于油价的波动,这不仅表现在 1980 年前后油价暴涨下该指标的急速抬升,同样在 2014 年石油价格暴跌之后,其经济收入也受到了直接打击,政府首次出现了预算赤字，人均国内生产总值直线走低，从 2012 年时与韩国不相上下的水平（人均国内生产总值 25 303.09 美元）下降至 2018 年的 23 339 美元，差距上升到 8 000 多美元。但是，绝大部分新兴发展中国家仍然长期徘徊在世界平均水平上下，拥有大量人口基数的发展中国家在这一指标上压力尤其巨大，当前印度第八名的经济总量水平似乎丝毫不能从结构上改变其人均国内生产总值水平在全球体系中的地位，人口基数更大的中国的增长趋势在过去的 10 年中情形略好于印度和印度尼西亚，[①]正朝着世界平均水平追赶中，然而想要匹配其国内生产总值的全球位置仍然任重道远。

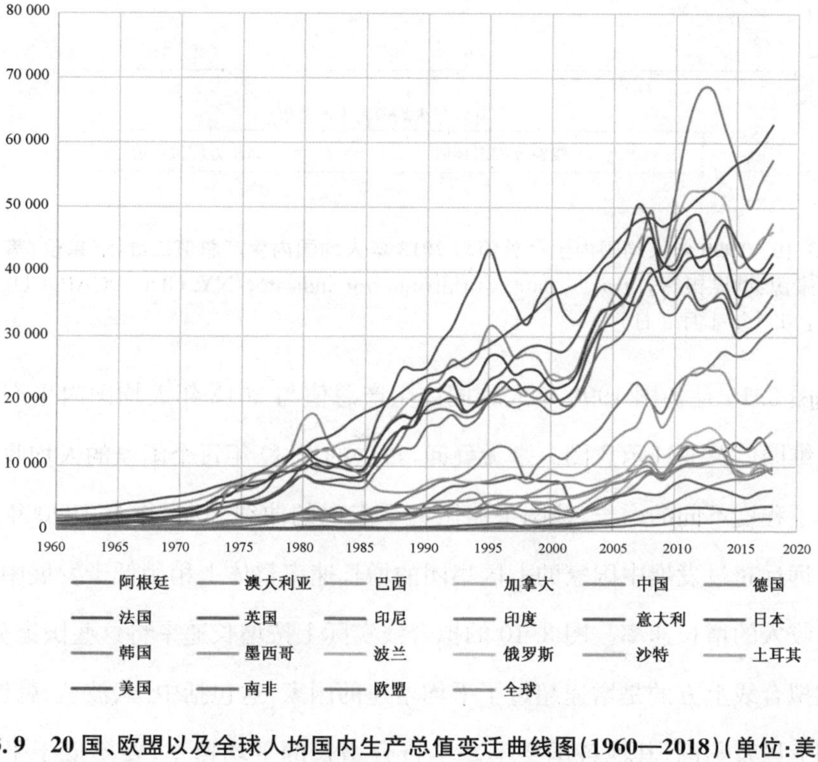

图 3.9　20 国、欧盟以及全球人均国内生产总值变迁曲线图(1960—2018)(单位:美元)
数据来源：世界银行，https://data.worldbank.org/indicator/NY.GDP.PCAP.CD，访问时间：2020 年 4 月 8 日。

---

① 根据世界银行数据，2018 年印度人均国内生产总值排在 180 个统计国家中的 137 位，中国处于 64 位。

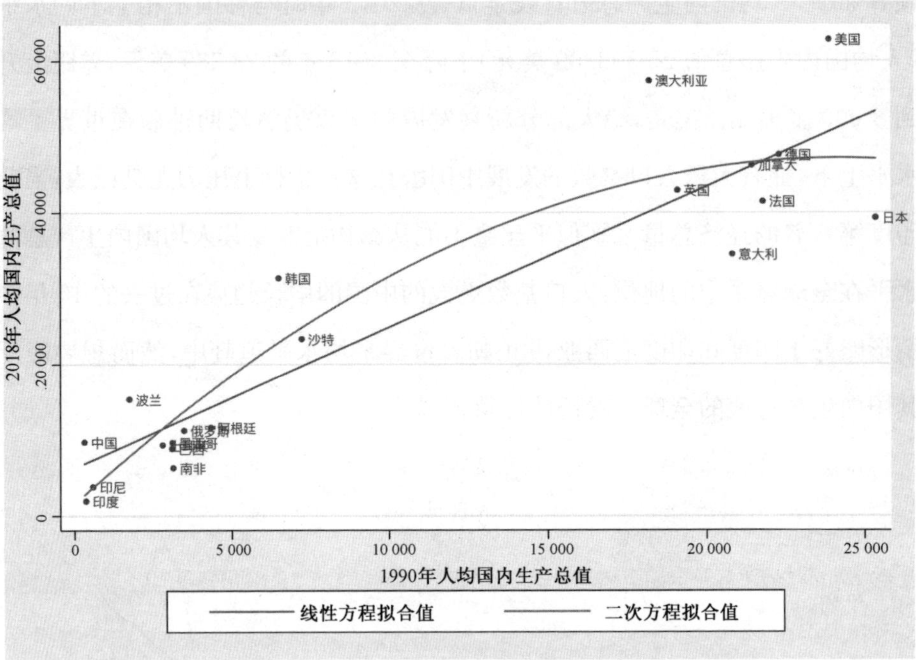

图 3.10　1990 年人均国内生产总值与 2018 年人均国内生产总值二维图(单位:美元)

数据来源:世界银行,https://data.worldbank.org/indicator/NY.GDP.PCAP.CD,访问时间:2020 年 4 月 8 日。

图 3.10 是各国 1990 年人均国内生产总值与 2018 年人均国内生产总值的二维图以及变迁示意图。毫无疑问,过去的近 30 年每个国家的人均收入都经历了程度不同的增长,该图中略微向下走向的曲线表明,作为 1990 年人均收入远远超过发展中国家的七国集团的增长速率整体上稍稍低于发展中国家人均收入的增长速率。图 3.10 的拟合线实际上按增长速率将这些国家分类,处在拟合线上方的是增速超过了平均增速的国家,这包括中国、波兰、韩国、澳大利亚以及美国,其他各国要不基本符合增长的平均速率,要不低于平均速率,结合各国增长的绝对值,我们能看出以下基本格局:G7 及澳大利亚中人均收入增速最为疲软的国家当属意大利,日本也增长乏力,而澳大利亚和美国增长势头最为强劲;相对而言,人均收入起点低的发展中国家的增速更为多样,

各国增长的速率和幅度参差不齐。尽管西方发达国家增长水平也各不相同，但发展中各国的整体状况与之相比，却有结构性的不同。之前分析表明，韩国作为新兴国家经济增长的典范看起来几乎赶上意大利，但后者属于西方发达国家中的非典型后进国家，而其他发展中国家(除了沙特)在经历了近30年的人均收入增长后，水平还未达到30年前即1990年的西方诸国水平。而像人均国内生产总值最低的印度，不仅基数低，而且增速缓慢，过去30年与西方发达国家在人均国内生产总值水平上的差距进一步拉大。从数据上不难看出，如果按人均国内生产总值来衡量，新兴国家的概念中“新兴”的意义实际上是大大弱化了，不同于国内生产总值总体量的强劲扩张，绝大部分新兴国家实际上在人均国内生产总值水平上并没有实质性地靠近西方七国集团，至少过去近30年呈现出这样的格局。图3.11.1给出了2018年的各国在经济总量

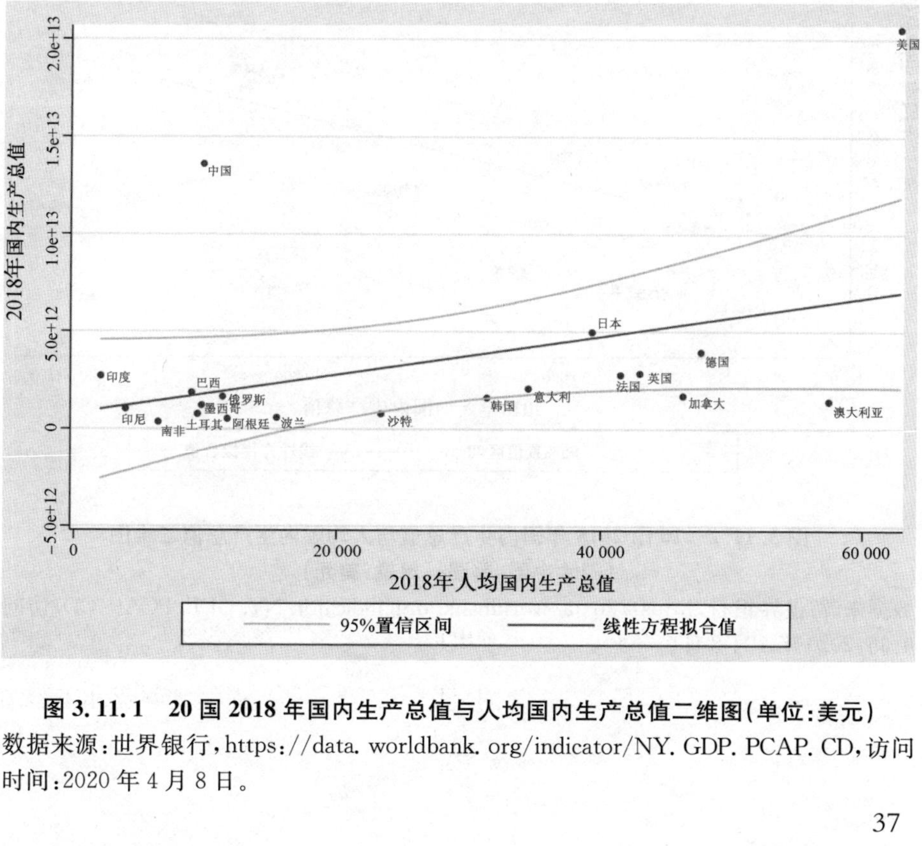

图3.11.1　20国2018年国内生产总值与人均国内生产总值二维图(单位:美元)
数据来源:世界银行,https://data.worldbank.org/indicator/NY.GDP.PCAP.CD,访问时间:2020年4月8日。

国内生产总值与人均国内生产总值二维图中的相对位置。图中散点表明，中国与美国是两个明显的例外国家，也就是相对于人均国内生产总值指标，国内生产总值的位置远远超过了拟合线，所以经济整体体量上超大的国家其优势并不是在人均收入。如果除去这例外两国，剩下的国家（图 3. 11. 2）可以分为两类，拟合线上方为国内生产总值相对占优势的国家，拟合线下方为人均国内生产总值相对较高的国家。新兴国家中的金砖四国的优势非常明显地呈现在经济总量上，人均国内生产总值相对较低，而阿根廷、波兰以及沙特的人均国内生产总值水平则更加突出，呼应了以上各个图表中的基本格局。

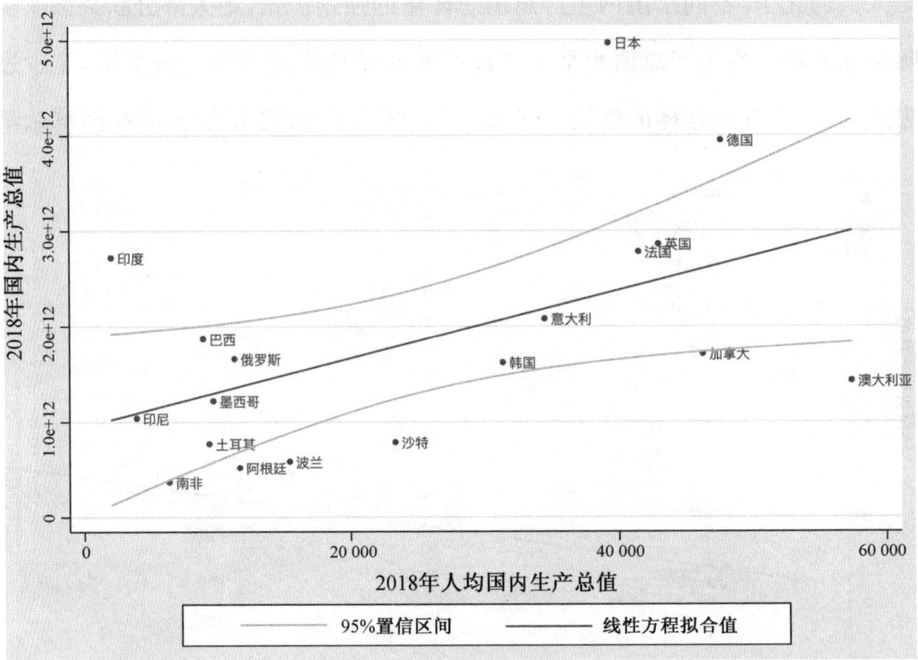

图 3. 11. 2　20 国 2018 年国内生产总值与人均国内生产总值二维图（剔除中国、美国）（单位：美元）

数据来源：世界银行，https://data.worldbank.org/indicator/NY.GDP.PCAP.CD，访问时间：2020 年 4 月 8 日。

20 国国内生产总值增速:1961—2018

以上考察的国内生产总值以及人均国内生产总值水平是衡量某个时间点上各国经济发展水平的静态指标,我们还需要考量一个动态指标来呈现新兴国家经济发展的潜力和过去半个世纪的发展情况,即历年的经济增长率。表3.4给出了20国、欧盟以及全球在1961年到2018年的经济增长状况,同时以1990年为分界点,对比冷战前后近30年的不同格局,该表的国家按照1961—2018年之间平均经济增长率由低到高排列。在过去的58年时间中,所分析的20国中,十个越过世界经济平均增长速度线的国家有九席属于新兴的发展中国家,由低到高分别是波兰、墨西哥、巴西、土耳其、沙特、印度、印度尼西亚、韩国及中国(表3.4第二列),总体上来说绝大部分新兴国家经济增长速度可观,尽管南非、阿根廷、俄罗斯三国平均增速疲软。相对而言,G7国家和澳大利亚在过去半个世纪的经济总量增长速度均低于平均水平。当然,我们必须考虑到经济增速与本身的经济体量相关,澳大利亚与G7集团中的美国、加拿大、英国、德国实际上仍然维持了可观的经济总量的扩张(见上文关于国内生产总值的分析)。表3.4第三列计算的是58年间各国经济增长的标准差,这一指标可以帮助我们理解各国经济增长的稳定性,数值越大表明其间的经济增长波动性越大。例如,赋值最大的是沙特,1961—2018年标准差达到11.79,这充分表明沙特经济增长缺乏持续的稳定性,这与其石油经济的基本结构密不可分,尤其是在1961—1990年,沙特的经济增长标准差达到了17.20(表3.4第五列),更是充分显示了油价的波动对沙特经济增长的直接影响。为了厘清各国经济增长的基本路径,表3.4以冷战结束为切割点对各国经济增长作了纵向的比较,整体上来说,从20世纪60年代到90年代,全球的经济增长率实际上高于过去的这30年。按全球平均值来看,过去30年的增长率平均下跌了1.3个百分点,实际上,所列的20国中,只有三个国家在

1991年之后的30年实现了更加强劲的增长，那就是中国、印度与阿根廷，其他无论是新兴国家的大部分成员还是西方发达国家，经济增速均有所减弱（表3.4第八列，负值表明增长的衰退，同时参见图3.12中各国不同的衰减或增长程度）。当然，这需要在经济发展的基本阶段上来理解这一指标所指向的经济增长潜力——往往一国在经历了高速增长后不可能长时间持续高速增长，经济基数的扩张会直接影响到增速，这突出表现在日本和韩国两个国家的格局上。日本近30年的经济增长比起冷战结束前的30年是高度减速的，为20国之最，而韩国也经历了类似的轨迹，两国在此后30年的平均增速比冷战前30年减少了4—5个百分点。韩国在1960—1990年的30年间平均经济增速达到9.58%，该速度与中国过去30年的增速大体相当（中国为9.53%，见表3.4第六列）。而此间日本平均增速为6.16%，也是西方发达国家之最，而在过去30年，日本则降到了1.18%，又落为G7集团中增长最疲软的国家之一。冷战后韩国的经济增长平均值为5.11%，不过韩国这一增速仍然可圈可点，仍是全球增长强劲的国家之一，尤其是在韩国经济已经持续扩张了这么久之后。日本和韩国两国在冷战前后的经济增长状况大体体现了西方发达国家和发展中国家的不同状况。样本国家中除去澳大利亚，在过去30年经济增长高于全球平均水平的均为发展中国家，而经济体量大的西方国家则相对增速偏低但也相对增长稳定，标准差走低。表3.4的信息总体表明，新兴国家自20世纪60年代以来的重要特质是经济较为强劲地增长，前文已经分析过，这些新兴国家的经济体量以及人均经济收入水平与西方诸国仍然是泾渭分明地分属两大集团，但假若考察经济增长的速率，这些新兴国家在过去30年的强劲势头则较好地显示出来。新兴国家以相对较快的势头扩张，自然在经济增长方面对西方国家形成了一定的压力，尤其随着增长疲软的意大利、法国、日本等国逐渐被新兴国家赶超，“新兴”二字的意义在各国经济增长中被呈现出来。

表 3.4　20 国、欧盟及全球国内生产总值平均增长率(1961—2018)[①](单位:%)

国家/地区	平均值 1961—2018	标准差 1961—2018	平均值 1961—1990	标准差 1961—1990	平均值 1991—2018	标准差 1991—2018	差值
俄罗斯	0.78	6.42	—	—	0.91	6.42	—
德国	2.01	1.94	2.63	1.76	1.58	2.06	−1.04
英国	2.42	2.02	2.73	2.27	2.10	1.68	−0.63
意大利	2.44	2.65	3.99	2.37	0.85	1.86	−3.14
阿根廷	2.49	5.27	2.03	4.98	2.97	5.60	0.94
欧盟	2.73	1.88	3.60	1.73	1.83	1.58	−1.78
法国	2.83	2.07	3.96	1.98	1.66	1.40	−2.30
南非	3.00	2.41	3.55	2.69	2.43	1.99	−1.12
美国	3.05	2.05	3.56	2.33	2.53	1.55	−1.04
加拿大	3.30	2.20	3.94	2.21	2.65	2.03	−1.30
澳大利亚	3.47	1.72	3.84	2.06	3.08	1.18	−0.76
全球平均	3.50	1.59	4.11	1.66	2.87	1.22	−1.24
日本	3.71	3.83	6.16	3.58	1.18	2.10	−4.98
波兰	3.77	2.65	—	—	3.77	2.65	—
墨西哥	3.92	3.51	5.15	3.64	2.65	2.92	−2.50
巴西	4.04	4.10	5.49	4.73	2.54	2.81	−2.95
土耳其	4.76	3.88	4.94	3.25	4.58	4.51	−0.36
沙特	5.18	11.79	7.53	17.20	3.39	4.74	−4.15
印度	5.24	2.92	4.23	3.36	6.29	1.91	2.06
印度尼西亚	5.26	3.33	5.63	2.91	4.89	3.69	−0.74
韩国	7.38	4.06	9.58	3.35	5.11	3.52	−4.48
中国	8.17	6.81	6.84	9.16	9.53	2.50	2.69

数据来源:世界银行,https://data.worldbank.org/indicator/NY.GDP.MKTP.KD.ZG,访问时间:2020 年 4 月 8 日。

① 因为俄罗斯和波兰缺失 1961—1990 年的大部分数据,因此,1961—1990 年的平均值缺失。而俄罗斯 1990 年的增长率为−2.99%,因此稍稍拉低了 1961—2018 年的平均值。

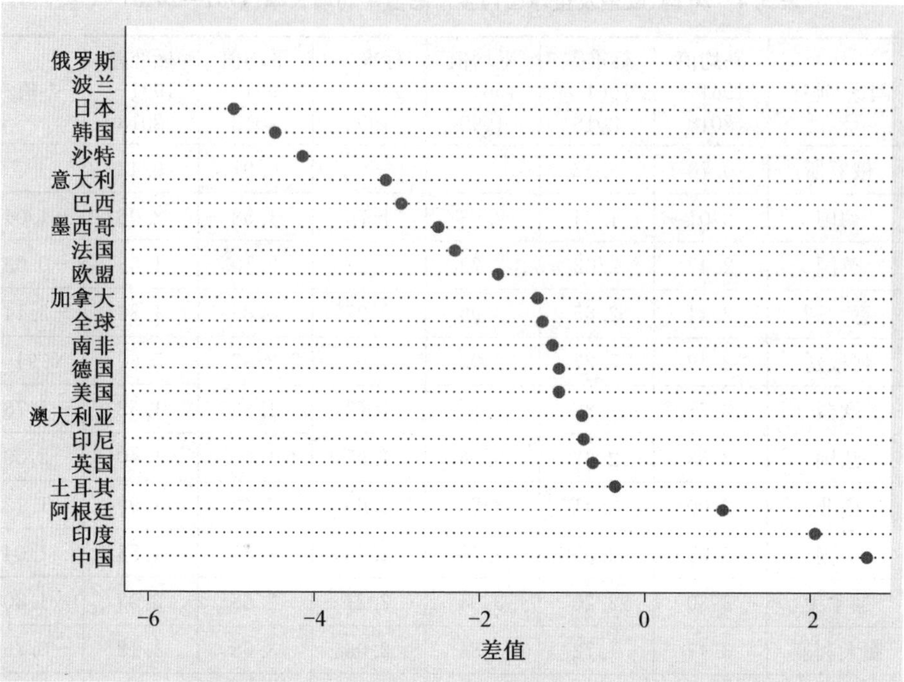

图 3.12　20 国、欧盟及全球 1990—2018 年与 1960—1989 年平均经济增长之差值

数据来源：参见表 3.4 中第八列数据（俄罗斯、波兰数据缺失），原始数据来源于世界银行，https://data.worldbank.org/indicator/NY.GDP.MKTP.KD.ZG，访问时间：2020 年 4 月 8 日。

但是，如果仔细分析新兴各国经济增长的数据，我们的乐观会趋于谨慎。数据表明（表 3.4 第八列，图 3.12），真正维持了经济的“强劲”增长只有中国、印度以及阿根廷，其中阿根廷的经济增减非常不稳定（参见阿根廷的经济增速标准差）。新千年以来，阿根廷有过 10％的增速（2010 年）也有过 10％的衰退（2002 年）。其他新兴国家同样存在着经济增长乏力且不稳定的现象。例如，在所有新兴国家中，俄罗斯经济的平均增长率为最低，且经济增长的波动性是所列 20 国中最大的（1990—2018 年的经济增长标准差为 6.69）。冷战结束后的 28 年中，俄罗斯有 12 年的时间经济呈现负增长，当年苏联解体给俄罗斯经济带了极大的冲击，从 1990 年起连续 6 年经济负增长，1997 年首次实现经济增长(1.39%)后1998年又遭遇了金融危机的打击再度负增长，此后俄罗斯经历了经济复苏，达到了10%经济年增长率。从1999年到2008年金融危机期间是俄罗斯过去30年间经济增速最快的10年，但在2008年金融危机后再次经历7.9%的经济倒退。在过去10年尽管除去2015年其他各年均实现了增长，但完全没有达到此前10年的状态，至少从经济增长这一指标来看，俄罗斯在新兴发展中国家并没有表现抢眼，反而显示出一定危机。

从数据来看，2008年经济危机对各国的经济有着普遍的打击，危机后十来年的平均增长速率进一步降低(参见表3.5、图3.13)，各国经济普遍放缓。金砖五国呈现出两类不同的格局，各国经济增长都出现了不同程度的倒退，但结果迥异。中国与印度仍然保持经济高度增长，但增速稍慢；但巴西以及俄罗斯都出现了经济增长的困境，金融危机复苏后又陷入了经济负增长。应该说，无论是发达国家还是发展中的新兴国家均面临着经济增长的压力，就算是表现最为抢眼的中国也进入经济发展新常态。2008年的金融危机之后，发达国家经济增长的动力又遭受了进一步的打击，平均的经济增速进一步降低，而总体上新兴国家或许得益于其体量相对小，抑或卷入全球市场的程度相对较轻，其转身显得轻便不少，危机后的平均增速比西方诸国要快。因此，经济增长指标的分析表明，新兴国家所谓"新兴"的另一个重要的内涵是：相比较于西方国家而言，这些新兴国家的经济增速普遍较快，而且在过去的近半个世纪中，尤其是近30年，增长的相对潜力一直没有衰减，即便是在金融危机打击之后，这些国家的势头仍然未见普遍的颓势。但是这并不表示这些新兴国家在全球经济遭遇普遍挑战的时候不面临压力，在体量以及人均国内生产总值水平均远远不及西方发达国家的前提下，增速是一个需要谨慎审视的经济发展指标。同时考虑到新兴国家之间经济增长的极端不平衡，对"新兴"国家的经济增长的乐观在我们看来要慎之又慎。

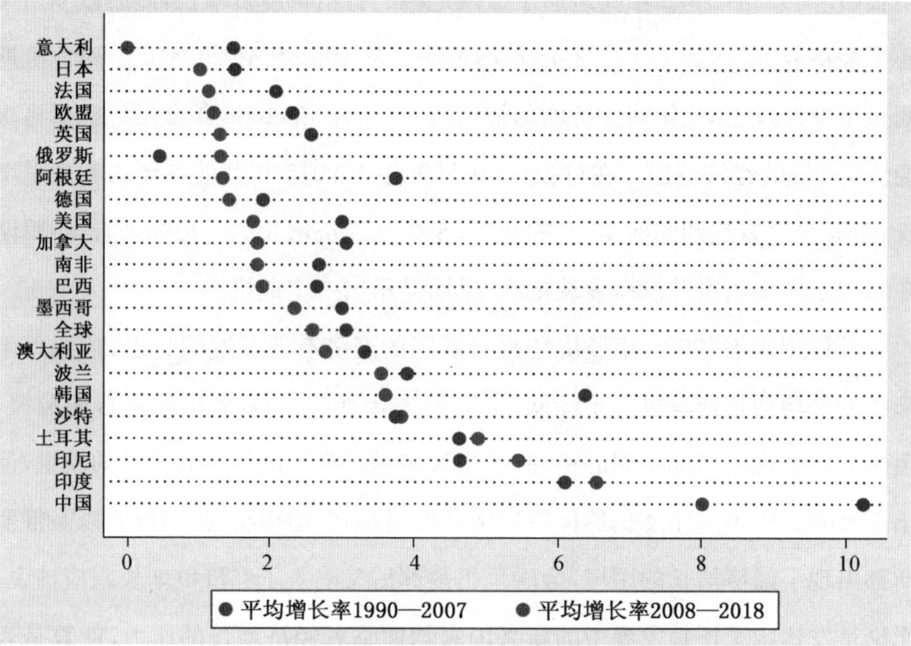

图 3.13　20 国 2008 年金融危机前后平均经济增长率
(1990—2007 对比 2008—2018)(单位:%)

注:图中国家根据 2008 年后平均增长速度进行排序。

数据来源:参见表 3.5 中第二、三列,原始数据来源于世界银行,https://data.worldbank.org/indicator/NY.GDP.MKTP.KD.ZG,访问时间:2020 年 4 月 8 日。

表 3.5　2008 年金融危机前后 20 国国内生产总值平均增长率　(单位:%)

国家/地区	平均值 1990—2007	平均值 2008—2018	差值
阿根廷	3.75	1.33	−2.42
澳大利亚	3.32	2.77	−0.54
巴西	2.65	1.89	−0.76
加拿大	3.06	1.82	−1.23
中国	10.24	8.00	−2.25
德国	1.90	1.42	−0.48
欧盟	2.31	1.20	−1.12
法国	2.08	1.13	−0.95

（续表）

国家/地区	平均值 1990—2007	平均值 2008—2018	差值
英国	2.57	1.29	−1.28
印度尼西亚	4.64	5.45	0.81
印度	6.09	6.53	0.44
意大利	1.48	−0.01	−1.49
日本	1.50	1.01	−0.49
韩国	6.37	3.61	−2.76
墨西哥	3.00	2.34	−0.66
波兰	3.91	3.55	−0.37
俄罗斯	0.45	1.30	0.85
沙特	3.75	3.83	0.08
土耳其	4.63	4.89	0.27
美国	3.00	1.76	−1.24
全球	3.06	2.59	−0.47
南非	2.68	1.82	−0.86

数据来源：世界银行，https://data.worldbank.org/indicator/NY.GDP.MKTP.KD.ZG，访问时间：2020 年 4 月 1 日。

以上通过对 20 国国内生产总值的水平、人均国内生产总值水平以及国内生产总值增速的详细数据分析来衡量它们在全球格局中的相对位置，比较全面地从经济发展的维度定义了经济发展水平视角下的“新兴”的内涵。超越安东尼·范艾格特梅尔在 80 年代初提出的新兴市场的初衷，我们看到在西方发达国家集团之外的确成长出了一批在总体经济体量上迅速扩展、增长强劲的国家，它们的确给世界各国的投资人带来更多的市场机遇，证明了以美国为首的资本主义国家之外也有市场。然而，尽管世界总体的经济规模中这些新兴国家比早先占得了稍多的份额，经济扩张的势头也较为明显，体现出经济“兴起”的迹象，但更为细致的分析表明，对于新兴国家经济水平的乐观是必须谨慎的:以 20 国为例,新兴国家的优势主要体现在国内生产总值总体量的相对份额上,而且这也是将新兴国家视为集团进行打包统计的意义上而言。新兴发展中国家的经济增速应和了其经济总量在全球份额的扩张,G12 中绝大部分新兴的发展中国家在过去 30 年超越了世界平均水平,绝大部分 G7 国家的经济增长同期平均水平则在世界平均水平之下。数据表明,2008 年金融危机对西方国家经济增长的打击超过了新兴国家,危机后的十来年内,包括中国、印度、韩国、印度尼西亚、沙特以及土耳其在内的新兴国家的经济增长表现仍然出挑。应该指出的是,无论是金砖四国(或者五国)还是整个 G12 的发展状况,中国的存在在经济总量以及增速两个维度上大大提升了新兴国家作为整体的指标,但中国的状况显然不能代表整个新兴国家群体的特征。因为经济增长并不能完全展示经济实力本身,尤其是在经济总量本身并不足够大的前提下,综合国内生产总值以人均值来看,G12 各国与 G7 各国的国内生产总值以及人均国内生产总值绝对值的差距巨大,除去中国经济总量这一指标显著之外,绝大部分新兴国家的经济总量与人均水平并不能与西方诸国相提并论,而总量上占据第二位的中国的人均值则处于世界中下水平。而且,新兴各国之间的经济发展差异性相当复杂,不同的经济结构、经济规模、增长模式、人口结构的组合使得这些新兴国家的经济水平在相对较低层面呈现了多样性。最后,比较新兴国家以及西方发达国家经济实力最新状况,尽管各国增速在数据上的差距并不惊人,但在经济整体体量以及人均国内生产总值的水平上存有巨大鸿沟,我们要慎重阐释“新兴”国家究竟是在什么意义上可以称之为“新兴”以及其“兴起”的局限。而对新兴“大”国的大,至少在经济指标意义上更需要谨慎,目前来看,能在经济主要指标上与 G7 各国真正抗衡的所谓“大”国实际上还尚未出现。

第四章
新兴国家的军事力量

20 国军费开支：1949—2018

遵照前文的阐述，下文将继续分析 20 国的军事力量，主要分析军费开支、人口总量(包括城市人口量)，以及包括钢铁生产量、能源消耗量考量在内的国家实力综合指数。① 我们将主要依据"国家间战争"数据库中关于国家物质力量的数据，因为该数据最新的 5.0 版仅更新到 2012 年，所以其中军费开销以及人口的数据将依据更新更为及时的两大数据库来源，一是斯德哥尔摩和平研究院(Stockholm International Peace Research Institute)下的 SIPRI 数据库，②二是世界银行的开放数据，③这两个数据库更新至 2018 年。

---

① 参见 NMC codebook 5.0，http://www.correlatesofwar.org/data-sets/national-material-capabilities，访问时间：2018 年 1 月 30 日。

② 参见 https://www.sipri.org/databases/milex，访问时间：2020 年 4 月 17 日。

③ 世界银行人口数据，https://data.worldbank.org/indicator/SP.POP.TOTL?view=chart，访问时间：2018 年 1 月 30 日。

表 4.1　2018 年 20 国军费、军费占国内生产总值份额、人均军费以及军费占政府支出份额

国家	军费	国内生产总值份额	人均军费	政府支出份额
南非	3 449	1.0%	63.4	2.9%
阿根廷	5 337	0.9%	92.8	2.1%
墨西哥	6 375	0.5%	50.2	2.1%
印度尼西亚	7 661	0.7%	27.9	4.3%
波兰	10 749	2.0%	304.3	4.8%
加拿大	21 352	1.3%	585.1	3.1%
土耳其	22 088	2.5%	231.5	7.1%
意大利	26 082	1.3%	469.0	2.8%
澳大利亚	26 836	1.9%	1 078.3	5.1%
巴西	30 769	1.5%	131.7	3.9%
韩国	41 157	2.6%	841.8	12.4%
日本	45 362	0.9%	366.5	2.5%
德国	46 192	1.2%	601.1	2.8%
英国	46 883	1.8%	751.0	4.6%
法国	59 542	2.3%	978.0	4.1%
俄罗斯	64 193	3.9%	426.4	11.4%
沙特	65 843	8.8%	2 013.3	24.6%
印度	66 578	2.4%	49.1	8.7%
中国	239 223	1.9%	176.7	5.5%
美国	633 565	3.2%	1 985.5	9.0%

注：军费按 2017 年不变价美元进行计算，单位是“百万美元”，表中的国家顺序按军费开销绝对值由小到大进行排列。

数据来源：Stockholm International Peace Research Institute database，https://www.sipri.org/databases/milex，访问时间：2020 年 4 月 17 日。

表 4.1 中列出了 2018 年 20 国军费总开支、军费开支占国内生产总值的份额、人均军费开支以及军费支出占政府支出份额。表 4.1 第二列数据表明，在 2018 年美国的军费开销达到六千多亿美金，是其他任何新兴国家抑或西方

其他发达国家无可匹敌的。如果排名第二的中国不计算在内，美国的军费开销超过其他 18 国的总和，同时也是中国的 2.5 倍，是俄罗斯的近 10 倍。按照占政府开销的比例来看，美国达到 9.0%，虽然不比沙特的 24.6%、俄罗斯的 11.4%以及韩国的 12.4%，但其份额是所有西方七国中最高的。美国的人均军费开销也是 20 国中最高的国家之一(2018 年人均军费为 1 985.5 美元)，仅略低于沙特 2 013.3 美元的水平。尽管美国的军费支出与其经济发展的趋势呈现出较为明显的相关性(参见美国历年军费开销的基本走势)，[①]在经济增长萎靡时会减少军费开支的增幅，但其军费开销绝对水平以及人均水平均为全球范围内其他任何国家无可匹敌。

从表 4.1 的数据来看，新兴的发展中国家的军费开销呈现出多元化趋势，并不统一。按 2018 年的军费总开销来看，其中中国、印度、沙特以及俄罗斯处在所列国家的第一阵营，其水平已经超过了除美国之外的 G7 集团的其他六个国家，但这四个国家军费开销占国民经济比重的特征各不相同。中国大份额的军费总量所占经济总量的比例(1.9%)位于所列国家的中等水平，所占政府总开支的比例相对较高(5.5%)，[②]但也是军费总量较高的国家中比例相对较低的；沙特和俄罗斯的军费支出所占国民收入总量以及政府开支的比例是较高，其中沙特格局尤其醒目，国民经济近十分之一以及政府开销的四分之一都用于军费开销。韩国和巴西处于所列国家的中间水平，前者逐渐接近德国，后者则与澳大利亚和意大利相当。其中韩国的军费支出占政府开销的比例(12.4%)仅次于沙特，这显然与其特殊的地缘政治形势密切相关。其他的新兴国家中南非、墨西哥、阿根廷以及印度尼西亚的军费开销最低，地处亚非拉

① 参见报告分析，Dinah Walker, "Trends in U.S. Military Spending," Report from Council on Foreign Relations, July 15, 2014, https://www.cfr.org/report/trends-us-military-spending，访问时间：2018 年 1 月 30 日。

② 该数值比 2016 年的 6.2%已经有所下降。

的这四个国家不仅军费开销数额低，同时它们也属于军费开销占国内生产总值份额最低的国家，徘徊在1%或以下的水平。因此，从整体上看各国军费开支的基本格局大体与各国的经济总体量有一定程度的正相关关系，尤其是各国的人均国内生产总值水平（参见图4.1），而人均军费走高的沙特、占政府开销比例较高的韩国与严峻的周边安全形势直接相关，俄罗斯与美国军费所占政府开销的基本局势则可视为冷战格局的后续加强版。

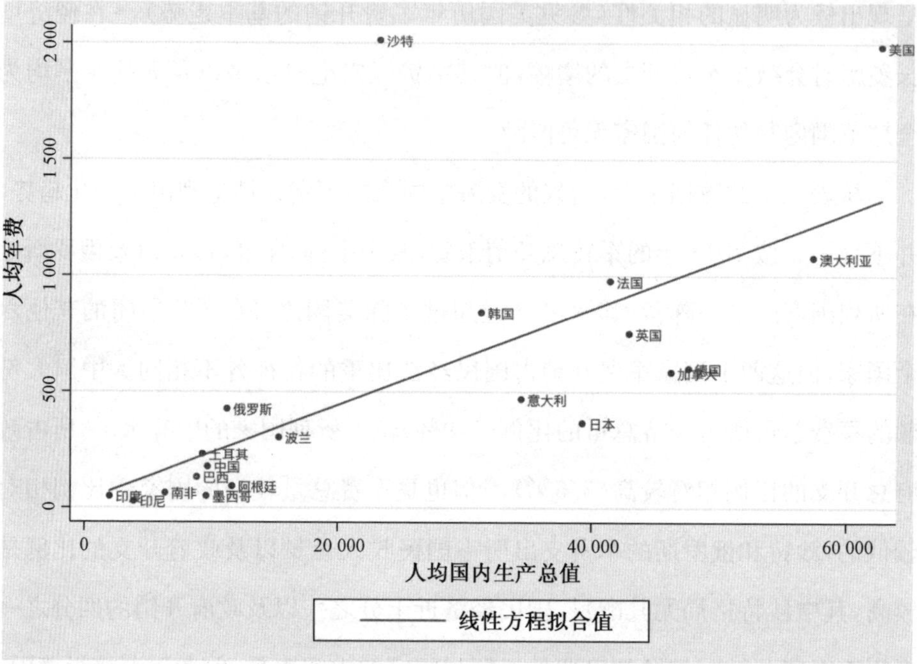

图4.1　2018年20国人均军费开销与人均国内生产总值二维图（单位：美元）

数据来源：人均国内生产总值来自世界银行数据库，https://data.worldbank.org/indicator/NY.GDP.PCAP.CD，人均军费开销来自Stockholm International Peace Research Institute database，https://www.sipri.org/databases/milex，访问时间：2020年4月17日。

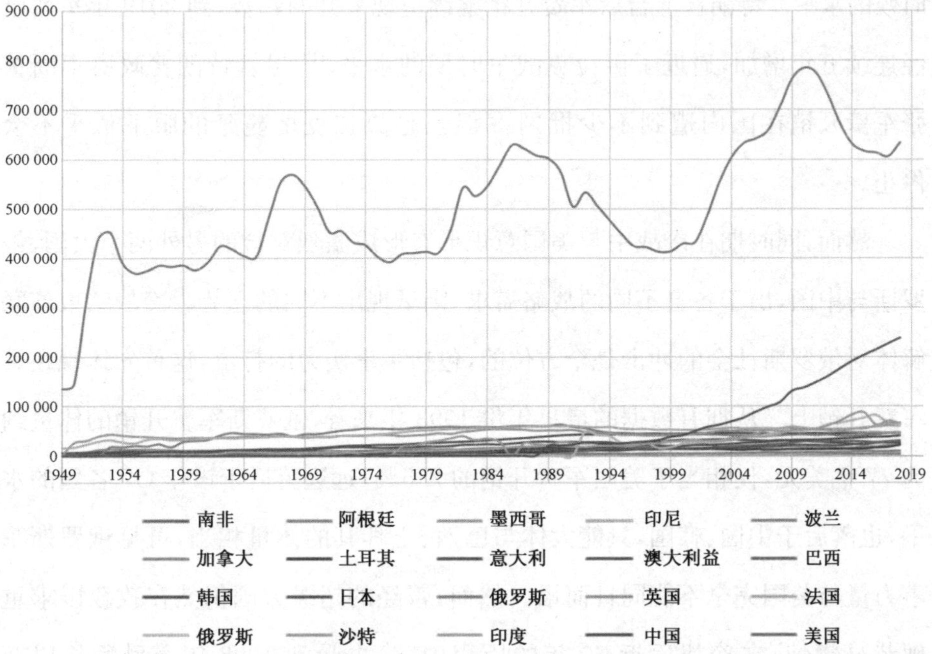

图 4.2 20 国军费开支变迁(1949—2018)(单位:百万美元)

数据来源:Stockholm International Peace Research Institute database, https://www.sipri.org/databases/milex,访问时间:2020 年 4 月 17 日。

图 4.2 是所列国家二战后军费变迁图,这可以帮助我们看清楚表 4.1 中的截面结构是如何演进而来。美国在军费开销上的霸主地位由来已久,在冷战后期的 80 年代美国军费迅速增长,在苏联解体之前,美国 1987 年的军费开销(621 222 百万美元)比 1980 年增加了近 50%。冷战的结束在一定程度上降低美国的军费总量,整个 90 年代的军费逐渐降低到了 70 年代水平,呈现了与 80 年代相反的趋势。然而"9·11"事件彻底打破了此前若干年的格局,虽然美国政策制定过程的特质使得改变滞后了两年,但从 2003 年伊拉克战争开始,美国军费急剧扩张,在奥巴马第一任期的后半程 2011 年达到了顶峰(775 156 百万美元)。虽然奥巴马的第二任期内军费持续下降,但降幅相当有限(大约年降幅在 3%—6%)。但随着美国经济在 2008 年金融危机后的复苏,其军费开销的绝对规模又开始增长,在奥巴马卸任之际已经基本恢复到其上任

时候的水平。特朗普上台后军费开销继续呈现上升的趋势，到2019年军费已经连续五年增加，逼近了伊拉克战争时期的水平。[①] 尽管特朗普政府不断扩张军费开销在国内遭到不少批判，[②]但该趋势在疫情蔓延的眼下似乎不会停止。

然而，同时期在冷战中与美国意识形态形成激烈对抗的另外两个大国，俄罗斯与中国，出于各自不同的战略需求，则呈现出不同的态势。冷战结束苏联解体对俄罗斯社会的冲击是全方位的，包括军事实力的打击，这首先体现在其军费开销上。从拥有数据的最早年份1993年来看，俄罗斯军费开销的体量约为77亿美元，仅相当于美国军费开销的2.5%，远远落后于该年G7各国的水平，也落后于中国、韩国，只能大体与巴西、土耳其的体量相当，可见俄罗斯军事力量与美国完全不能同日而语。然而，曾经的超级大国仍然在孜孜以求重塑昔日辉煌，在冷战后近30年的历程中，除去受到1998年金融危机以及2008年金融危机的打击，俄罗斯军费开销都在一路增长，年增长率基本维持在20%—40%(参见图4.3中俄罗斯自冷战以来历年军费涨幅)，到2016年达到了顶峰的825.26亿美元，尽管与美国体量仍然不能相提并论(占同年2016年美国军费开销的13.4%)，但这一体量已经超越了其他G7各国，大大改善了冷战结束之初俄罗斯一溃千里的军事实力状况。而且，考虑到两国之间经济发展总体量的比率约为7%，13.4%的军费开销比率已经展示出俄罗斯抬升其军事实力的迫切之心。尽管如此，两国实力的基本格局却显而易见：

① 图4.2中不包含2019年的数据。具体数据请参见华盛顿邮报的相关报道：Jeff Stein and Aaron Gregg, "U. S. Military Spending Set to Increase for Fifth Consecutive Year, Nearing Levels During Height of Iraq War," *The Washington Post*, April 19, 2019, https://www.washingtonpost.com/us-policy/2019/04/18/us-military-spending-set-increase-fifth-consecutive-year-nearing-levels-during-height-iraq-war/，访问时间：2020年4月17日。

② Uri Friedman, "We Can't Rely on Just the Military," *The Atlantic*, April 8, 2020, https://www.theatlantic.com/politics/archive/2020/04/us-military-failing-spending-budget/609673/，访问时间：2020年4月17日。

军事实力的剖面已经折射出冷战中两极世界其中一极的崩塌，而此后“9・11”事件对美国全球军事战略的冲击刺激了美国军事实力急速扩张使得俄罗斯愈发无法与之抗衡，2019 年俄罗斯的军费开销自 2006 年以来首次跌出了全球前五。①

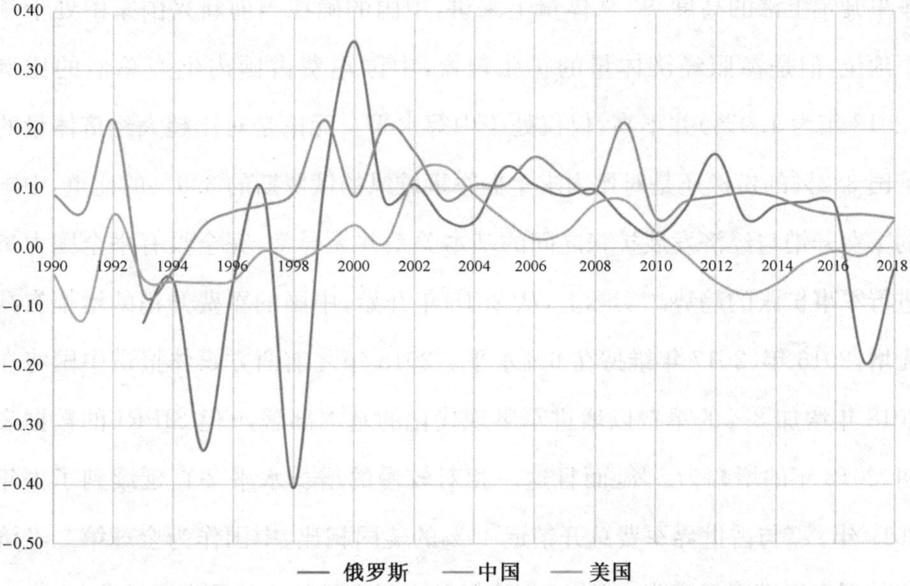

图 4.3　冷战后美国、俄罗斯以及中国历年军费开销增减幅度(1990—2018)

数据来源：Stockholm International Peace Research Institute database，https://www.sipri.org/databases/milex，访问时间：2020 年 4 月 17 日。

另一个在表 4.1 中位于前三名的则是中国，根据 SIPRI 自 1989 年以来的数据统计，中国的军费开销在 1992 年有过快速增长(参见图 4.3，中国历年军费开销增减幅度曲线)，当年的增幅为 21%，此后的 26 年中除了 1993 年军费有过 8%的下降，其他年份都保持了不同水平的增长，其中 1999 年、2001 年、2009 年增长均超过了 20%，而自 2010 年以来平均年涨幅维持在 6%上下的

① Holly Ellyatt, “Russia Drops Out of Top 5 Global Military Spenders While US and China Up the Ante,” *CNBC News*, April 29, 2019, https://www.cnbc.com/2019/04/29/russia-drops-out-of-top-5-global-military-spenders.html，访问时间：2020 年 4 月 17 日。

水平。根据SIPRI数据,中国的军费开销在2002年已经超过英国、法国、日本成为世界第二大国,时至2018年(参见表4.1),中国军费总体量约为美国的38%,俄罗斯、沙特、印度三国的3.6倍。自中国军费增加以来,一直饱受美国为首的西方各国的密切关注与激烈批评,乃至提升到中美局势对峙引发全球军事开销上涨的高度。① 从体量上来讲,中国的确在当前新兴国家中处于领军地位,但是参照经济体量的扩张规模,中国军费占国内生产总值的比例(2018年为1.9%)并不高,仅仅处于中等水平。无论是对比超大经济体量的美国3.2%的份额还是对比力求重振军事雄风的俄罗斯的3.9%的比重,中国的军费开销与经济发展扩张之间的基本关系并无异常,完全没有举全国力量进行军事扩张的趋势。实际上,从2015年开始,中国的军费开销的增幅有减无增,2016年、2017年维持在6%水平。2018年之前西方媒体报道中国将在2018年增加8%的军费以增进军事现代化的基本部署,②但SIPRI的数据表明,2018年的增幅为5%,而且这一相对较慢的增长水平一直延续到了去年2019年。③ 与占世界军费总开销近40%的美国相比,中国作为全球第二经济体其军费规模毫无夸张之处,更不要提及中国走低的人均军费预算指标。

因此总体来看,全球军费开支的基本格局中,美国军费开销规模的主导地位仍然不可撼动。从开销的绝对体量来看,除去具有特殊的地缘战略需求的部分国家,各国的军费开销规模大体与经济体量的扩张相应和,在这一关系中

① 例如Gordon Lubold and Nancy A. Youssef, "U. S.-China Rivalry Pushes Rise in World Wide Military Spending, Report Finds," *The Wall Street Journal*, February 14, 2020, https://www.wsj.com/articles/u-s-china-rivalry-pushes-rise-in-world-wide-military-spending-report-finds-11581698608,访问时间:2020年4月18日。

② Brad Lendon, "China Boosts Military Spending 8% Amidst Ambitious Modernization Drive," *CNN Report* on March 6, 2018, https://edition.cnn.com/2018/03/04/asia/chinese-military-budget-intl/index.html, June 2, 2018,访问时间:2018年9月3日。

③ Kelly Olsen, "China's Defense Spending Is Growing More Slowly. But That Doesn't Mean Military Tensions Are Easing," *CNBC News*, Mar 5, 2019, https://www.cnbc.com/2019/03/05/china-defense-budget-slowing-growth-in-2019-military-spending-.html,访问时间:2020年4月18日。

中国也并不是一个例外。

军队规模以及人口总量

在前文建构的军事实力的分析框架中，除了资金的支持之外，还需要考察"人"的力量。我们不妨先来考察一下各国军队基本状况，然后按照"国家间战争"数据库中的国家实力综合指数对于人口状况做分析。

表 4.2　2017 年 20 国军队总人数、人口总量及占劳动力比例①

国家	军队人数	占全球军队百分比	人口总数	军队占总人口百分比	军队占劳动力百分比
阿根廷	105 000	0.383	44 044 811	0.24	0.52
澳大利亚	58 000	0.212	24 601 860	0.24	0.45
巴西	730 000	2.663	207 833 831	0.35	0.70
加拿大	72 000	0.263	36 543 321	0.20	0.36
中国	2 695 000	9.831	1 386 395 000	0.19	0.34
法国	307 000	1.120	66 865 144	0.46	1.01
德国	180 000	0.657	82 657 002	0.22	0.41
印度	3 031 000	11.056	1 338 658 835	0.23	0.60
印度尼西亚	676 000	2.466	264 645 886	0.26	0.52
意大利	347 000	1.266	60 536 709	0.57	1.35
日本	261 000	0.952	126 785 797	0.21	0.39
韩国	634 000	2.313	51 361 911	1.23	2.26
墨西哥	336 000	1.226	124 777 324	0.27	0.60
波兰	191 000	0.697	37 974 826	0.50	1.03
俄罗斯	1 454 000	5.304	144 496 740	1.01	1.96
沙特	252 000	0.919	33 099 147	0.76	1.81

① 该表中的所有数据均为 2017 年数据，因为世界银行对于军队人数的最近统计截止到 2017 年，所以其他指标也以 2017 年为基准。

（续表）

国家	军队人数	占全球军队百分比	人口总数	军队占总人口百分比	军队占劳动力百分比
南非	80 000	0.292	57 000 451	0.14	0.36
土耳其	512 000	1.868	81 101 892	0.63	1.60
英国	148 000	0.540	66 058 859	0.22	0.44
美国	1 359 000	4.957	324 985 539	0.42	0.83
全球	27 414 000	48.98①	7 510 990 456	0.36	0.80

数据来源：世界银行数据中心，其中，军队人数来自“Armed Forces Personal, Total,” https://data.worldbank.org/indicator/MS.MIL.TOTL.TF.ZS，访问时间：2020年4月18日；人口总数来自“Population, Total,” https://data.worldbank.org/indicator/sp.pop.totl，访问时间：2020年4月18日；占劳动力百分比来自“Armed Forces Personnel (% of total Labor Force),” https://data.worldbank.org/indicator/MS.MIL.TOTL.TF.ZS，占全球军队百分比、军队占总人口百分比为笔者计算而得。

表4.2给出了2017年世界银行统计的20国各国军队总人数以及人口总量的基本情况。首先看军队人数，这20国共占全球军队总人数约48.98%，其中12个新兴国家占39.02%，G7集团占约9.76%。数据非常清楚地表明所列的20国中，军队人数的总量以及占全球份额最多的国家依次为印度、中国以及俄罗斯，印度2017年的军队总人数超过了303万，中国约270万人，而俄罗斯以145万军人的体量约占中国体量的一半。在G7集团中，军队体量最大的国家是美国，拥有军人135.9万人，排在20国中第四的位置。表4.2中的第三列计算了各国的军队人数占全球军队总规模的比例，与军队人口数相一致，印度与中国位列前两位，分别拥有约占世界十分之一的军队规模，而俄罗斯与美国则约占5%。但军队的绝对数量可能并不是展现一国振兴军事力量、拓展军事影响力的唯一角度。印度与中国作为两个超级人口大国，拥有相对多的军队数量是自然的内在结构，显然并不能与所谓的扩张军事战略直

① 该数值为20国军队人数总和占全球军队总人数的比例。

接挂钩。实际上，观察表格第五列军队与总人口的相对比例，我们看到，世界的平均水平在 0.36％，绝对数量最高的印度与中国均远远低于该水平，尤其是中国，0.19％的军队人口规模处于所列国家的倒数第二位，仅仅比南非略高，基本与加拿大持平。在表中的 20 国中，高于世界平均水平的国家包括（参见图4.4 各国排名），美国（0.42％）、法国（0.46％），波兰（0.50％），意大利（0.57％），土耳其（0.63％），沙特（0.76％），俄罗斯（1.01％）以及韩国（1.23％），以上军队数量占人口总数的高比例水平与表 4.2 中第六列的指标“占劳动力百分比”的结构基本对应（同时参见图 4.4），高比例性与强制兵役制度在韩国、俄罗斯、土耳其的推行直接相关，其中意大利、法国在 2000 年之后进行了和平时期强制兵役政策的调整，但数据表明其军队占人口数的比例仍然有强制兵役政策带来的影响。

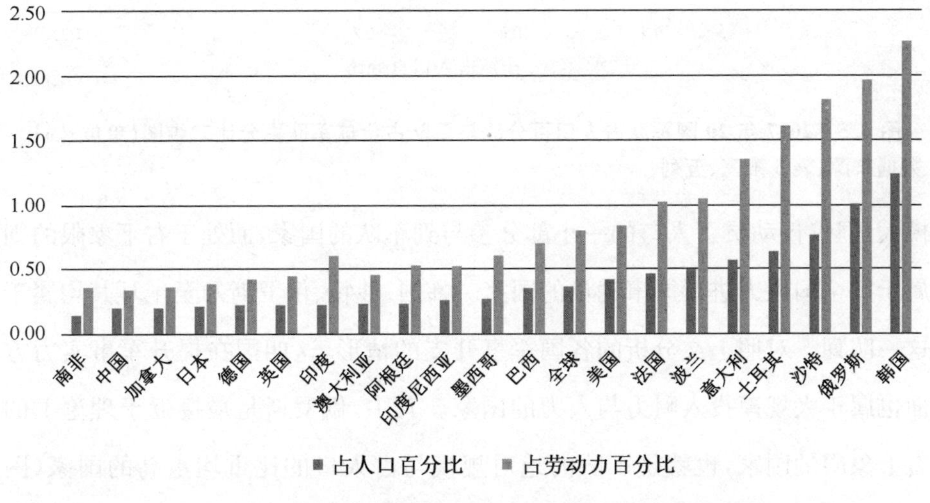

图 4.4　2017 年 20 国军队数量占总人口比例以及军队数量占劳动力比例（按前者升序排列）（单位：%）

数据来源：表 4.2 第五、六列。

如果按照一国军队占总人口比重以及一国军队的绝对数量（或占全球军队总数的比重）这两个维度进行分类，可较为清晰地看到不同国家军队人数的不同特征（参照图 4.5 的二维散点图）。处于左上象限的是属于虽军队绝对规

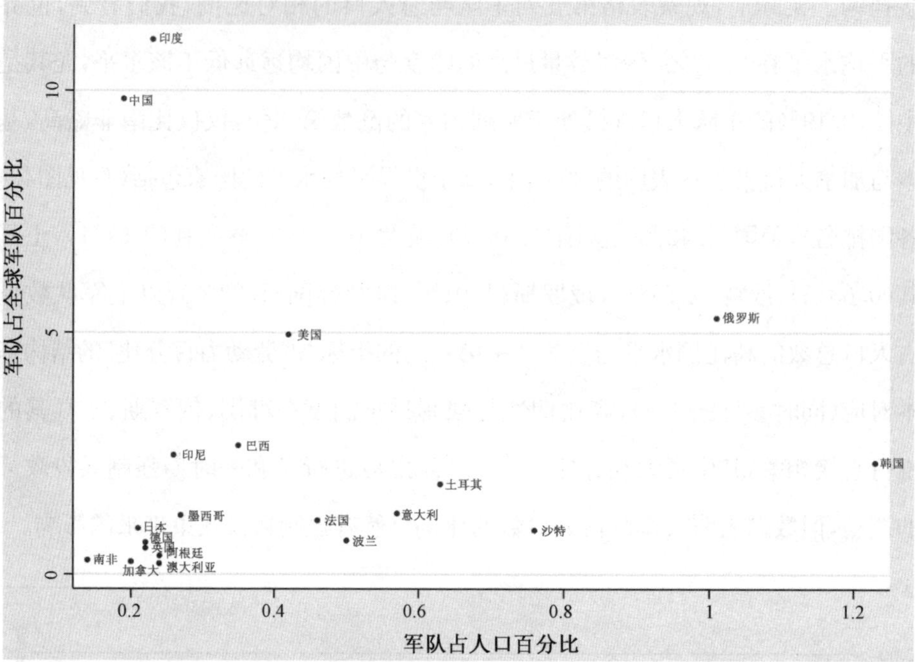

图 4.5　2017 年 20 国军队占人口百分比与军队占全球军队百分比二维图(单位:%)

数据来源:表 6 第三、五列。

模大,但仅仅动员了人口的一小部分参与到军队的国家,而处于右下象限的则属于举全国人力进行军事动员的国家。韩国、沙特、俄罗斯乃至土耳其均属于这一队列。对照上文分析的各国军事开支的情形,这四国在提升军事实力方面也属于大规模投入财力与人力的国家。其中,俄罗斯是最接近于理论上的右上象限的国家,也就是军队的绝对规模与占人口的比重均走高的国家(图 4.5 中该象限基本缺失)。上文分析到,冷战结束后苏联的解体给俄罗斯在国家实力上带来了颠覆性的冲击,但我们发现,无论在军费的开销还是军队动员上,俄罗斯仍然比其他所有新兴国家看起来更加努力,尽管在绝对规模上往日的辉煌不再,但无论是军费开销的比重还是人口加入军队的比重都超出了绝大部分的新兴或者发达国家,以近六分之一的政府开销支撑了与美国不相上下的军队规模(参见表 4.1 以及表 4.2)。如果再考虑到自解体以来俄罗斯相较于其他新兴国家并不算惊艳的各项经济发展指标，就更能发现其在军事实力的增进上投入财力、人力的决心和力度。如果说，印度、中国的国家军事投入的规模更多是与其国家的人口规模以及经济总量的增长相匹配的话（参见图 4.5 中两国的位置）俄罗斯则更多显现出在经济增长没有太多领先于其他国家的情况下，从军事实力上重振雄风的诉求。似乎，冷战的痕迹仍然存在于俄罗斯的军事大战略中，这是俄罗斯区别于其他新兴大国的重要的特质。当然，图 4.6 中各国军队规模以及军费开销二维图所展示的当前美国、中国、俄罗斯、印度等军事大国的相对位置表明，美国的军事大国地位仍然不可撼动，在快速增长的国力前提下印度、中国目前的军事实力可圈可点。尽管远不及美国，且已经被印度和中国超越，俄罗斯的军事实力仍然超越了绝大部分新兴国家以及发达国家。就全球局势来看，军事实力领域也体现着一超多级的基本格局。

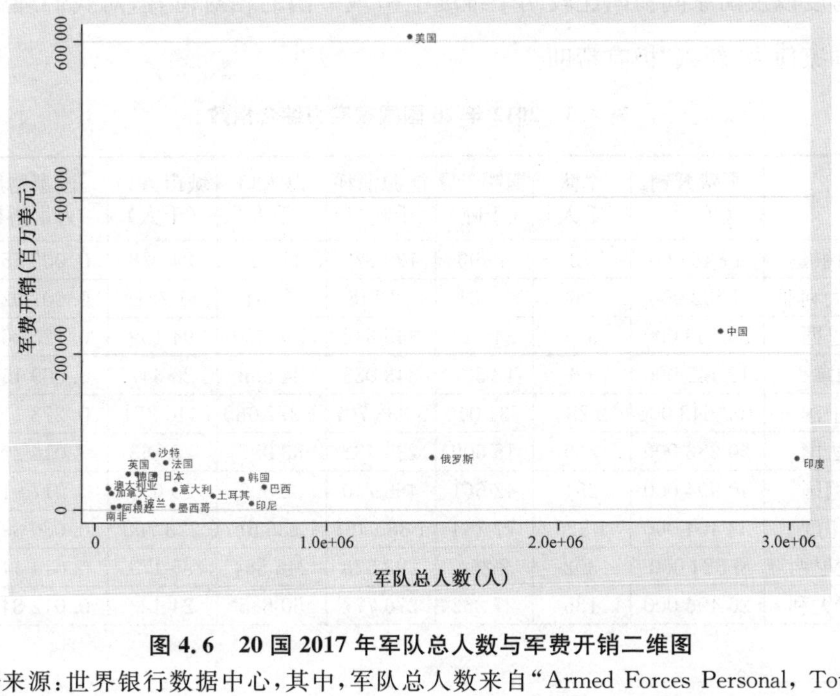

图 4.6　20 国 2017 年军队总人数与军费开销二维图

数据来源：世界银行数据中心，其中，军队总人数来自“Armed Forces Personal, Total”, https://data.worldbank.org/indicator/MS.MIL.TOTL.TF.ZS，访问时间：2020 年 4 月 18 日；军费开销数据来自 Stockholm International Peace Research Institute database, https://www.sipri.org/databases/milex，访问时间：2020 年 4 月 17 日。

国家实力综合指数

在详细分析了新兴国家以及西方发达国家的军费开销以及军队规模两个指标后，我们试图用一个综合性的指标来衡量各国的硬实力，尤其是军事实力，即采用“国家间战争”数据库中的国家实力综合指数来进行分析。这一指标的合成固然包含了军费开销与军队的规模这两个上文重点分析的指标，[①]同时还包含了另外三个用来测量一国物质实力的重要指标，即一国的“钢铁产量”“能源消耗量”（以燃煤量衡量），以及“人口”“城市人口”的规模。因为该数据的最新版本只覆盖到2012年，因此本书着重分析的军费和军队规模采用了更新的数据源，但该指标因为覆盖的时间跨度长（1816—2012），且包含更宽泛的维度，所以是分析一国硬实力不可多得的综合性指标，该指标会更好地在时间跨度以及国家间横向比较两个维度上呈现一国的相对位置，对我们理解新兴国家何为“新兴”极有帮助。

表 4.3 2012 年 20 国国家实力综合指数

国家	军费开销（美元）	军队（千人）	钢铁产量（千吨）	能源消耗（千吨煤）	总人口（千人）	城市人口（千人）	国家物质力量指标
阿根廷	4 858 000	73	4 995	129 377	41 087	24 928	0.005 653 4
澳大利亚	3 232 000	26	7 421	42 148	8 464	1 721	0.002 023 1
巴西	35 266 000	318	34 524	345 842	198 656	94 199	0.025 062 6
加拿大	18 445 000	66	13 507	343 023	34 838	20 647	0.009 155 2
中国	102 643 000	2 285	731 040	5 333 707	1 377 065	440 254	0.218 116 6
法国	50 283 000	239	15 609	234 432	63 937	23 163	0.014 206 9
德国	40 994 000	251	42 661	468 740	82 800	15 605	0.017 910 5
印度	33 404 000	1 325	77 264	1 385 461	1 236 687	223 768	0.080 898 7
印度尼西亚	6 524 000	302	2 254	298 573	246 864	35 179	0.014 446 8
意大利	26 496 000	185	27 252	276 777	60 885	24 423	0.012 847 9

① 这两项指标的绝对值与以上分析不完全一致，这是因为数据来源不同，因此在换算、统计的过程中会有出入，但数据库的可靠性表现为各国相对位置基本一致。

（续表）

国家	军费开销（美元）	军队（千人）	钢铁产量（千吨）	能源消耗（千吨煤）	总人口（千人）	城市人口（千人）	国家物质力量指标
日本	59 077 000	248	107 232	737 482	127 250	86 437	0.035 588
墨西哥	5 237 000	280	18 073	254 990	120 847	66 764	0.015 039 2
波兰	8 543 000	100	8 366	184 142	38 211	6 263	0.005 493
韩国	29 256 000	655	69 073	444 461	49 003	32 959	0.023 212 2
俄罗斯	58 765 000	956	70 209	1 356 742	143 170	53 585	0.040 078 9
南非	5 069 000	62	6 938	274 114	52 386	21 567	0.006 940 6
沙特	56 724 000	234	5 203	402 582	28 288	17 051	0.013 742 6
土耳其	10 167 000	511	35 885	181 211	73 997	36 516	0.015 238 6
英国	61 274 000	174	9 579	315 502	62 783	28 933	0.015 277
美国	655 388 000	1 569	88 695	3 159 873	317 505	183 712	0.139 352 6

数据来源：COW data，“National Material Capabilities (v5.0),” http://www.correlatesofwar.org/data-sets/national-material-capabilities，访问时间：2018 年 6 月 2 日。

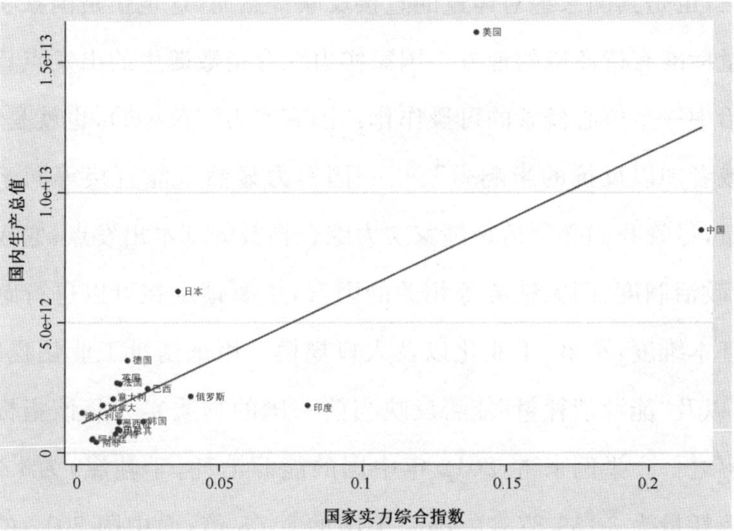

图 4.7　20 国国家实力综合指数与各国国内生产总值二维图

注：该图中的数据均为 2012 年数据。数据来源：国内生产总值来自世界银行数据库，https://data.worldbank.org/indicator/NY.GDP.MKTP.CD，访问时间：2020 年 4 月 2 日；国家物质力量指标来自 COW data，“National Material Capabilities (v5.0),” http://www.correlatesofwar.org/data-sets/national-material-capabilities，访问时间：2020 年 4 月 2 日。

表 4.3 呈现的是 2012 年各国的国家实力综合指数以及各项的基本情形。为了更好地进行各国当前的国家力量之间的对比，我们将最后一项综合指标国家实力综合指数以及 2012 年各国的国内生产总值以二维图的方式呈现在图 4.7 中。我们先讨论各国国家实力综合指数的相对位置，其格局可谓一目了然：排名前五位的分别为，中国、美国、印度、俄罗斯和日本，再加上排名在第六位的巴西，金砖四国俨然已经超越除美国、日本之外的所有发达国家，跻身国家物质力量最强的国家之列。这其中最为有趣的是，中国的国家实力综合指数(0.218)远远超过了美国(0.139)，更是遥遥领先于其他国家。如果解析这一指标下的各项分指标，我们会发现，除去军费开销之外，其他包括军队人数、钢铁产量、能源消耗以及人口总量在内的所有指标绝对值，中国都位列第一，中国作为一个客观意义大国的体量不言而喻。实际上，印度仅次于美国排列第三，也是其国家绝对体量的直接反映。然而，这也正是国家实力综合指数衡量标准有待商榷的地方。国家实力综合指数诞生的出发点旨在实现国际政治中一个核心概念的可操作化："国家实力"(power)，也就是"一国可以施加或者加以反抗的影响力"。① 一国实力显然不能直接等同于一国的物质力量，尽管我们必须清楚国家实力综合指数的基本出发点，它剔除了诸如地缘、政治制度、国家精英等相关的因素，主要锁定在可以进行跨国比较的三个基本维度：军事、工业化以及人口规模。用来衡量工业化程度的"钢铁产量"以及"能源消耗量"能否反映当前一国的物质实力是该指标存在争议的内容之一。举例来讲，2012 年中国的能源消耗(千吨煤)为 5 333 707，美国的消耗量为 3 159 873，中国是美国的 1.68 倍；而中国 2012 的钢铁产量是 731 040 千吨，美国为 88 695 千吨，美国的体量仅仅为中国的

① Michael J. Greig and Andrew J. Enterline, "Correlates of War Project, National Material Capabilities (NMC) Data Documentation Version 5.0," 2017, p. 2, http://www.correlatesofwar.org/data-sets/national-material-capabilities/national-material-capabilities-v4-0，访问时间：2017 年 9 月 18 日。

12.13%。这两个指标中中国的绝对优势可以帮助理解中国的国家实力综合指数是如何超越美国的。然而，这是否真正而全面地体现了一国的国家能力？对于像美国这样已经迈入后工业化时代的国家，伴随着第三产业兴起后产业结构的巨大变化，其工业化状态显然不能与大部分的新兴发展中国家的工业化程度相提并论。新兴国家的所谓的工业化“优势”很大程度上源自社会经济发展阶段的不同，而这些恰恰是像中国这样的国家面临经济转型和进一步升级改造的节点。因此，解读国家实力综合指数背后对于传统的工业化指标的高度依赖颇为关键，在诠释该指标在多大程度上能够精确反映一国的“国家能力”时需要谨慎。

再回到图4.7国家实力综合指数与国内生产总值这一经济指标二维散点图，图中的拟合线展示了这两项指标之间较强的正相关关系，但是图中也同时展示了一个非常有趣的二分现象，即，几乎所有的发达国家都处在拟合线的上方，其中美国的离线距离最长；而几乎所有的新兴国家都处在拟合线下方，其中中国、印度距离拟合线最远。这表明，国家实力综合指数程度不同地抬升了发展中国家的相对位置，换句话讲，就当前形势来说，G7发达国家在国家实力综合指数的各个维度上并没有任何的优势，其硬实力的优势更多地体现在经济发展水平上，而这是一个与所谓的“工业化”水平并不必然正相关的面向。考虑到该指标在西方学术界的广泛应用，我们越发需要在运用国家实力综合指数理解发展中国家的国家力量以及物质实力时精确了解其编码规则。

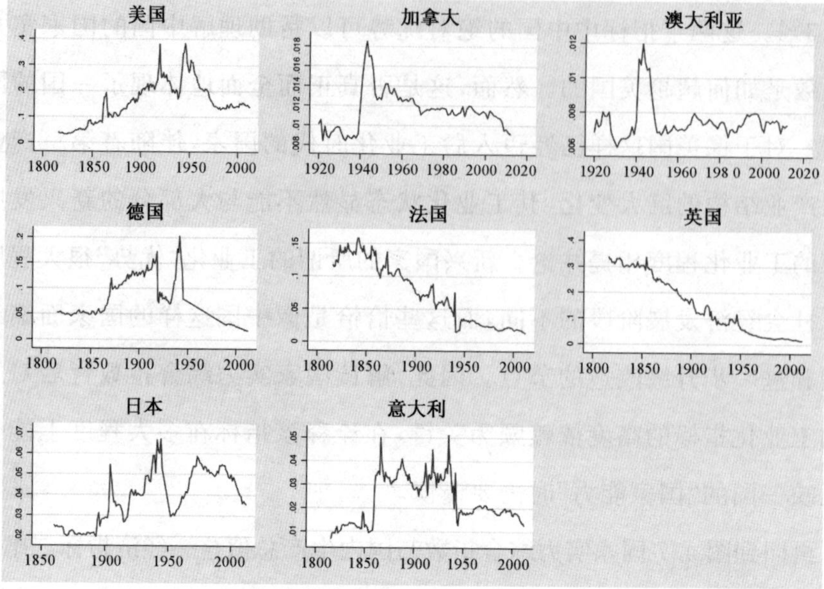

图 4.8.1　G7 及澳大利亚国家实力综合指数变迁(1816—2012)

数据来源：COW data，“National Material Capabilities (v5.0),” http://www.correlatesofwar.org/data-sets/national-material-capabilities，访问时间：2020 年 4 月 2 日。

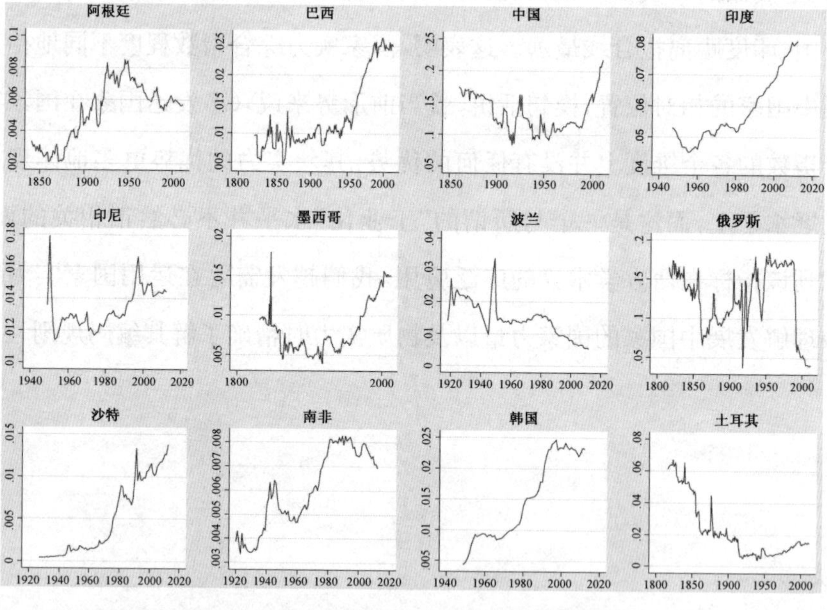

图 4.8.2　12 个新兴国家实力综合指数变迁(1816—2012)

数据来源：COW data，“National Material Capabilities (v5.0),” http://www.correlatesofwar.org/data-sets/national-material-capabilities，访问时间：2020 年 4 月 2 日。

尽管上文的分析展示了以国家实力综合指数解读当前各国的国家实力基本格局时有可能存有一定的问题，但其数据提供的在超长时间跨度上以及跨国比较的可能性是相当重要的。实际上，前文批判的“工业化”指标尽管在对比分析当前各国国家实力时存有不可避免的弊端，但一旦将该指标的跨国比较放大到近200年的近代历史中，则又显得比较合适而且具有一定的优越性。因为，在为时不长的信息化时代到来之前，过去200年间最重要的社会经济进步的动力当属工业化，自工业革命以来以工业化为核心的现代化进程在各国可谓高歌猛进，尤其是二战之后进入了高潮。因此，用以工业化为内核的指标来衡量这200年来的国力变迁抓住了变革的内核，以此为据，图4.8.1/图4.8.2展示了20国从1816年至2012年近200年的国家实力的起落嬗变。

我们首先看G7及澳大利亚，在过去的200年间，西方八国的国家物质实力都经历了程度不同的衰落，尽管看起来衰退路径各不相同，衰退的趋势却较为明显。这其中，绝对实力指标虽然各不相同（参看图中国家实力综合指数纵轴上各国的刻度）的两个老牌的资本主义国家英国、法国，其国家物质能力在200年间却经历了类似的轨迹：直线衰退（参见图4.8.1中英国、法国）。而对其他几个发达国家来说，二战是一个重大的国家力量对比格局的分水岭。二战前，加拿大、美国、澳大利亚都经历国家力量的快速上升；德国、日本这两个国家在一战之前已经在保持国力扩张，尽管受到了一战的冲击但战后又迅速恢复，至二战之前国力都抬升到了前所未有的高度。但是从图4.8.1的轨迹看来，只有美国实力在二战后迅速崛起。德国作为战败国战后的国家硬实力再不能与二战前同日而语，至今几乎跌落到19世纪中叶的水平；另一个战败国日本在经历了二战后初期的跌落之后在20世纪七八十年代有所抬升，但到了90年代后开始回落；加拿大在二战后虽然实力没有衰落到20世纪30年代的水平，但与二战前也不能等量齐观，而澳大利亚则在二战后再也没有经历二战前迅速扩张的情境。数据表明，二战后美国在20世纪50年代达到了其国家实力的顶峰，但按照该指标,其实力在冷战对峙中不断削弱,不过,自冷战结束后这样衰退的趋势有很大的改观,回到表 4.3 的数据,美国仍然是国家物质实力最强的国家之一。

相对于发达国家的超长时间轨迹中的衰退之势,发展中国家在过去的 200 多年里国家物质实力的嬗变则呈现出多元而复杂的情景。首先,如今被我们冠之以“新兴国家”的这些国家从时间跨度上来讲并不能都被称为“新”。中国、俄罗斯、印度以及土耳其都是拥有很长文明历程的传统帝国,地处拉丁美洲的阿根廷、墨西哥、巴西也早在 19 世纪就从殖民地的身份解放出来,或许,真正比较“新”的国家是二战后建国的印度尼西亚和韩国。尽管这些国家被统一归为“新兴”,但从图 4.8.2 的轨迹来看,这些国家经历了极为不同的发展轨迹才进入我们今天所讨论的所谓“新兴大国”的范畴。上文已经讨论了这些国家当前的相对位置,不再赘述(请比对图 4.8.2 中各国的图例刻度区隔),以下着重分析各自的演进轨迹。在这些“新兴国家”中,首先一类是经历了长时间、大幅度衰退的大国,包括俄罗斯、土耳其还有波兰。图中的曲线非常清楚地表明,这三个国家当前物质实力基本处于过去 200 年间的最低点,考虑到当前国家实力的相对地位,多少有些“瘦死的骆驼”的意味。按照国家实力综合指数的统计,俄罗斯当下国家实力与其历史上的最低点,也就是与一战后水平几乎持平,冷战结束苏联解体实际上将俄罗斯的实力送入了历史的最低点,而且最近 20 年的发展也并没有根本性地改变俄罗斯国家实力衰退的大格局。另一个前社会主义国家波兰,其多舛的国家命运是欧洲历史上浓重的一笔,二战中遭遇重创以及此后进入苏联为首的社会主义阵营,其实力经历了巨大的上下波动,不过苏联的解体同样对波兰的国家实力存有较大负面影响,数据显示其当前的国家物质实力基本处于国力的历史最低点。而对于土耳其而言,在奥斯曼帝国一战后土崩瓦解后,其国家实力跌入了历史最低点,凯末尔革命给出了土耳其现代化进程的起点,应该说二战后半个多世纪的演进中,土耳其经历了国家实力的提升,目前的物质实力应该是自凯末尔革命以来较高的水平,尽管不可与奥斯曼帝国早先的辉煌相提并论。从某种意义上讲，这三个“新兴”的国家是在20世纪两次世界大战以及冷战结束等重大的实力格局更迭中遭遇了重大冲击后，在新的世界格局、新的国家互动中重新寻找自身的地位，这其中在冷战结束时受到重创的俄罗斯寻求自身定位的身份焦虑显得尤为突出。

拉丁美洲三国有着各自不同的实力演进轨迹，作为先行的工业化大国的阿根廷自独立以来先经历了国力的抬升，而在二战后又日渐衰败；墨西哥虽然在二战前与阿根廷蒸蒸日上的趋势不可同日而语，但二战后墨西哥则可谓扶摇直上，目前也是远远超越了阿根廷。在拉丁美洲三国中，二战后上升幅度最大的当属巴西，自50年代起，巴西近乎经历了半个世纪不间断的实力强增长，作为金砖国家已经进入世界经济体排名前列。应该说，阿根廷在二战后所经历的衰落在所列的新兴国家中比较特殊，因为，从数据来看，以上讨论的所有“新兴国家”基本在二战后都经历了不同程度的实力扩张，不仅是同属拉丁美洲板块的墨西哥、巴西，全球范围内的印度、沙特、韩国、南非等国实力都大幅扩张。其中，印度实力的抬升是不间断的，二战后物质实力的曲线一路扶摇上升，几乎没有波动，而且到目前为止，丝毫看不出任何缓和的趋势。韩国在20世纪60年代以后增长趋势也非常迅猛，这体现在其斜率极大的增长曲线中。不过，不同于印度不间断的增长趋势，其物质实力在21世纪之交出现了一定程度的增长减缓趋势，而且其体量与印度显然不可相提并论，尽管其人均经济发展水平已经进入世界前列。南非与沙特在二战后经历的物质实力扩张有着相对类似的路径，在20世纪50—80年代，两个国家与世界上绝大多数新兴国家一样都经历过快速的增长，但是70年代开始的石油危机到80年代西方世界普遍的经济危机影响了两国的增长曲线。高度倚重石油价格的沙特阿拉伯在经历了80年代的倒退之后开始了波动增长的阶段，与20世纪80年代之前的连续增长的状况相去甚远，当前的物质力量水平并没有处于其发展的制高点。而南非遭遇的状况可能更加困难，从20世纪80年代初到达高峰之后则开始了下降的趋势。应该说，在20

世纪 90 年代初南非结束种族隔离开始实现竞争性选举的民主制度后，其国家的物质实力非但没有明显提升，反而出现了大幅度下滑。在南非被盛赞的民主制度背后却是多党政治的运作给南非的政策制定、国家资源的分配带来的困惑，其目前的物质实力只能与 20 世纪 70 年代基本持平，而且从横向比较来看，在金砖五国中其体量与增长的趋势是最弱的。

图 4.8.2 中还有一个非常重要的国家没有讨论：中国。从时间跨度上来讲，中国作为拥有连续文明时间最长的国家，历史发展的延续性对其现代民族国家发展的影响或许超过了任何国家；而从国家体量上来讲，自清王朝起人口的持续膨胀已经使得其成为体量最庞大的人口大国。从国家实力综合指数数据统计开始的 19 世纪 50 年代，也就是 1848 年鸦片战争后(尽管这个时间点基本被视为近代中国丧权辱国历史的开端，但是在当时的全球霸主英国打开中国大门之际)，中国的整体物质力量并不像想象中的那么不堪一击，仍然超越了除英国之外的绝大多数西方列强(参见图 4.9)。但此后的 100 年中国的物质力量持续下降，伴随着第一次世界大战的消耗，国内军阀混战的 20 世纪初始的 20 年是中国物质力量的最低点。国民政府时期中国从指标上看有一定的上升，但随着日本侵华战争、二战以及内战的爆发，中国的物质力量仍然走低。此后，新中国成立初期几年出现了小幅度上升，但紧跟其后的一系列的政治事件使得 1978 年改革开放之前的中国在国家物质力量的提升上基本处于徘徊不前的状态。这一格局与绝大多数的新兴国家在 20 世纪 80 年代之前的国力迅速提升的轨迹截然相反。而中国从 20 世纪 80 年代开始全面启动的改革开放带来了持续增长的动力，成为与印度一样持续增长而基本未出现任何实力扩展波动的国家，而且从增长的斜率上来讲，甚至超越了印度。不过，如果对照中国的历史轨迹，在 2006 年(国家实力综合指数值为 0.178 7)之前中国的所有努力只是将中国带回了 150 年前的国家物质实力水平(1860 年的国家实力综合指数值为0.174 2)。时至 2012 年，中国的物质实力指标值为

0.218 1，这的确是中国实力的历史最高值，体现出蓬勃增长的上升迹象。虽然称其为“新兴国家”，但回到历史的场景中，其实我们看到的中国兴起景象更意味着“复兴”。

对照图 4.8.1 以及图 4.8.2 中所有国家整体看来，从国家硬实力，尤其是国家物质实力的演进轨迹来看，如果仔细剖析“新兴国家”中的“新”与“兴”两层不同的含义，我们发现这一批国家实际上包含了两类国家，一类是真正意义上的“新”国家，正经历蓬勃发展的新近建立的近代主权国家，还有一类则是处于二战后至今的“复兴”回潮之势的历史悠久的传统大国。如果将各国物质实力的历史变迁置于同一图中进行横纵向的比较，就能更加清晰地看到各国的轨迹以及相对位置（见图 4.9），我们至少可以得出以下的基本启示：考虑到这批“新兴国家”中有相当一部分拥有悠久的国家历史，包括中国、俄罗斯、土耳

图 4.9　20 国国家实力综合指数变迁(1816—2012)

数据来源：COW data，“National Material Capabilities (v5.0)，” http://www.correlatesofwar.org/data-sets/national-material-capabilities，访问时间：2020 年 4 月 2 日。

其等国更多走在“复兴”而非纯粹新近崛起的道路上，即使是阿根廷、墨西哥以及巴西作为近代主权国家的历史也超越了加拿大和澳大利亚，被列为“新兴”实际上更多意指这一批国家在二战过后的世界基本格局中无法与西方发达国家抗衡的相对从属地位。从某种意义上讲，这是冷战格局中意识形态尖锐对立的产物。回到文章开头讲到的，新兴国家的概念最初的提出是经济学家安东尼·范艾格特梅尔试图挑战“美国之外无市场”的预设，因而资本主义世界之外的市场运作与崛起被视为拔地而起的新事物。如果说以冷战作为分析的起点，共产主义世界的计划经济国家在1990年左右解体，市场经济开始崛起，范艾格特梅尔的逻辑是显而易见的，但是，从国家物质实力的视角来看，“新兴”的意义并不能完全诠释所有非西方国家的国力变迁轨迹。像中国这样的国家，过去的200年间，无论国运如何沉浮，其国家的物质实力的绝对地位一直处于世界前列，即使在改革开放之前的百年都挣扎于其发展的低潮期，但在相对体量上仍然超越了绝大多数的大国。尽管19世纪的中国不能与世界霸主“日不落帝国”英国相抗衡，也无法与二战后的美国完全相提并论，但中国的国家物质实力即便在资本主义世界高速发展的时候也并未彻底衰落(参见图4.9中中国图示的面积)，因此我们不妨将中国当前的发展视为中国在经历曲折之后回到了常规轨道，而非特殊意义上的突然崛起。而对俄罗斯而言，“新兴”之意识形态的意味同样浓厚。从国家实力上看，解体后的俄罗斯实力大不如前(参见图4.9中俄罗斯图示的面积)，该国正经历的挣扎没有任何“新”的意味，更多是一个古老帝国的国家地位的重塑，而其发展的趋势从宏观轨迹来看也基本不见欣欣向荣之势。如此说来，所谓的新兴国家更多意味着现代市场经济的运作机制在非西方国家展开运行并带来主权国家经济繁荣。以上的分析表明，如果从国家物质实力的角度来解析，除去可以诠释像印度尼西亚、韩国以及沙特这样的国家之外，绝大部分国家并不完全契合“新”“兴”之意。各国物质实力的历史轨迹无疑帮我们进一步理解了“新兴国家”这一名词背后的意识形态背景。

第五章
新兴国家软实力

根据前文指标框架的阐释，若要衡量一国的实力，除去经济发展以及其他与物质实力相关的硬实力指标之外，还需要考察一国的“软实力”，也就是在非物质领域的影响力与吸引力。在现有的关于软实力衡量的实证研究基础上，本书将从以下三个事关政治运作以及公民生活的角度加以阐述：一国的政府能力、历史文化吸引力以及教育的水平。

政府能力

衡量政府的运作有着多重的维度，目前在学术界获得普遍性肯定的数据库是由世界银行的项目团队对全世界范围内所有主权国家的政府治理进行测评的一组非官方指标：全球治理指标。① 该项目团队从 1996 年开始，通过对发达国家以及发展中国家中的大量企业精英、普通公民以及专家展开调研，汇集了包括来自调研机构、智库、非政府组织、国际组织以及私有部门在内的大

① Daniel Kaufmann, Aart Kraay and Massimo Mastruzzi, "The Worldwide Governance Indicators: A Summary of Methodology, Data and Analytical Issues," World Bank Policy Research Working Paper No. 5430, 2010, http://papers.ssrn.com/sol3/papers.cfm?abstract_id=1682130.

量的数据，形成了对政府治理质量的六个大的方面的测量：政府问责能力、政治稳定程度、政府效能、法规质量、法治程度以及腐败控制程度。该指标经过十多年的发展，已经从两年一度的衡量变成年度测评，从而为各国近年的政治治理状况的跨国比较提供了量化分析的可能。①

表 5.1　2018 年 20 国全球治理指标

指标 / 国家	政府问责	政治稳定	政府效能	法规质量	法治程度	腐败控制	综合指标②
阿根廷	0.57	0.02	0.03	−0.24	−0.24	−0.08	0.06
澳大利亚	1.43	0.98	1.60	1.93	1.93	1.81	9.68
巴西	0.39	−0.36	−0.45	−0.31	−0.31	−0.42	−1.46
加拿大	1.52	0.99	1.72	1.67	1.67	1.87	9.44
中国	−1.45	−0.26	0.48	−0.14	−0.14	−0.27	−1.78
法国	1.18	0.11	1.48	1.17	1.17	1.32	6.43
德国	1.42	0.60	1.62	1.75	1.75	1.95	9.09
印度	0.38	−0.96	0.28	−0.18	−0.18	−0.19	−0.85
印度尼西亚	0.18	−0.53	0.18	−0.07	−0.07	−0.25	−0.56
意大利	1.05	0.31	0.41	0.67	0.67	0.24	3.35
日本	1.02	1.06	1.68	1.33	1.33	1.42	7.84
韩国	0.80	0.54	1.18	1.09	1.09	0.60	5.30
墨西哥	−0.01	−0.57	−0.15	0.15	0.15	−0.86	−1.29
波兰	0.72	0.55	0.66	0.88	0.88	0.64	4.33
俄罗斯	−1.06	−0.50	−0.06	−0.54	−0.54	−0.85	−3.55
沙特	−1.64	−0.52	0.32	−0.05	−0.05	0.36	−1.58
南非	0.66	−0.28	0.34	0.17	0.17	−0.02	1.04
土耳其	−0.83	−1.33	0.01	−0.05	−0.05	−0.34	−2.59
英国	1.38	0.05	1.34	1.76	1.58	1.83	7.94
美国	1.04	0.48	1.58	1.58	1.76	1.32	7.76

数据来源：Worldwide Governance Indicators 2019，http://info.worldbank.org/governance/wgi/index.aspx，访问时间：2020 年 4 月 30 日。

① 当然，采用这一指标作为政府能力的衡量并非表示本书对该指标完全赞同，指标内不可避免的意识形态偏向以及在相关指标上的测量偏颇仍然存有一定的争议。只是，考虑到该指标衡量相对的全面性以及数据的完整性，这里才予以采用。

② 该指标由笔者将全球治理指标六个维度的赋值相加而成。

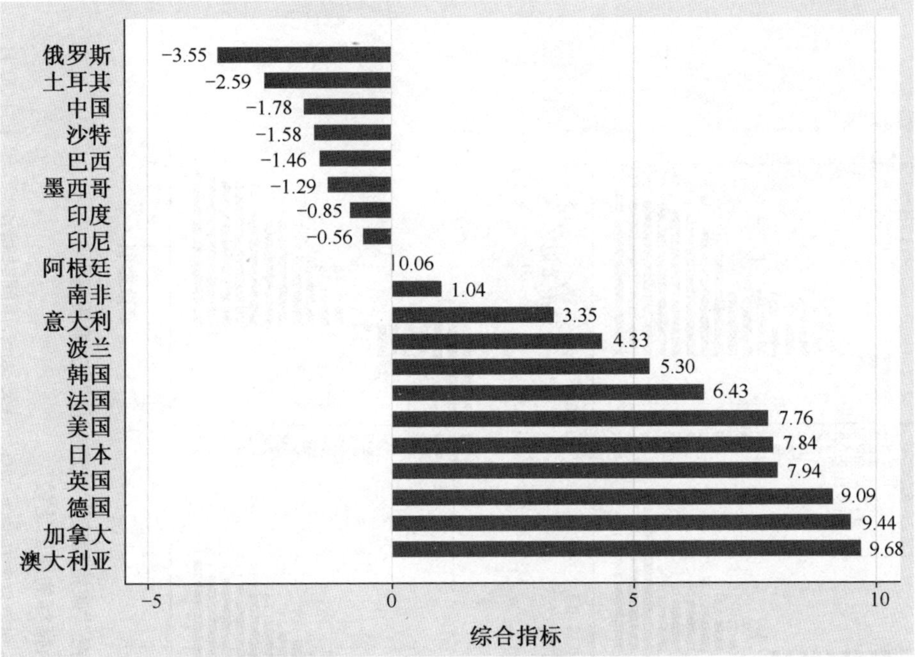

图 5.1　2018 年 20 国全球治理指标

数据来源：Worldwide Governance Indicators 2019，http://info.worldbank.org/governance/wgi/index.aspx，访问时间：2020 年 4 月 30 日。图中的指标由全球治理指标六个维度的赋值相加而成。

首先我们来看 20 国整体的政府能力状况，这可以通过相加全球治理指标六个指标（赋值范围分别为－2.5—2.5）得出政府治理的总分值（综合指标赋值范围为－3.55—9.68），图 5.1 对分值进行了由小到大的排名。图 5.1 较为清晰地展示出了 G7 国家及澳大利亚与新兴国家之间的区别。对西方八国而言，除去意大利在政府能力综合指标上稍有落后，其他七国远远超越了其他新兴国家，而澳大利亚在政治能力综合指标上则超过了 G7 各国成为样本中表现最好的国家。相比较而言，12 个新兴国家则显示出了很大的差异性，其中政治能力最差的是俄罗斯（－3.55），其次是土耳其与中国，看起来这三个拥有悠久帝国历史的国家在全球治理指标体系中的表现欠佳。政治治理能力相对最强的新兴国家是波兰（4.33）和韩国（5.30），这两个国家已经以较大分值超

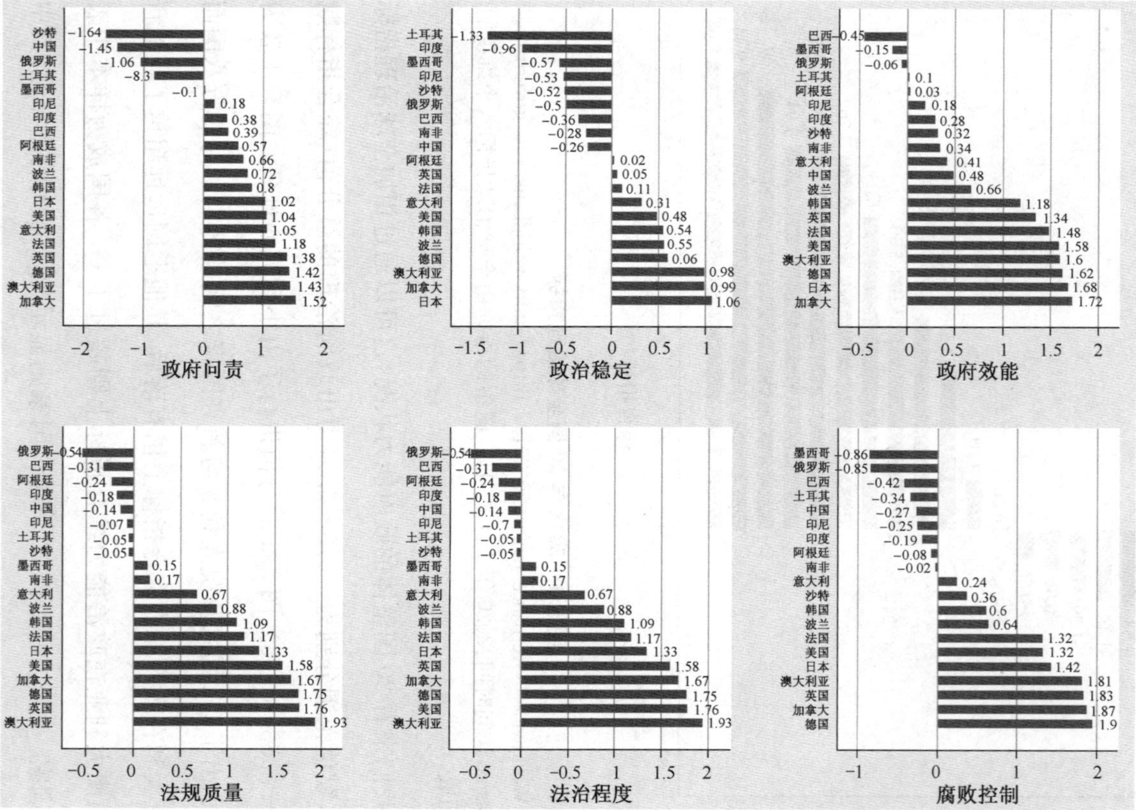

图 5.2　2018 年 20 国全球治理指标，“政府问责”“政治稳定”“政府效能”“法规质量”“法治程度”“腐败控制”六指标的跨国比较

数据来源：Worldwide Governance Indicators 2019，http://info.worldbank.org/governance/wgi/index.aspx，访问时间：2020 年 4 月 30 日。

越了意大利(3.35)。而南非的表现也非常抢眼，较之于之前硬实力的指标，南非的政府能力在该指标体系中得了充分的肯定，超越了民主运作时间更长的阿根廷、巴西、印度等国。那么，全球治理指标的六个维度中各国的优势与短板究竟又是怎样的呢？

从图5.2来看，各国在六个维度上的发展并不平衡，我们不妨聚焦各国最弱的治理能力。纵观所有指标，西方七国及澳大利亚在六个指标中的五个治理指标上基本都占据绝对的优势，2018年没有一个国家在任何一个维度被评定为负值，若存有挑战，那就是“政治稳定”这一项。该指标的完整表述是“政治稳定与暴力、恐怖主义的消失”(Political Stability and Absence of Violence and Terrorism)，英国、法国、意大利和美国的分值均不高，英法两国几乎接近负值，这一分值显然与当前西方发达国家所面临的恐怖主义压力有直接的关系。法国该指标曾在2016年为负值，主要由于2016年7月14日法国国庆日当天尼斯发生的恐怖袭击。实际上，全球各国2018年此项得分都并不高，表明近年来全球范围政治稳定与反恐形势不容乐观。相对而言，加拿大、日本以及澳大利亚的平均得分较高，而且从1996年该项目评分以来这三国的得分最为稳定(参见图5.2中三国的正向方向的块状面积)，表明这三国面临暴力与恐怖主义的威胁相对较少且未有加深趋势。但美国以及位处欧洲的法国、英国、德国、意大利近来政治稳定普遍得分走低，比起20世纪90年代有了大幅的降低。最近十年来困扰各国的移民问题以及不时发生的恐怖事件等威胁似乎打散了西方成熟民主国家一直以来以社会稳定而著称的基本格局。

如果说西方八国如今已然面临艰巨的政治稳定的挑战，那么对于12个发展中的新兴国家来讲，那可能是更加困难的局面。在图5.3中2018年的政治稳定指标下只有波兰、韩国和阿根廷的得分是正向，而阿根廷从1996年以来政治稳定数值一直处于剧烈波动中(见图5.3中阿根廷)，其他所有新兴国家的政治稳定得分均为负数。其中土耳其的形式最为严峻，一系列的恐怖事件

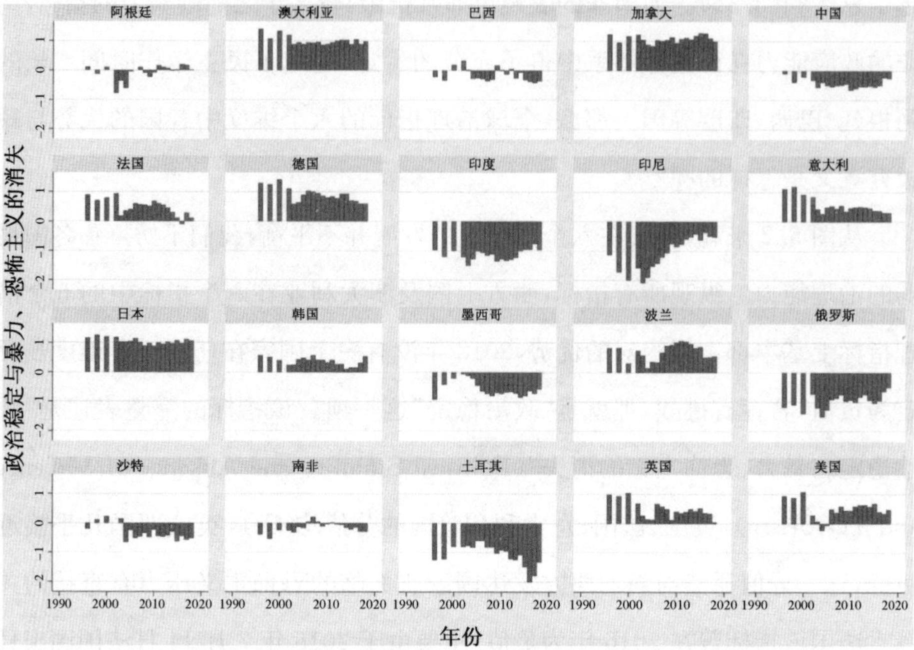

图 5.3　20 国"政治稳定"指标变迁(1996—2018)

数据来源：Worldwide Governance Indicators 2019，http://info.worldbank.org/governance/wgi/index.aspx，访问时间：2020 年 4 月 30 日。

加上军事政变带来的政局动荡使其成为中东地区另一个重大的不稳定因素。图 5.3 非常清晰地表明，阿根廷、巴西、印度、印度尼西亚、俄罗斯、墨西哥、沙特、南非和土耳其自该项目进行测评以来都被列为政治不稳定的国家，实际上不仅仅是恐怖主义的影响，这批国家的政治不稳定需要放置到第三波民主化巩固受阻这一大的图景中才能得到理解。从 1974 年开始的第三波民主化浪潮[①]发端于南欧独裁的崩溃，尔后延伸到拉丁美洲军人政体的解体、民主回归，其高潮出现在苏联解体后大波共产主义国家民主的转型，最后一直延续到 20 世纪 90 年代亚非各国的体制变迁。全球范围内，尤其是西方民主国家内

① Samuel P. Huntington, *The Third Wave: Democratization in the Late Twentieth Century*, Norman: University of Oklahoma Press, 1993.

部，一直洋溢着民主主义胜利的乐观情绪。然而从世纪之交开始，大批的转型民主国家内部的混乱以及社会经济发展遭遇的连续困境引发了民主巩固受阻的现象，从 2005 年至今，全球范围的民主巩固状况不容乐观。[①] 而从 2016 年美国大选、退欧风潮到欧洲各国极右翼政党的兴起更加激起了“民主倒退”的普遍担忧，加之恐怖主义的蔓延使得第三波民主国家的制度稳定性成为共性的问题。这里所列的绝大部分新兴国家属于这一批国家，它们政治稳定性的缺失是转型民主未能得到有效巩固的问题的一部分。

实际上，世界银行全球治理指标的其他五个维度上新兴国家的表现与西方八国的差距也是民主巩固不够彻底这一现象的一部分。在广为传播的西式民主化理论中，各转型民主国家的目标是西方式的自由民主：该体制下拥有良好的法治法规，政府能够高效运行以及腐败得到有效控制，等等。但巩固受阻的新兴民主除满足了定期选举这一基本条件之外，政府在治理的诸多方面都存有难以填平的沟壑。学术界广为流传的“非自由式民主”（illiberal democracy）、[②]“混合体制”（hybrid regime）[③]等概念就是对诸多选举民主国家在政府问责能力、法治状况以及腐败控制等方面不尽人意的高度概括。根据图 5.3，相对于其他五个维度，政治效能这一项是新兴国家表现最为抢眼的方面，尤其是中国政府的效能被认为是所列新兴国家中最为突出的，这无疑与中国政府引领社会高速发展的事实相呼应。另外，颇为有趣的是沙特的法治水平以及其在腐败控制上在新兴国家中的特殊地位。沙特作为一个现代政党政

① 例如 Steven Levitsky and Lucan Way, “The Myth of Democratic Recession,” *Journal of Democracy*, Vol. 26, No. 1, pp. 45 - 58；同时参见自由之家 2016 年度全球报告：“Anxious Dictators, Wavering Democracies: Global Freedom Under Pressure,” https://freedomhouse.org/sites/default/files/FH_FITW_Report_2016.pdf. 同时也可参见之前五年的报告，已经开始讨论相关趋势。

② Fareed Zakaria, “The Rise of Illiberal Democracy,” *Foreign Affairs*, Vol. 76, No. 6, 1997, pp. 22 - 43.

③ Larry Diamond, “Thinking About Hybrid Regimes,” *Journal of Democracy*, Vol. 13, No. 2, 2002, pp. 21 - 35.

治运行缺席的君主制国家在依据法规进行治理实践方面甚至超越了许多新兴民主国家，尽管其实践基本上完全不同于西方国家的法治概念，但发端于伊斯兰戒律的诸多原则同样给国家治理带来了不算太差的效应。相比较而言，对腐败的控制对所有国家都是挑战，该维度是政治稳定之外普遍得分走低的一项，而且新兴国家与西方发达国家之间的差距看起来并没有法治、政府效能领域的差距那般大，显然新兴国家在腐败的治理问题上也存在相当的力度。

从国家间的对比来看，上文已经提及波兰和韩国是所有新兴国家中表现最突出的，波兰六个维度基本齐头并进，其中最为突出的是其政治稳定的高分。这显然与波兰社会相对纯粹的宗教结构有着密切的关系，近达 90%的天主教徒大大增加了社会人口结构的同质性，形成了与欧洲其他国家面临伊斯兰极端势力渗入挑战的格局的鲜明对比。尽管波兰当前主政的法治正义党被普遍认为存有极右翼倾向，①遭到了欧盟成员国的谴责，②但客观地讲，波兰是自苏联解体以来中东欧国家中宏观民主形势表现上佳的国家。而韩国不同于波兰，政治稳定则是其所有表现中最短板的，其特殊的地缘形势、东北亚复杂关系制约了韩国的政治稳定，尽管政府能力在其他诸方面的良好发展展现了其现代化以及民主化进程的种种收益。

综上所述，在作为软实力重要维度的政府能力方面，相比于新兴国家，西方七国及澳大利亚整体上优势明显。尽管在恐怖主义、族群冲突等全球性问题的冲击之下，西方各国面临政治稳定方面的严峻挑战，但相比起国家能力更加脆弱的发展中国家，其宏观形势上的稳定性仍然优于绝大部分新兴国家。

---

① 例如 Ryan Bakker, Erica Edwards, Liesbet Hooghe, Seth Jolly, Gary Marks, Jonathan Polk, Jan Rovny, Marco Steenbergen, and Milada Vachudova, "2014 Chapel Hill Expert Survey," Version 2015.1, Chapel Hill, NC: University of North Carolina, Chapel Hill.

② Adekoya Remi, "Why Poland's Law and Justice Party Remains So Popular," *Foreign Affairs*, November 3, 2017, https://www.foreignaffairs.com/articles/central-europe/2017-11-03/why-polands-law-and-justice-party-remains-so-popular，访问时间：2017 年 11 月 9 日。

如果说在经济总量以及国家物质力量上，体量较大的新兴国家已经有超越部分西方国家的态势，那么在政治能力的打造上仍存在长足进步的空间。新兴国家就其政治体制来说存在极大的多样性，但都面临着治理腐败、增强法制、提高政府回应性、维护体制稳定等相似的挑战。无论是像沙特这样并无现代政党运作的政治体制，还是实践着西式代议制民主的第三波民主国家，抑或是中国这样在共产党领导下的多党合作制度国家，如何结合自身的特质彰显出制度的优越性并提高国家治理能力不仅是一项提升软实力的课题，实际上也是挑战自冷战结束以来西方自由民主制度话语主导地位的重大课题。①

文化与教育

软实力的另一重要维度是一国的文化和教育所展示的吸引力，其文化特质所暗含的民族性、推崇的内在价值观以及辉煌的文明史都构成一国魅力的重要来源。尽管文明与现代主权国家并非重合的概念，但是各个主权国家所承载的主流文化元素仍然有据可循。理解一国文化的内涵及其影响是宏大话题，这里只用两个简单的指标来体现各国对外来者的吸引力：(1) 一国所能吸引入境的国际游客；(2) 一国所能吸引到的国际学生。尽管这两个指标与一国的开放程度有着密切的关系，也就是说在封闭国策下即使一国存有很强的文化吸引力，也无法在该指标下显示出来。但从目前全球的情形来看，除去少量完全封闭的国家，在入境旅游签证政策上各国基本持开放态度，因此，两个指标可以从一定程度上解读成一国对他者形成的文化上的吸引力。

① 我们在理解全球治理指标的衡量指标时，也要充分考虑衡量标准是否受到西方民主话语体系驱动，从而产生偏颇的问题。

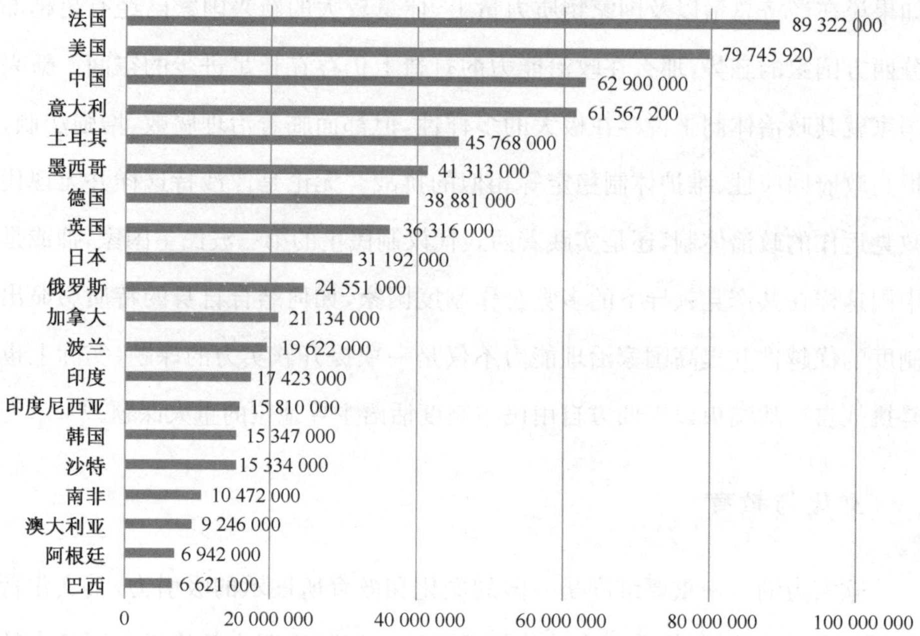

图 5.4　2018 年 20 国入境游客统计(单位:人)

数据来源:世界银行,https://data.worldbank.org/indicator/ST.INT.ARVL,访问时间:2020 年 4 月 30 日。

根据世界银行统计的数据,在过去的 20 多年间(1995—2018)世界各国普遍经历了入境旅游人口不同程度的增长,这是全球化以及各国市场开放的重要结果。但是,各国到访的人数仍然存有相当大的差异。图 5.4 是 2018 年 20 国入境游客的国别统计,入境游客最多的国家是法国,其后依次为美国、中国、意大利和土耳其。从整体上将,G7 各国的文化吸引力仍然是可观的,早先建立的老牌资本主义国家仍然拥有大量的到访者,法国吸引了近 9 000 万的国际游客,这充分显示了法兰西文化的魅力,与波特兰公司与南加州大学出台的软实力报告中法国强劲的软实力地位也是相呼应的。① 尽管法国的经济实力与军事实力的各项指标在西方各国中均不是最突出的,加上近年来的恐怖

① 参见"Soft Power 30: A Global Ranking of Soft Power," https://softpower30.com/wp-content/uploads/2019/10/The-Soft-Power-30-Report-2019-1.pdf,访问时间:2020 年 4 月 28 日。

袭击带来的冲击，甚至出现疲软之势，但巴黎作为时尚、艺术的中心仍然对全世界有着极大的吸引力。从统计数据上来看，过去的 20 年法国的游客数量上升势头并不明显，但其优势一直存在，而且即使有着恐怖主义、金融危机等各种因素的影响，法国的国际游客量一直位居榜首(参见图 5.5 中的法国曲线变迁)。而美国除了在“9・11”事件后经历了短暂的下滑之外，过去 20 年在相对宽松的旅游政策下，入境游客量稳步增长。我们对于美国软实力的讨论早就不陌生，一方面好莱坞文化在全球的大行其道及与世界各地文明的碰撞已经产生了极其复杂的后果，另一方面美国在国家制度领域对西式民主价值的推进夹杂着美国例外论的声音也在世界范围内引发了极大争议。然而，无论肯定或否定，美国对世界各国普通民众的吸引力仍然强大，在相对宽松的签证制度下，每年前往美国领略风土人情、观摩社会政治文化活动的游客已经超过了

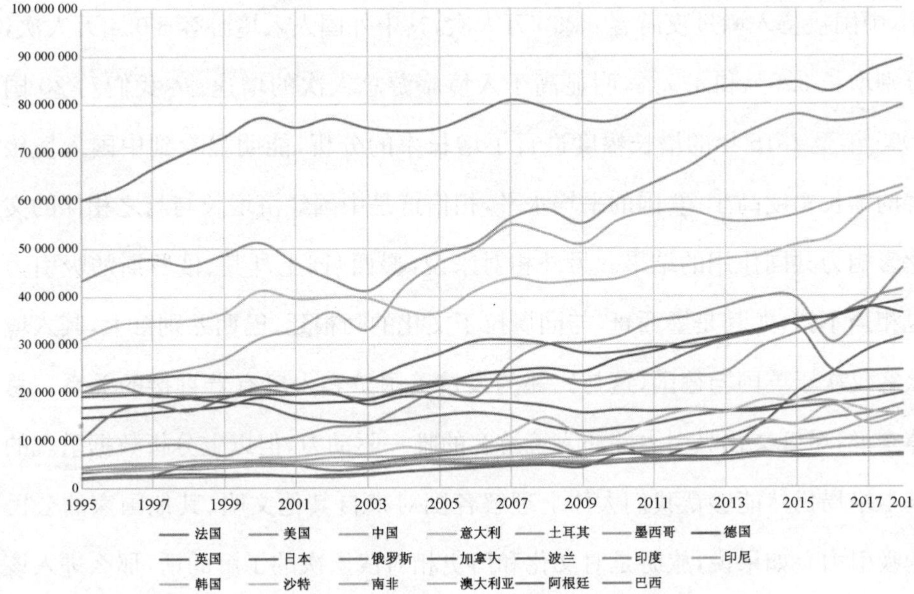

图 5.5　20 国国际游客数量变迁(1995—2018)

数据来源：世界银行，https://data. worldbank. org/indicator/ST. INT. ARVL，访问时间：2020 年 4 月 30 日。

7 500万。虽然还没有达到法国的水平,但其增速超越了法国(参见图 5.5 中两国的曲线变迁)。值得注意的是,自特朗普 2017 年就任以来,美国的旅游人数并没有减少,尽管从 2017 年年初开始美国国内就有一系列关于“旅游禁令”的政治斗争,但从客观数据上来看,至少到 2018 年并没有影响赴美国旅游人数,美国对外来游客的吸引力有增无减。

发展中国家的情况同样呈现出很大的差异性,其中入境人数最多的是中国,2018 年在所有样本国家中位列第三(参见图 5.4)。自改革开放以来,中国的入境旅游人数有了长足的增长,大体上与其经济总体量增长相匹配,开放的中国也将中国文化带向了全球,吸引了来自全世界的游客。根据《中国出入境旅游发展年度报告 2019》,2018 年中国入境旅客达到 1.41 亿人次,同比增长 1.2%。与此同时,入境过夜市场和外国人入境市场规模同样稳步扩大,2018 年,中国接待入境过夜游客 6 290 万人次,其中外国人入境游客 3 054 万人次,分别增长 3.6%和 4.7%,明显高于入境旅游总人次的增速。[1] 我们对 20 国 1995 年至 2016 年的增长幅度进行了增长率的分析,能明显看到中国入境旅客的增长幅度高于 20 国的平均水平,相信这是中国经济增长与与之相伴的文化影响力共同作用的结果。另外相对来说,墨西哥、土耳其、俄罗斯的吸引力也相当不错,尤其是墨西哥,与同属拉丁文化的阿根廷、巴西差别巨大,其入境旅客仅次于英国与德国,这与比邻的大量美国游客入境有着直接的关系。总体来说,尽管文化吸引力并非入境游客的唯一驱动力,但以上分析数据呈现的基本格局仍然能够帮我们大体上理解各国对来自其他文明、其他国家的公民的吸引力。如果说,旅游是对文化和历史相对浅层次的了解的话,那么进入该国的教育系统进行学习则是深层次地了解他国文化的路径,也是软实力产生

① “《中国出入境旅游发展年度报告 2019》显示我国入境旅游进入稳步增长通道”,2019 年 11 月 28 日,http://www.gov.cn/xinwen/2019-11/28/content_5456756.htm,访问时间:2020 年 5 月 5 日。

深层次影响的路径。我们不妨通过各国的留学生数量来做简单的阐释。

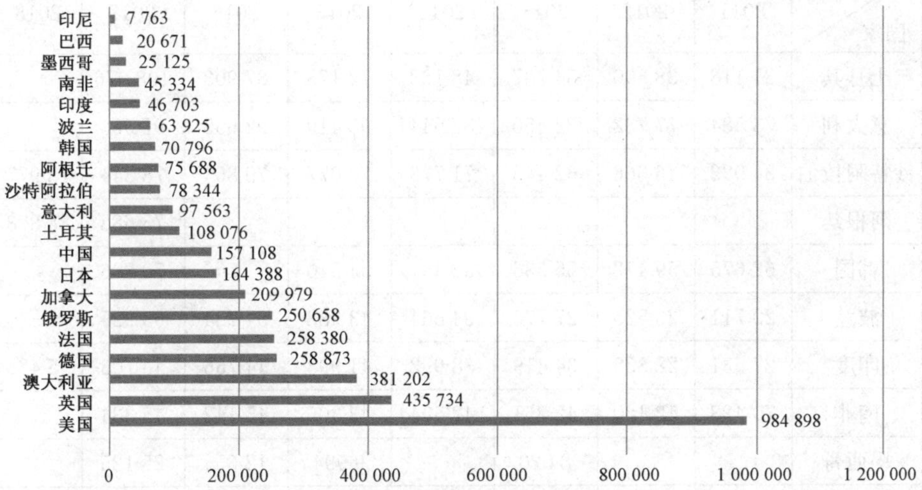

图 5.6　2017 年 20 国国际学生数量(单位:人)

数据来源:联合国教科文组织数据统计中心,http://data.uis.unesco.org/Index.aspx?DataSetCode=EDULIT_DS&popupcustomise=true&lang=en,访问时间:2020 年 5 月 6 日。

表 5.2　20 国国际留学生统计(2011—2018)　　(单位:人)

年份 国家	2011	2012	2013	2014	2015	2016	2017	2018
全球			4 230 955	4 495 169	4 786 192	5 091 894	5 309 240	
美国	709 565	740 482	784 427	842 384	907 251	971 417	984 898	
英国	419 946	427 686	416 693	428 724	430 687	432 001	435 734	
澳大利亚	262 597	249 588	249 868	266 048	294 438	335 512	381 202	
德国			196 619	210 542	228 756	244 575	258 873	
法国	268 212	271 399	228 639	235 123	239 409		258 380	
俄罗斯	165 910	173 627		213 347	226 431	243 752	250 658	
加拿大	120 960	135 187	151 244	164 274	171 603	189 573	209 979	
日本	151 461	150 617	135 803	132 685	131 980	143 457	164 388	
中国	79 638	88 979	96 409	108 217	123 127	137 527	157 108	178 271

（续表）

年份 国家	2011	2012	2013	2014	2015	2016	2017	2018
土耳其	31 118	38 590	54 387	48 183	72 178	87 903	108 076	
意大利	73 584	77 732	82 450	87 544	90 419	92 655	97 563	
沙特阿拉伯	34 922	46 566	62 143	71 773	73 077	79 854	78 344	73 977
阿根廷							75 688	88 873
韩国	62 675	59 472	55 536	52 451	54 540		70 796	
波兰	20 711	23 525	27 770	34 664	43 988	54 734	63 925	
印度	27 531	28 335	34 419	38 992	41 993	44 766	46 703	45 423
南非	70 428	42 180	42 351	42 594	43 305	45 142	45 334	
墨西哥			8 020		9 994	12 654	25 125	
巴西	14 432	15 221		19 093	19 855		20 671	
印度尼西亚		7 235			7 305	7 653	7 763	7 677

数据来源：联合国教科文组织数据统计中心，http://data.uis.unesco.org/Index.aspx?DataSetCode=EDULIT_DS&popupcustomise=true&lang=en，访问时间：2020 年 5 月 6 日。

图 5.6 是联合国对 2017 年 20 国入境学习的留学生人数统计，图中的格局清晰，新兴国家与西方八国形成了较为鲜明的对比。美国仍然是吸引年轻一代前往学习的最重要国家，每年可以吸引近 100 万的留学生，占全球留学总人数的 18.6%。虽然 2018 年美国移民海关总署（Immigration and Customs Enforcement, ICE）出炉的报告表明，在特朗普政府强硬的移民政策之下国际学生数量有所下降，但下降幅度也只占总数的0.5%，[①]美国吸引留学生的整体规模仍然客观。英国、澳大利亚、德国、法国排列其后，西方国家总体是吸引留学生最多的地区。而在新兴国家中，俄罗斯的吸引力较大，超过了加拿大、

① "SEVIS by the Numbers: Biannual Report on International Student Trends," April 2018, https://www.ice.gov/doclib/sevis/pdf/byTheNumbersApr2018.pdf，访问时间：2020 年 4 月 25 日。

日本。尽管前面的分析显示俄罗斯在国家硬实力上处在历史的低潮期，但其文化影响力仍然存有一定的生命力。另一个吸引了相对多留学生的新兴国家则是中国，2017 年时有超过 15 万的各国留学生进入中国学习，次年则接近了 18 万(参见表5.2)。但联合国的这一数据与中国教育部的统计口径存在一定的差别。根据教育部的统计，在 2016 年有 442 773 人来华学习，这其中不乏来自发达国家的留学生，其中美国 23 838 人，日本 13 595 人，德国 8 145 人，等等。[①] 这一数值一直连续上升，到 2018 年共有来自 196 个国家和地区的 492 185 名各类外国留学人员在全国 31 个省(区、市)的 1 004 所高等院校学习，比 2017 年增加了 3 013 人，增长比例为 0.62%。[②] 当然，不管统计数据的口径如何，我们看到的是来华留学生逐年递增的趋势，当然，同时与西方发达国家的留学生数之间存在差距也是不争的事实。从图 5.6 与表 5.2 的数据来看，绝大部分的新兴国家在吸引年轻一代前往学习并投资教育成本方面仍然与西方发达国家差距明显。新兴的发展中国家像墨西哥、巴西等国尽管吸引了不少游客前往观光，但留学生数量却非常少，可见其文化的吸引力存在一定的限度，其教育的品质也没有得到年轻学生的更多认可，其国家的核心价值也较难通过教育途径深刻影响他国学生。以上两个关于文化影响力的简单指标已经能够大体上呈现出新兴国家与西方发达国家文化吸引力上的基本格局。应该说，西方国家在文化吸引力方面仍然占据着极大的优势，当然，部分新兴国家已经随着经济实力的增长呈现出文化影响力抬升的势头，其传统文化也在全球化进程中与西方文明碰撞，爆发出了活力：全球文化多元化的迹象在衍生中。对于新兴国家来说，软实力的抬升与硬实力的增长存在既相互牵连又

① 教育部，“2016 年度我国来华留学生情况统计”，2017 年 3 月 1 日，http://www.moe.edu.cn/jyb_xwfb/xw_fbh/moe_2069/xwfbh_2017n/xwfb_170301/170301_sjtj/201703/t20170301_297677.html，访问时间：2020 年 5 月 5 日。

② 教育部，“2018 年来华留学统计”，2019 年 4 月 12 日，http://www.moe.gov.cn/jyb_xwfb/gzdt_gzdt/s5987/201904/t20190412_377692.html，访问时间：2020 年 5 月 5 日。

各自独立的关系。一方面，如果国家硬实力展示不出强劲实力，便很难在与西方发达国家的竞争中占得一席之地，软实力的展示也就失去了拓展空间以及必要的社会经济基础；另一方面，即便在国家的硬实力得到相当提升的前提下，其软实力如何能够在当前西方文化占据优势的基本格局中获得生长空间仍然是艰巨的课题。国际秩序的变迁带来的不仅仅是切实利益惊天动地的较量，同样也是暗流涌动的价值和文明的冲突。普罗大众在日常生活中的取向的细节变化已然呈现出在西方主导的价值体系中寻求多元的诉求，但非西方国家在此方面仍可谓任重道远。

第六章
新兴国家崛起模式的再分析

经过以上对 20 国经济发展、军事力量以及软实力三个大方面的不同指标的长篇累牍的实证分析，我们至少可以得出两个宏观的结论：第一，新兴国家与发达国家相比，在大多数的指标上仍处于相对劣势，在国际社会中的整体实力依然不及发达国家，请参见表 6.1 中对各项指标基本评估的分类；第二，新兴国家内部也存在着不同的发展路径与模式——尽管被统称为新兴国家，政治经济发展不平衡的状态意味着其面临的机遇以及在不同领域的国际影响力差异。关于第一点在上文已经有了相对详细的分析，不再赘述，以下对第二点来稍做总结。

在分析的所有新兴国家中，韩国在二战之后的发展是最为迅速而全面的，作为一个人口规模以及国土面积都较小的国家，除去在经济总量规模上不占优势，其人均国民生产总值、军事实力以及政府能力等指标在所有新兴国家中目前最为接近西方发达国家。回顾自 20 世纪六七十年代威权体制之下开始经济腾飞，现代化过程全面启动，到 80 年代末政治体制转型以及此后的全面进步，韩国在全球范围内被视为成功现代化的典范国家。对韩国各项数据的分析都表明，其最大的特点就是社会的全面进步，是国家硬实力和软实力的共同推进，韩国制造业产品与韩国文化元素已经同步渗透到亚洲乃至西方世界。

我们将除南非之外的金砖四国列为新兴国家中的第二类，它们属于在某些维度有长足进步，但发展并不平衡的国家。金砖四国在经济总量以及军事实力方面表现相对抢眼，甚至在某些排名中不输西方发达国家。但稍做分析即可明了，经济总量以及军事实力的衡量与一国的国土面积以及人口规模都有着密切的关系，从地理人口意义上讲，金砖四国都是当仁不让的大国，这两个方面的进步是相对合理的。但是，对于这四国来说，经济总量的庞大并不意味着经济发展水平的提高，这四国无一例外地人均收入都较低，尤其是印度与中国大大低于其他新兴国家。在政治发展方面，金砖四国的政体各有不同：印度的民主制运行有较长的历史但一直在低水平的政治运作中徘徊；巴西作为拉丁美洲第三波转型民主国家之一，总统制的弱点与碎化的政党体系结合也使得其民主政体质量一直不尽人意；俄罗斯在叶利钦之后已经被认为民主巩固出现了严重的倒退，被视为“脱轨的民主”；而中国作为一个人口多、底子薄的国家政治运作一直面临很大压力，如何持续不断抬升人民的生活水平、平衡地区间差异、加强法治、打击腐败、提升国家治理水平都成为执政党的重要任务。可见，在金砖四国中，政治、经济、军事的发展极不平衡，如何在经济增长的同时促进政治发展，如何在经济规模扩张的同时促进经济运行质量的提高，如何在硬实力抬升的同时推进软实力增强，如何摆脱传统的地理人口意义上的大国而迈向全面意义上的大国，是金砖四国面临的重要课题。无疑，在诸多新兴国家中，这四国在某种意义上处于领军的地位，但是如果不能全方位地增强国力，则很难成为全球秩序中令人信服的真正意义上的强国与大国。

余下的新兴国家，我们姑且列为第三类，这是一类在各项指标上都需要长足进步的国家（参见表 6.1 中前七个国家）。相对于那些并没有进入我们分析框架的国家，这些国家的经济总量的表现还算可圈可点，但是在以上分析的 20 国中，这七个国家的经济实力均算不上大国强国。这七国中，沙特阿拉伯的人均国内生产总值最高，我们之前提及，这是由于其大量的石油出口带来的巨额利润拔高了这一数据，与韩国的市场经济结构扩展与勃发带来的人均国内生产总值的稳步爬升完全暗含不同的经济发展逻辑。在这七国中，南非的状况总体来说是最弱的。地处非洲大陆的南非在地缘上缺乏优势，而且政治体制的转型也未能为其经济发展注入足够的活力，而目前已经出现的民主政治运作倒退的现象使得该国的整体进步更不容乐观。按照本书的数据，南非还是不能与金砖四国相提并论的，尽管其指标在非洲大陆或许并不算糟糕。阿根廷如此低的排名多少让人有些沮丧，20 世纪初就开始了早期现代化的阿根廷，在拉丁美洲诸国中一直是经济发展以及人民生活水平相当不错的国家，然而此后政治体制的反复，七八十年代以来经济结构以及政策的不合理使得其经济发展遭遇了挫折，从某种意义上阿根廷的发展多少也有着复兴的意味。波兰是七个国家中总体上政治发展，尤其是政治稳定状况最令人满意的，后共产主义时代的转型使得东欧的一批国家，包括波兰、捷克、匈牙利等在内民主政治进步明显。但过去几年在欧洲极右翼发展的大气候中，强势执政的波兰法治正义党的极右民粹倾向也引发了相当的担忧。实际上列为第三类的这七个国家在地理位置上属于全球的不同板块，在某种意义上这几个国家具有一定的地区代表性：土耳其以及沙特阿拉伯所在的中东地区的纷乱带来国家建设的极大困境；阿根廷及以墨西哥为代表的拉丁美洲一直以来的进步节奏都不尽人意；南非所在的非洲大陆贫困现状严峻；波兰为代表的一批中东欧国家政治改革与经济发展不平衡；以及像印度尼西亚这样的东南亚地区最近取得长足进步。应该说，这些地区都有着自身发展的机遇，但是与北美、西欧的差距并不是在所谓的全球一体化进程中可以迅速而轻易抹平的。当然这些国家的某些发展指标已经迈入了新兴国家的行列，表现出相当的发展机遇，对于中东欧国家以及东南亚诸国能否在地区性发展的地缘扩展效应下获得更大的优势，我们拭目以待。

综上所述，本章在诸多数据的详细分析中一直延续着对新兴大国的谨慎乐观的态度，我们无法否认各地区板块中新兴国家的进步势头，但认清它们在当前国际体系中经济发展、军事力量以及国家软实力方面的客观位置才是考察新兴国家在秩序变革中的机遇和作用的起点。

表 6.1　20 国经济、国家物质力量以及软实力的综合评估①

国家	国内生产总值总量	人均国内生产总值	国家物质力量	软实力
南非	低	低	低	中低
阿根廷	低	中低	低	低
墨西哥	中低	低	低	中低
印度尼西亚	中低	低	中低	低
波兰	低	中低	低	中高
土耳其	低	中低	中低	中低
沙特阿拉伯	低	中高	中低	低
俄罗斯	中高	中低	高	低
印度	中高	低	高	中低
巴西	中高	中低	中高	中低
中国	高	中低	高	低
韩国	中低	中高	中高	中高
澳大利亚	中低	高	低	高
加拿大	中低	高	低	高
法国	高	高	中高	中高
德国	高	高	中高	高
意大利	中高	中高	中低	中高
日本	高	中高	高	中高
英国	中	中高	中高	高
美国	高	高	高	高

① 对于各个变量高、中高、中低、低的评价以 20 个国家各自排名后的四分位数为基准，国内生产总值与人均国内生产总值均采用 2016 年世界银行的数据，国家物质力量采用国家实力综合指数 2012 年的数据，全球治理指标为 1996—2018 年历年平均值并参见附表 11 中的具体数值。

第二部分

比较视野下的国际秩序认知：基于民调数据的实证考察

2018 年 8 月国际政治学著名学者格雷厄姆·艾利森(Graham Allison)在《外交》(*Foreign Affairs*)杂志上连续发表题为《自由主义秩序的迷思》《自由主义秩序的真相》的文章,[①]从现实主义的立场拷问自由主义世界秩序(liberal order)的内涵以及当前的走向。自由主义的世界秩序面临的挑战、变迁中的国际秩序以及各国在国际格局中所处的地位一直以来是国际关系考察的核心议题。冷战结束以来,随着新兴大国崛起对原先国际秩序以及西方国家造成持续的冲击,以及最近几年各国右翼保守势力的抬升对全球化进程的挑战,东西方学术界涌现了大量考察当前国际格局变迁以及国际秩序何去何从的研究。而新近的新冠疫情在全球的扫荡更是激起了新一轮对世界秩序的反思(将在本书最后一章集中讨论)。在对国际秩序的考察中有两条基本的思路,第一就是考察国际体系本身的变迁中各国国家实力的沉浮,探讨特定阶段的国际体系的基本特征,这是对于国际格局的现实境况的客观分析。这一类的学术成果占据了绝大部分的国际体系研究。然而,在对国际格局与国际秩序的考察中还有一个层面同样也非常重要,那就是各国政治精英以及普通民众对于当前国际体系的各个要素,包括国际秩序、他国及本国实力的基本看法,是为国际秩序的主观层面。而对这一主观维度的分析一般又有两种思路,一是当前很多学者致力于考察不同文化与实力背景下的各国"秩序观",二是实证考察各国精英或民众对国际体系和国际秩序变迁,乃至他国或本国秩序观的基本认知。总体上来说,国际体系的主观层面的研究相对于客观分析来讲一直比较薄弱,而且在以上两种主观分析的思路中,学者们更多侧重于呈现各国的传统文化元素中的秩序观的基本特征或者对个别政治精英的国际秩序观

① Graham Allison, "The Myth of Liberal Order," *Foreign Affairs*, Vol. 97, No. 4, 2018, pp. 124 - 133;Graham Allison,"The Truth of Liberal Order: Why It Didn't Make the Modern World," *Foreign Affairs*, August 28, 2018, https://www.foreignaffairs.com/articles/2018-08-28/truth-about-liberal-order, 访问时间:2019 年 4 月 23 日。

进行个案分析，而对基于当下实证数据的各国普通民众对于世界秩序以及他国的全球地位认知的了解相对缺乏，这继而构成了本研究的基本空间。民调数据在过去十多年的迅猛发展也让各国民众基本的国际格局以及国际秩序认知的实证展示成为可能。

对于这一话题的分析将按照以下几个步骤展开：首先简练综述当前关于国际秩序以及国际秩序观的现有文献；继而讨论实证研究国际秩序观的必要性；再者，我们将利用皮尤研究中心的一手数据来展示比较视角下各国民众的国际秩序观基本情况，这一部分一方面描述各国民众国际秩序观的基本格局，更重要的是，会试图解释哪些因素可能会影响民众的观念，是本部分分析的重点，主要考察的是西方世界各国对当前国际秩序以及中国、美国等世界大国的基本看法。

第七章

国际秩序与国际秩序观

国际秩序观，顾名思义，就是在对国际秩序的各个元素的认知和理解基础上形成的观点。那么，何为国际秩序呢？① 在汗牛充栋的中外研究中，大体上对于国际秩序有几种不同的思路。一种认为，国际秩序是与国际格局相对，当然也密切相连的概念，后者主要是讲国家实力的结构性分布，而国际秩序作为一种秩序，应该是关系意义上的，有些分析者沿着这一思路将国际法、多边或双边的经济安全组织以及自由主义导向的规则等统统视为国际秩序。② 但也有学者将关系意义上的国际秩序定位在更高层次的行为与规则上，认为所谓的国际关系是超越了国家层面上升到系统层面，具有整体性意义，规定某一阶段全球国际关系基本特征的概念。③ 这也是布尔关于秩序的著名论断中的一

① 国际秩序对应的英文词组有两个，international order 或者 world order，例如基辛格最新的著作就采用了 world order 这个概念。严格意义上讲，两者会有一些区别，后者似乎更多地站在全人类的高度来讨论秩序问题，而前者似乎更多地看到了主权国家的关系。但我们这里并不刻意区分"国际秩序"和"世界秩序"，请参见下文中对国际秩序内涵的讨论。

② Michael J. Mazarr, Mairanda Priebe, Andrew Radin and Astrid Stuth Cevallos, *Understanding the Current International Order*, Santa Monica, California: The RAND Corporation, 2016. 参见在线报告：https://www. rand. org/content/dam/rand/pubs/research _ reports/RR1500/RR1598/RAND_RR1598. pdf，访问时间：2018 年 11 月 20 日。

③ 陈玉刚：《国际秩序与国际秩序观》，载《复旦国际关系评论》第十四辑，2014 年，第 2－4 页。

个核心观点。[①] 因此理论上讲,国家间实力结构的变化不一定对应国际秩序的必然变迁,国际秩序具有更广泛且更深刻的国际关系基本特征。但在更多的实证和理论分析中,包括布尔在内的诸多学者实际上并没有严格地将国际关系的定义框定在关系范畴内,也就是说,即便学者们都认同对于国际秩序的讨论应落在国际体系的系统层面(system level)而非国家层面,但并不只是局限于关系、规则等。当国际秩序被理解为国际体系中各个主权或者非主权实体形成的国际社会为实现其基本目标而呈现的行为方式(pattern of activity)时,国际秩序就包括超越关系意义的内涵。按照布尔的思路,理解国际秩序也必须包括对国际社会的基本目标、维持国际体系的路径、各相互独立的行为体的理解。[②] 而鉴于国际社会中大国的举足轻重的作用,有学者索性认为国际秩序乃是国家社会中主要行为体,尤其是大国权力、利益和观念分配的基本格局,进而表现为国际机制的产生与运行,展示为国家社会中的合作与冲突。[③] 因此,在这一思路下,尽管国际秩序仍然被定位在国际社会系统层面,但其考虑的因素是包括非系统层面的行为体的,例如,像国家间实力分布这样的因素也被纳入了国际秩序的考察。就本书所要考察的对象——国际秩序观——来看,我们更加倾向于第二种思路,也就是将更加宽泛地考察各国人民对于国际社会呈现的总体特征以及其中的国家行为体的行为方式的认知。

国际秩序认知的重要性

2012年普林斯顿大学著名的国际关系学者 G. 约翰·伊肯伯里(G. John Ikenberry)出版了一部引来不少争论的重要著作《自由主义的利维坦:美国主

① Hedley Bull, *The Anarchical Society: A Study of Order in World Politics*, New York: Columbia University Press, 2012, pp. 6 - 21.

② [英]赫德利·布尔:《无政府社会:世界政治秩序研究》(影印版),北京:北京大学出版社,第8 - 21页。

③ 例如门洪华:《中国崛起与国际秩序》,载《太平洋学报》,2004年第2期,第4 - 13页。

导的世界秩序的起源、危机与变迁》,[①]该书系统梳理了二战以来美国如何积极主动地介入并缔造了雄心勃勃的国际自由主义秩序。然而,众所周知,进入21世纪以来,该秩序体系历经了超过半个世纪的所向披靡之后,遭遇了各个维度上前所未有的挑战。伊肯伯里认为,这种挑战首先来自美国国内:从小布什的单边主义起,美国在自己所塑造的国际体系中因为自身权威的缺失引发了全球自由主义秩序的动荡,但他坚持认为自由主义国际秩序的内核和基本规则仍然存在。该书出版于奥巴马政府的第二任期初期,伊肯伯里似乎并没有预测到接下来几年内全球范围内"黑天鹅"频飞的现象,更没有预料到非建制派的共和党人特朗普当选美国总统带来的对自由主义的狂轰滥炸。世界政治看起来并没有朝着自由主义继续高歌猛进,人们对于自由主义的国际秩序的忧虑越来越深。在过去的两年内,《外交》杂志关于自由主义国际秩序的争论的文章数翻了好几倍,像格雷厄姆·艾利森这样带着冷战思维的现实主义者开始对自由主义过往的"业绩"进行重新评估,历经世界风云变幻的亨利·基辛格也在重新反思新的世界秩序。[②] 对世界秩序的反思伴随着新冠疫情在全球的蔓延在2020年过去的几个月中再次引发高潮。然而,无论是讨论自由主义面临的挑战还是讨论疫情这样的不确定因素带来的冲击,在学者们的讨论和评估中,有两个重要的问题是不可以回避的,即美国是否衰落,中国的崛起是否挑战了当前的世界秩序,而这两个问题也是过去近20年来中国国际关系学术争论的焦点。

研究国际秩序的变迁的中国学者主要有两大思路,一是考察冷战之后的美国是否衰落,早先的两极世界崩塌后剩下的一极是否稳固。二是考察包括

① G. John Ikenberry, *Liberal Leviathan: The Origin, Crisis and Transformation of the American World Order*, Princeton: Princeton University Press, 2012.

② 例如 Graham Allison, *Destined for War: Can America and China Escape Thucydides's Trap*, Boston: Houghton Mifflin Harcourt, 2017; Henry Kissinger, *World Order: Reflections on the Character of Nations and the Course of History*, London: Penguin Books, 2014.

中国在内的新兴国家是否有效地冲击了冷战结束后的国际秩序。对于这两个问题的客观分析已经呈现在本套丛书的其他著作以及本书的前六个章节之中，不再赘述。我们这里要讨论的是围绕这两个核心问题展开的国际秩序主观层面的问题，也就是各主权国作为行为主体如何认知当前的世界秩序以及他国在国际秩序中所处位置。我们之所以要研究国际秩序认知，至少有以下几个重要理由。

首先，研究国际秩序认知是建构主义理论内在的需求。从不计其数的关于国际秩序的学术讨论中我们能够看到，几乎有关国际秩序的每一个关键因素都存在着极大的争议。如果假设现有的国际秩序存有一个客观状态的话，那么这一争论完全是来自认知层面，也就是人们对当前客观世界的主观判断存在极大的差别。我们认为，这些争论本身非常值得分析和理解，归根到底，人类世界所有的决策仍然是由人主观做出，人对世界的感知（perception）是现实客观世界运作中不可区隔的一部分。这无疑应和了建构主义的核心论断——世界是一个被观念建构的世界，行为体的价值、理念、偏好等是理解行为和制度的最终落脚点。如果说国际社会内的各个行为主体有着客观的国家实力展示和利益诉求的话，那么他们对他国的国家实力以及利益偏好的认知乃是形成其各自的国家目标以及思考全局性秩序安排最重要的环节。严格意义上讲，任何学者、政客以及普通民众对于当前国际秩序所谓的客观反思，无不带着其价值层面的偏好，因此，呈现这些偏好本身以及挖掘偏好背后的价值导向是理解国际社会中各行为主体对自身以及他者定位的重要步骤。一言以蔽之，要理解国家行为体的决策导向首先要描述、呈现它们对于世界秩序如何建构的偏好以及对他者的基本定位。

其次，考察国际社会行为体对国际秩序的认知并非一个抽象的理论诉求，而是在国家博弈以及国际体系的互动中非常现实的问题。在解释国家间战争理论中，涉及国家间冲突的元素中各有一个极其重要的维度，那就是多方或者双方博弈中彼此的“感知偏差”(misperception),[①]是导向国家间冲突、合作失败的重要元素。“感知偏差”当然也可以属于有限理性故事(bounded rationality)[②]的一部分,但感知的偏差完全可以来自诸多的非理性/非利益博弈的层面,[③]这也是很多的学者纷纷诉诸各国的文化传统与建国历史去寻求各国国际秩序观认知的原因。文化偏好的问题下文再分析,但哪怕是基于客观指标的认知,实际上各个行为体之间也存在非常严重的认知差别。一些简单的事实可以帮助我们理解这一点,例如,中美贸易战的一个核心的话题就是对中国基本实力的定位问题,中美双方就将中国定位为“发展中国家”或“发达国家”争论激烈,这无疑与双方的认知直接联系。再如,皮尤研究中心数据以及盖洛普数据都显示,在美国当前极化政治的背景下,共和党和民主党就基本事实(basic facts)都无法达成一致。[④] 价值、观念的冲突在当前的国际政治中呈现出极其重要的影响,福山很坦率地承认,25 年前亨廷顿所指出的文明的冲突背后的出发点现在看来无疑是对的,[⑤]他也开始考察身份认同建构的重

---

① 例如 Robert Jervis, “Hypotheses on Misperception,” *World Politics*, Vol. 20, No. 3, 1968, pp. 454 - 479; R. Harrison Wagner, “Rationality and Misperception in Deterrence Theory,” *Journal of Theoretical Politics*, Vol. 4, No. 2, 1992, pp. 115 - 141.

② 例如 Bryan D. Jones, “Bounded Rationality,” *Annual Review of Political Science*, Vol. 2, 1999, pp. 297 - 32; Stephen L. Quackenbush, “The Rationality of Rational Choice Theory,” *International Interactions*, Vol. 30, 2004, pp. 87 - 107.

③ 当然,这里必须对理性有一个基本的定义,也就是将理性定义为以物质利益为导向的选择,不包括主观价值上的偏好。在很多理性主义的学者那里,尤其是非经济学的社会科学学者那里,理性被宽泛地理解为“偏好排序”(preference ordering),这无疑就包含了主观价值带来的偏好,这里主要还是采用理性的物质主义导向的基本内涵。

④ John Laloggia, “Republicans and Democrats Agree: They Can't Agree on Basic Facts,” Pew Research Center, August 23, 2018, 参见 http://www. pewresearch. org/fact-tank/2018/08/23/republicans-and-democrats-agree-they-cant-agree-on-basic-facts/, 访问时间:2018 年 11 月 19 日.

⑤ Francis Fukuyama, “Huntington's Legacy,” *The American Interests*, Vol. 14, No. 2, August 27, 2018, https://www. the-american-interest. com/2018/08/27/huntingtons-legacy/, 访问时间:2018 年 11 月 19 日。

大意义。[①] 因此，在国际体系的互动中产生的所有碰撞与摩擦都与行为体对于他者的认知以及国际秩序"应该"呈现的价值偏好直接相连。国际秩序的主观维度是与客观维度并存的重大议题。

再次，这里将主要讨论普通民众对国际秩序的认知，因此，不仅要讨论观念、认知、价值的重要性，还要回答为什么普通民众的基本认知值得关注。我们知道，在行为主义兴起的大背景之下，对于民意的考察在二战以后的政治学领域取得了长足的发展，尤其是到了20世纪80年代以后，随着抽样调查技术以及统计学相关模型的成熟，对民意的研究繁荣至今。而国际关系以及一国的外交政策等相关议题也频繁出现在媒体以及以学术研究为导向的调研中。看起来，大家都非常关注民意，那背后的理论逻辑又是什么呢？政治学者基本都认同，民众的观点对于一国领导人的决策会产生影响，这不仅是发生在选举民主体制当中，即便是决策权力比较集中的威权体制中也有类似的效应。这也就是闻名遐迩的选主理论(selectorate theory)论述内核，[②]也就是各国的领导人的决策面临着体量不等的观众，继而产生了"观众成本"(audience cost)，因为每一个政权都建立在基本的合法性基础上，那么挑战合法性底线的决策则意味着成本太大，会让决策者所有顾及。把这一理论运用到选举民主制度下，也就是将决策者的行为与国内民主的选举机制相连了。决策者的任何行为都面临着反对党的挑战，面临着为期不长的任期期限后下一场选举中选民的投票压力。而在议行不合一，行政立法两分的机制中，还存在反对党之外的另一层压力，就是立法机构对行政机构的监督，而立法机构成员与普通选民直

① Francis Fukuyama, "Against Identity Politics," *Foreign Affairs*, August 18, 2018, https://www.foreignaffairs.com/articles/americas/2018-08-14/against-identity-politics-tribalism-francis-fukuyama，访问时间：2018年11月19日。

② Bruce Bueno de Mesquita and David Lalman, *War and Reason: Domestic and International Imperatives*, New Haven, Conn.: Yale University Press, 1992; Bruce Bueno de Mesquita, James D. Morrow, Randolph M. Siverson, and Alastair Smith, "An Institutional Explanation of the Democratic Peace," *American Political Science Review*, Vol. 93, No. 4, 1999, pp. 791-808.

接相连。因此，在这样的代议制民主体系中，民意作为问责的起点、制度设计的着眼点，与国家内政外交的行为之间存有关联，因此对于选举民主体制之下民意的关注自然必要。那么，在非选举式代议制民主体制之内呢？尽管看起来这种体制下选举机制受到了限制，领导人决策的"观众"体量大幅度减弱，"观众成本"似乎不高，这些体制里的民意似乎毫无作用。但我们认为，威权体制的概念并非铁板一块，这其中也存在各种体制的多样性，而且合作性支持作为任何政体的基础，民意影响的广度与深度虽大幅下降，但也并不是不存在。一方面，现在传媒的发展开始大幅挑战信息源垄断的边界，尽管威权体制中存有大幅度的舆论控制，但控制不仅说明了民意本身的重要性，同时也说明信息来源及传播途径的多元化带来的挑战。在现代传播技术的帮助下，诸多的研究表明威权体制下存有不同程度的民意制约，而这恰恰是这些政府面临的巨大挑战。另一方面，一般来说威权体制包含有单一政党、个人专制以及军人政体三种（或者混合）的形式，[①]除了在极为极端的倾向下，这些体制内部也存有制约，甚至有相当多的体制存在大范围的选举行为，因此，民意在这样的体系中尽管不能完全成为问责的起点，但也是体制培育合法性的基础。总之，在当前，关注民意无论在怎样的政治体制中都是制度运行的重要环节。

当然，尽管有帕特南的"双层理论"（two-level game）来连接内政与外交，[②]例如 70 年代美国国内反越战事件充分展示了民意的威力，但大量的实证研究也表明，民意在国家的外交行为以及国际关系议题上的影响远远弱于对内政问题的影响。[③] 民意之于一国外交政策走向的影响力稍弱的原因主要

---

① Barbara Geddes, Joseph Wright and Erica Frantz, "Autocratic Breakdown and Regime Type," *Perspectives on Politics*, Vol. 12, No. 2, 2014, pp. 313 - 331.

② Robert D. Putnam, "Diplomacy and Domestic Politics: The Logic of Two-Level Games," *International Organization*, Vol. 42, No. 3, 1988, pp. 427 - 460.

③ 参见该文的总结：Matthew A. Baum and Philip B. K. Potter, "The Relationships Between Mass Media, Public Opinion, and Foreign Policy: Toward a Theoretical Synthesis," *Annual Review of Political Science*, Vol. 11, 2008, pp. 39 - 65.

在于，国际事件的发生以及他国的境况相对于与个人经济社会文化等生活的方方面面密切相关的国内政策来讲，其关联性弱化很多。如果说个人的偏好是基于基本的理性计算的话，那么对于投票箱前的选民来说，对与个人利益不甚相干的事件自然缺少关注度。并非所有的国际事件都会如当年的越战或者“9·11”事件那般成为家门口、卧室内的战争。一般来说，与国际关系相关的事件与普通民众的生活的距离远远超过了与税收、贫富差距、社会保障、社区安全等日常生活息息相关的议题。对于绝大部分人来说，这是一个极少可以形成经验性体验的领域。同时，因为国际事件、外交政策相对远离日常生活，人们对国际形势以及他国境况的相关知识也会相对缺乏。无论是因为普通人很难真正介入到国际事件中去，还是因为对该领域知识把握的需求较低，都可能形成该领域的知识和信息相对缺乏的境况。[①] 总之，过往成熟的经验性研究表明，对于绝大部分民众来讲，对国际局势以及他国境况的了解应该远远低于对周边事件的了解。

但是，尽管有这样国内和国际政治对于普通民众的分野，当前的发展趋势表明国际事件与国内政治远比之前更相关。即使自由主义的世界秩序当前遭遇了挑战，但全球化在过去的半个多世纪的发展已经将世界经济政治与人们日常交往前所未有地连接起来。与我们的议题相关，全球化的结果之一就是已经将各国国内政治以从未有的深度与国际格局、国际组织、外交政策联系起来。以中国的发展为例，伴随着全球化进程，中国的产品、投资、基础设施、文化元素已经遍布及影响全球各个角落，走到了各国普通民众的日常生活中，并与各国政治运作发生着复杂的联系。中国话题已经进入了美国各类选举的辩论议题就是一个极好的例证。既然中国话题已经与美国国内的民主运作直接

① 这里并没有完全展开国际事件与民意关系的全面讨论，例如，制度性的因素也是其中之一。以美国为例，在美国宪法中，对于外交权力在行政（总统）与议会划分中，总统会占据更大的主动权。而且，一旦两党在外交政策上形成共识，总统则有更多的主动权开拓外交政策的新领域。

相连，那么，普通选民对于中国的看法自然更加重要起来。这一机制也同样发生在其他国家，因此，作为中国人，我们不免要发问，他者眼中的中国在世界秩序中究竟是怎样的呢？不同的国家对世界秩序以及中国、美国等大国的认知存在怎样的差别呢？这一问题在世界秩序面临重要节点的今天显得更为重要，因为普通民众的观点有可能比之前更能影响各国政治家们的政策取向。

总体来说，对于普通民众的国际秩序观的研究可以从建构主义理论中找到理论基点，而各国政治制度的安排又使得普通民众的认知与国家的外交走向产生关联，从而形成了研究的意义。

国际秩序认知的现有研究

上文已经提及，目前关于国际秩序的主观维度的研究，主要集中在对各个国家或者文明板块的秩序观的定性分析上，①如果按照中国与其他国家的地理分界来看，逻辑上对于世界秩序认知的考察存有四种类型。即，中国学者如何看待西方，中国学者如何看待中国自身，西方学者如何看待中国，西方学者如何看待自己。一般来说，中国学者将前两者结合，用比较的视角来梳理全球各国地区，包括美国、欧洲、日本、印度、伊斯兰世界、非洲以及中国在内，各自的世界秩序观的基本内涵所在，并进行比较。②《复旦国际关系评论》曾在2014年出版专辑讨论“国际秩序与国际秩序观”，本套丛书也有关于地区板块的国际秩序观的专门分析。这一脉的思路主要从各国的传统文化、文明经典

① 这里，我们不对现有的大量的国际秩序变迁的文献进行综述，只考察占据了较小部分的国际秩序观以及其他认知层面的研究。

② 参见秦亚青主编：《中国学者看世界：国际秩序卷》，北京：新世界出版社，2007年版；方长平：《中国与世界主要国家或地区的国际秩序观比较》，载《国际政治研究》，2012年第4期，第132－134页；高奇琦：《全球共治：中西方世界秩序观的差异及其调和》，载《世界经济与政治》，2015年第4期，第67－87页；刘忠民：《伊斯兰的国际体系观——传统理念、当代体现及现实困境》，载《世界经济与政治》，2014年第5期，第4－32页。

著作以及各国独特的国家历史来挖掘该主体对世界秩序的基本认知。[①] 对于中国国际秩序观的阐释，不仅仅有中国学者从古代经典中挖掘中国的"天下观"，[②]西方学者也在试图理解中国古人笔下的"天下、帝国与世界"。[③] 然而，我们说，完全基于文化传统来考察各国的国际秩序观是不充分的，尤其不能精确地反映出当前各国民众对于本体和他者的认知。这不仅因为文化传统并不是决定一国国际秩序观的唯一因素，还因为从文化传统的角度无法解释同一文化板块内各个行动主体之间的差异。而且，特定的行为主体在不同的事件阶段仍然有可能展示不同的国际秩序认知，[④]这些都无法在宏观视角下的比较文化分析中找到答案。我们认为，要呈现更加精确的国际秩序观的图景，必须采用实证考察的路径，当然这既可以是定性的案例剖析，也可以直接通过大样本的调研数据、面对面的提问完成。

近来，已经有学者开始这一路径的研究，例如，有学者通过亚投行、"一带一路"这样的案例呈现中国世界秩序观；[⑤]也有学者通过具体分析中国对外交往行为中对不同对象的外交话语用词以及形成的国家间关系来考察中国国际

---

① 当然近来也有学者专门考察了当前学术界的不同看法（例如，赵可金：《中国的国际秩序观与全球治理的未来》，载《学术前沿》，2017 年第 2 期，第 6 - 16 页。），但总体上，这一脉的研究仍然是从文化传统中寻求答案。

② 赵汀阳：《天下体系：世界制度哲学导论》，北京：中国人民大学出版社，2011 年版；秦亚青主编：《中国学者看世界：国际秩序卷》，北京：新世界出版社，2007 年版；肖晞、董贺：《中国传统国际秩序观及其当代启示》，载《复旦国际关系评论》第十四辑，2014 年，第 239 - 258 页。

③ 柯岚安：《中国视野下的世界秩序：天下、帝国和世界》，载《世界经济与政治》，2008 年第 10 期，第 49 - 56 页；天儿慧：《中国 21 世纪的国际秩序观》，载《国外理论动态》，2015 年第 5 期，第 63 - 70 页。

④ 潘忠岐：《中国在世界秩序中的参与、受益和影响——基于意象差距的分析》，载《世界经济与政治》，2007 年第 3 期，第 48 - 54 页。

⑤ 孙尹然：《亚投行、"一带一路"与中国的国际秩序观》，载《外交评论》，2016 年第 1 期，第 1 - 30 页。

交往中的"差序格局",[①]通过文本挖掘揭示中国国际秩序观的变迁;[②]还有少数学者开始利用涵盖了相关问题的民调数据分析"国际社会的中国观",[③]该思路完全契合本书的分析思路。在这篇发表于 2011 年的文章中,作者胡键利用了 2005 年皮尤研究中心的一手数据对西方眼中的中国进行了实证展示,得出的结论是较为悲观的:西方国家以及周边国家对中国的认知存在制度性偏见,他们总是看到他者眼中的"镜像中国"。我们说,在国际社会的互动中,他者眼中的自己可能更为重要。中国政府面对当前世界秩序的变迁,大声呼吁构建"人类命运共同体",[④]"坚持合作共赢,推动建立以合作共赢为核心的新型国际关系",[⑤]但在西方世界看来中国究竟又是如何呢?他们能够看到并认同中国的"和平崛起"吗?距离皮尤数据已经过去了十多年,西方眼中的世界和中国如今又是怎样呢?我们可能需要到当前数据覆盖面已经更加广泛的皮尤中心最新数据中去进一步寻找答案。

---

① 詹德斌:《试析中国对外关系的差序格局——基于中国"好关系"外交话语的分析》,载《外交评论》,2017 年第 2 期,第 13 - 37 页。

② 高晗:《中国国际秩序观变迁研究(1982—2018)——基于党代会报告和政府工作报告的文本分析》,吉林大学硕士论文,2019 年。

③ 胡键:《当前国际社会的中国观——基于西方民意调查的实证分析》,载《毛泽东邓小平理论研究》,2011 年第 2 期,第 71 - 77 页。

④ 比如,张相君:《论国际秩序规则供给的路径选择——基于人类命运共同体理念》,载《国际观察》,2019 年第 5 期;孙通、刘昌明:《国际秩序观塑造中的文化特质——兼论"构建人类命运共同体"的文化渊源》,载《太平洋学报》,2019 年第 2 期。

⑤ 《中央外事工作会议在京举行》,《人民日报》,2014 年 11 月 30 日,第 1 版。

第八章

皮尤"全球态度与趋势"系列

皮尤研究中心是皮尤慈善信托基金(The Pew Charitable Trusts)下属的智库性质的非政府机构。该中心主要致力于在美国国内以及全球范围内调研影响到国家与全球变迁的各类社会议题、人口变化趋势等,也对媒体进行内容分析。[①] 一般来说,皮尤研究中心定位是事实智库(fact tank),并不给出政策立场,加上其数据的公开性,在媒体以及学界有着广泛的应用。在覆盖广泛的数据领域中,与本议题相关的是皮尤研究中心的"全球态度与趋势"(Global Attitudes & Trends)板块。从2001年开始,该系列数据涵盖范围从早先的5个国家发展到2015年的40个国家,尽管最近两轮数据调查的国家数有所下降(2017年为38国,2018年下降到27个国家),但皮尤中心在全球范围内不同国家展开国际关系相关问题的民意调研,是目前展示国际关系相关的价值观国别差异最重要的数据来源之一。综合考虑到数据的更新以及足够的样本量问题,几经权衡本部分将主要依靠皮尤研究中心已经公开使用的2017年春季调研数据展开分析,因为2017年数据可以覆盖到38个国

① 参见皮尤研究中心的网站(www.pewresearch.org)的介绍。

家，比起 2015 年的 40 国数据在样本量上没有本质的差别但相对时间较近，故更可取。从时间性上来看，2018 年的数据更可谓新鲜出炉，但减少了亚非拉等地区一共 11 个发展中国家的样本，对我们展示新兴的发展中国家的国际秩序观非常不利，也非常可惜。因此，在分析中只能适当地辅之以最新公开的 2018 年的原始数据以及 2019 年报告中的整体层面数据进行更新和一定的对比。[①]

我们首先对数据的整体状况进行基本展示。表 8.1 中是 2017 年调研涉及的所有国家，包括了五大洲的 38 个国家。一般来说，每个国家抽取了 1 000 左右的样本，其中印度样本稍多，达到了 2464 份，美国本土以及黎巴嫩、约旦各约1 500 样本，这样一共获得了 41 953 份问卷。表 8.2 是 2018 年春季数据的国家分布情况，尽管国家样本的选择同样考虑到了全球各地区的分布，但样本量有很大的减少，智利、哥伦比亚、加纳、约旦、黎巴嫩、秘鲁、塞内加尔、坦桑尼亚、委内瑞拉以及越南的调研数据的缺失使得 2018 年的全球样本总数减少了 1 万以上，总样本量为 30 109 个。根据各国情况的差别，皮尤"全球"系列的问卷在不同国家稍有不同，但是仍然有部分通用的问卷问题使得跨国比较成为可能。我们最关注全球范围各国人民对于他国看法的整体概况，在皮尤"全球"系列的历年数据中，有一组一直沿用的问题："请你告诉我，你是否非常喜欢、有些喜欢、不怎么喜欢还是非常不喜欢某某国家？"[②]该问题在 2017 年主要针对以下国家或组织提出，[③]包括美国、中国、伊朗、俄罗斯、欧盟、德国、英国、北约、印度、巴基斯坦、日本、沙特阿拉伯、土耳其、韩国、朝鲜、古巴以及

① 参见 Spring 2017 Survey Data，www. pewglobal. org/dataset/spring－2017-survey-data/，访问时间：2018 年 4 月 29 日；Spring 2018 Survey Data，https：//www. pewresearch. org/global/dataset/spring－2018-survey-data/，访问时间：2020 年 3 月 3 日。

② 原题为"Please tell me if you have a very favorable，somewhat favorable，somewhat unfavorable or very unfavorable opinion of (any) country?"。

③ 这里要区别被访谈者所在的国家与其评价的国家，比如，问卷中所有国家的受访者均被要求评价中国，但是该调研并没有在中国展开。

墨西哥。根据皮尤2017年的问卷设计，在所有国家样本中均要求受访者进行评价的只有三个国家，即美国、中国以及俄罗斯，问卷还针对其他12个国家的情况在不同的国家进行了发问，参见表8.3中的具体信息。这12个国家分布在各自不同的地区，表8.3中第一列即是这些被要求评价的国家，第二列为评价民众所属的国家。针对中国的评价我们会在最后一部分专门展开，这里将按照地区板块分别进行分析，依次为美国、欧洲、中东、拉丁美洲以及亚太七国，我们以下几章将逐一讨论。

表8.1 皮尤2017年"全球态度与趋势"调研国家概况

国家	样本数	占总样本百分比	国家	样本数	占总样本百分比
阿根廷	1 012	2.41	墨西哥	1 000	2.38
澳大利亚	1 000	2.38	荷兰	1 006	2.40
巴西	1 008	2.40	尼日利亚	1 110	2.65
加拿大	1 022	2.44	秘鲁	1 000	2.38
智利	987	2.35	菲律宾	1 000	2.38
哥伦比亚	1 000	2.38	波兰	1 160	2.76
法国	1 000	2.38	俄罗斯	1 002	2.39
德国	1 002	2.39	塞内加尔	1 083	2.58
加纳	1 129	2.69	南非	1 295	3.09
希腊	852	2.03	韩国	1 010	2.41
匈牙利	944	2.25	西班牙	1 000	2.38
印度	2 464	5.87	瑞典	1 000	2.38
印度尼西亚	1 000	2.38	坦桑尼亚	1 061	2.53
以色列	1 050	2.50	突尼斯	1 004	2.39
意大利	905	2.16	土耳其	1 050	2.50
日本	1 009	2.41	英国	1 066	2.54

（续表）

国家	样本数	占总样本百分比	国家	样本数	占总样本百分比
约旦	1 548	3.69	美国	1 505	3.59
肯尼亚	1 117	2.66	委内瑞拉	1 000	2.38
黎巴嫩	1 552	3.70	越南	1 000	2.38

数据来源：皮尤研究中心，"Spring 2017 Survey Data：38-Nation Survey Conducted February 16 - May 8，2017，" http://www.pewglobal.org/? post_type=dataset，访问时间:2019 年 3 月 15 日。[①]

表 8.2　皮尤 2018 年"全球态度与趋势"调研国家概况

国家	样本数	占总样本百分比	国家	样本数	占总样本百分比
阿根廷	1 000	3.32	墨西哥	897	2.98
澳大利亚	1 149	3.82	荷兰	1 006	3.34
巴西	1 008	3.35	尼日利亚	1 013	3.36
加拿大	1 056	3.51	菲律宾	1 181	3.92
法国	1 003	3.33	波兰	1 008	3.35
德国	1 001	3.32	俄罗斯	1 000	3.32
希腊	1 050	3.49	南非	1 481	4.92
匈牙利	1 002	3.33	韩国	1 007	3.34
印度	2 521	8.37	西班牙	1 005	3.34
印度尼西亚	1 098	3.65	瑞典	989	3.28
以色列	1 000	3.32	突尼斯	1 031	3.42
意大利	1 043	3.46	英国	1 005	3.34
日本	1 016	3.37	美国	1 500	4.98
肯尼亚	1 039	3.45			

数据来源：皮尤研究中心，"Spring 2018 Survey Data，" https://www.pewresearch.org/global/dataset/spring - 2018-survey-data/，访问时间:2020 年 3 月 3 日。

① 除非表明其他来源，以下所有的图表数据来源均为该数据库。

表 8.3　皮尤 2017 年“全球态度与趋势”调查的国家分布

评价对象国家	受访者所在国家
美国	全部 38 国(参见表 8.1)
中国	全部 38 国(参见表 8.1)
俄罗斯	全部 38 国(参见表 8.1)
德国	欧洲 10 国:法国、德国、希腊、匈牙利、意大利、荷兰、波兰、西班牙、瑞典、英国
英国	欧洲 10 国:法国、德国、希腊、匈牙利、意大利、荷兰、波兰、西班牙、瑞典、英国
印度	亚洲、大洋洲 7 国:澳大利亚、印度、印度尼西亚、日本、菲律宾、韩国、越南
巴基斯坦	印度
日本	亚洲、大洋洲 7 国:澳大利亚、印度、印度尼西亚、日本、菲律宾、韩国、越南
伊朗	中东 5 国:以色列、约旦、黎巴嫩、突尼斯、土耳其
沙特阿拉伯	中东 5 国:以色列、约旦、黎巴嫩、突尼斯、土耳其
土耳其	中东 5 国加俄罗斯:以色列、约旦、黎巴嫩、突尼斯、土耳其、俄罗斯
韩国	亚洲、大洋洲 7 国以及美国:澳大利亚、印度、印度尼西亚、日本、菲律宾、韩国、越南、美国
朝鲜	亚洲、大洋洲 7 国以及美国:澳大利亚、印度、印度尼西亚、日本、菲律宾、韩国、越南、美国
古巴	拉美 7 国:阿根廷、巴西、智利、哥伦比亚、墨西哥、秘鲁、委内瑞拉

数据来源:根据“Spring 2017 Survey Data: 38-Nation Survey Conducted February 16 - May 8, 2017”数据中所有涉及对国家进行总体评价的题目整理而成。

第九章

全球民众眼中的美国

本着了解全球舆论中的美国的初衷，皮尤中心对受访的 38 国民众展开了关于美国评价的一系列问题。表格 9.1 为 2017 年全球 38 个国家民众对美国的整体观点，在全球近 42 000 受访者中，有 15.23%的人非常喜欢美国，35.54%也持较为肯定的态度，两者合计共约 50.77%的人对美国存有好感，因此，49.23%的人总体来说对美国是持负面情绪或不置可否，其中，明确表达"非常不喜欢"的人约16.54%，且有 9.71%的受访者拒绝发表对美国的看法或者表示"不知道"。[①] 可见，总体上对于美国的看法在全球普通民众之间是分化的，受访者对于美国的正面与负面的评价呈现半数对半数的基本情况。这一格局在 2018 年的调研中基本保持稳定，全球各国民众对于美国的喜欢与不喜欢延续了基本的对半分裂的状况。不过，如果我们按照国家来看，对美国的评价则有了非常有趣的国别差异，这一维度将主要依据 2017 年度数据进行。[②]

---

① 其中"拒绝回答"(refused)的人数为 270 人，约占 0.64%。因为所占的比例很小，所以如果剔除这一部分受访者，其他几部分的比例基本没有太多的变动。

② 对于以下分析的绝大部分变量，一年之间各国民众对于他国的态度并没有发生颠覆性的变化，如果要看到民众对一国评价时间序列上的变化，需要更长的时间变迁，极短的一年时间可能看不出结构性变化，所以此后的分析主要报告 2017 年数据分析结果，一旦涉及比较大的波动，将适时报告。

表 9.1　2017—2018 年 38 国民众对美国的总体评价

评价＼年份	2017 年	2018 年
非常喜欢	6 388 (15.23%)	5 124 (17.02%)
有些喜欢	14 911 (35.54%)	10 598 (35.20%)
有些不喜欢	9 640 (22.98%)	7 048 (23.41%)
非常不喜欢	6 938 (16.54%)	4 235 (14.07%)
不知道	3 806 (9.07%)	2 855 (9.48%)
拒绝回答	270 (0.64%)	249 (0.83%)
总数	41 953	30 109

数据来源：根据“Spring 2017 Survey Data：38-Nation Survey Conducted February 16 - May 8，2017” “Spring 2018 Survey Data：27-Nation Survey Conducted May 14 - Aug，12，2018”数据中的“fav_US”变量计算而得。

为此，我们将该问题的答案做了两分化处理，“非常喜欢”与“有些喜欢”美国合并为一类，也就是对美国持有积极态度的，“非常不喜欢”“有些不喜欢”以及“不知道”的受访者归为另一类，然后对前者进行了国家间的排序。请参见图 9.1 中 38 国民众对于美国持积极态度人群的比例。图 9.1 中各国存在极大的差异，在约旦和土耳其两国，对美国总体上存有好感的人仅分别占 13.99%与 19.01%，而比例最高的两国是越南与美国本土，分别为90.84%与 87.94%，仅次于美国本土的是印度和波兰，高达 83.7%与 83.2%。也就是说，在约旦，只有大约十分之一的人对美国存有正面评价，而在越南这样的国家，却只有十分之一的人对美国不存好感。从地区板块来讲，美国在中东北非地区引起的反感最为普遍，在调研的 38 国中有五个中东国家，包括约旦、土耳其、突尼斯、黎巴嫩以及以色列，除了美国在中东最密切的伙伴以色列，其民众对美国的积极评价达到了 73.96%，其他四国比例都位于最低之列，除最低的约旦和土耳其之外，突尼斯 34.55%以及黎巴嫩 35.1%的比例分别排名第四、第五。但是，在中东地区之外，如果我们横向比较各国的情形，却也似乎并不能发现地区性与文化板块因素能很好地解释民众对美国的评价之间存有的差别，各个地区板块内均存有较大的变数。欧洲民众总体看起来对美国的评价或许比想象中要走低不少，其中德国、西班牙以及荷兰三国中对美国持有好感的民众比例只有不到四成，分别为 36.41%、36.88%以及 37.50%，这与突尼斯、黎巴嫩地区的整体格局几乎没有实质性的差别。在欧洲，民众整体上最为积极地评价美国的是意大利，约占 63.6%的份额。英国其次，但在这个一直以来美国依赖的欧洲盟国也只有约一半的民众(55.06%)对美国持有好感。

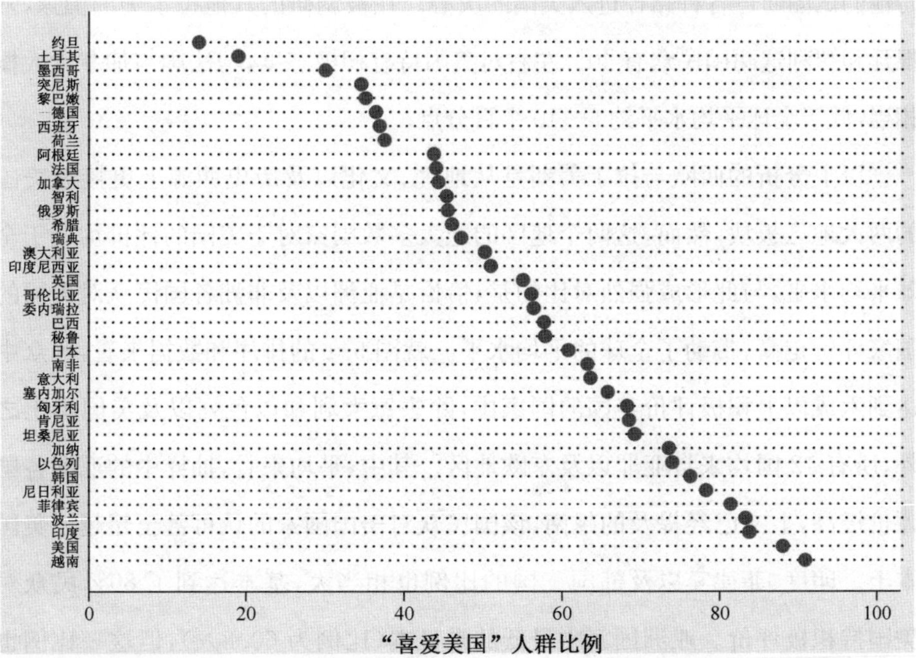

图 9.1　38 国民众“喜爱美国”人群比例(单位:%)

数据来源:“Spring 2017 Survey Data: 38-Nation Survey Conducted February 16 - May 8, 2017,” http://www.pewglobal.org/? post_type=dataset，访问时间：2019 年 3 月 15 日，根据数据中的“fav_US”变量计算而得。

在美国的后院拉丁美洲，各国普通民众对美国的观感也不甚乐观。哥伦比亚、委内瑞拉、巴西以及秘鲁四国是拉丁美洲中对美国国家印象最积极的四国，其积极评价的民众比例大概在56.1%到57.8%之间，大体与全球的平均水平持平。其中，在委内瑞拉，考虑到自乌戈·查韦斯(Hugo Chavez)政府起该国国内高涨的反美情绪以及两国民主发展水平的高度差异，该国民众对美国的正面评价水平似乎超出预料。然而，在与美国接壤的墨西哥，民众对于美国的评价出乎寻常的低，只有约三成的民众正面评价美国，比突尼斯、黎巴嫩还要负面。看起来，墨西哥作为美国除加拿大之外的唯一接壤的国家，历史上的战争、领土摩擦，以及当前面临着大量的非法移民涌入这一被高度政治化的问题，极大地影响着墨西哥民众对美国的观感，尽管这些负面情绪似乎并没有妨碍他们试图通过各种路径进入美国的决心。在被调研的其他拉丁美洲国家，阿根廷和智利这两国民众有40%左右对美国持有积极态度，与法国与加拿大大概相当，低于全球平均水平约5—10个百分点。

以上分析的西欧与拉丁美洲是从地理、文化以及历史渊源上更接近美国的两大地区板块，然而，这两个地区的绝大多数国家对于美国的评价均低于全球平均水平，与此形成强烈对比的是，恰恰是亚洲以及非洲各国民众对美国的国家评价走高，带动了全球的平均水平。就图9.1的排序和数据来看，民众中达到六成以上积极评价美国的国家中，除去意大利和以色列以及美国本土之外，所有12国均来自亚非以及东欧地区。其中，平均来看，抽样中的亚洲各国评价极高，上文已经提及的越南，该国民众对美国国家的认可甚至超越了美国本土。印度、菲律宾以及韩国三国的比例也相当大，基本达到了80%民众对美国持积极评价。亚洲国家中最低的是日本(比例为60.8%)，但这一比例也超越了所有西欧样本国家以及加拿大。因此，从这里的38国样本来看，中国周边邻国对于美国国家的认同度极高，处于全球所有版块中最高水平。这无疑从地缘上对中国与美国的全球互动造成相当的压力。非洲样本国家总体上积极评价美国的平均水平略低于亚洲，其中人群比例最高国家为尼日利亚(78.27%)，最低水平是南非(63.21%)，但普遍来看，塞内加尔、坦桑尼亚以及加纳等国都较为积极地评价美国，都有70%左右的人持正面评价的态度倾向。东欧两个国家匈牙利以及波兰的水平大概与非洲相当，持积极评价的波兰人比例更加走高(83.2%)，匈牙利则在68%。

可见，从全球各国民众对作为主权国家的美国的评价来看，除去中东地区显示出极强的否定评价迹象，似乎其他地区大体上存在“距离产生美”的效应。也就是，在地缘以及文化上与美国相对亲近的西欧、北美国家的民众对美国国家的评价反而持相对谨慎的态度，而地缘上距离远且文化传统不尽一致的亚洲与非洲国家的民众则更加积极评价美国。不过，以上分析基于的问题是对美国作为一个主权国家进行的总体性认知，我们以下继续分析关于美国的其他具体问题，包括对美国人、美国的理念和习俗、美国的民主以及对美国音乐电影等软实力的看法。

表9.2　38国民众对美国人的总体评价①

评价	频次	比例	累计比例
非常喜欢	7 295	17.39%	17.39%
有些喜欢	18 517	44.14%	61.53%
有些不喜欢	7 350	17.52%	79.05%
非常不喜欢	4 348	10.36%	89.41%
不知道	4 132	9.85%	99.26%
拒绝回答	311	0.74%	100%
总数	41 953	100%	

数据来源：根据“Spring 2017 Survey Data：38-Nation Survey Conducted February 16 - May 8，2017”数据中的“fav_American”变量计算而得。

① 以下几个维度的英文原文的表述为：“Please tell us if you have a very favorable，somewhat favorable，somewhat unfavorable or very unfavorable opinion of Americans?”。

表 9.2 中是全球样本下对“美国人”而非“美国”的基本评价，与表 9.1 中的基本格局相比，积极评价美国人的受访者比例(61.53%)超过了积极评价美国的比例(50.77%)。也就是说，在普通人的眼中，美国的国家形象比起美国人民本身要糟糕，美国作为集体意义上的形象的他者评价要低于个体层面的美国人受到的评价。

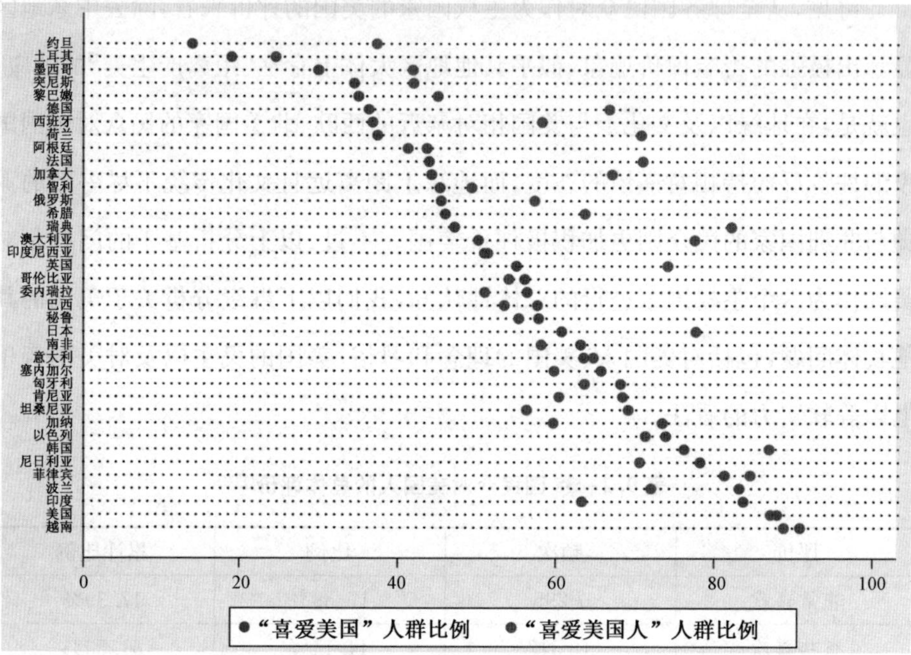

图 9.2　38 国民众“喜爱美国”与“喜爱美国人”人群比例(单位:%)

数据来源：“Spring 2017 Survey Data：38-Nation Survey Conducted February 16 - May 8，2017，” http://www.pewglobal.org/? post_type=dataset，访问时间：2019 年 3 月 15 日，根据数据中的“fav_American”变量计算而得。

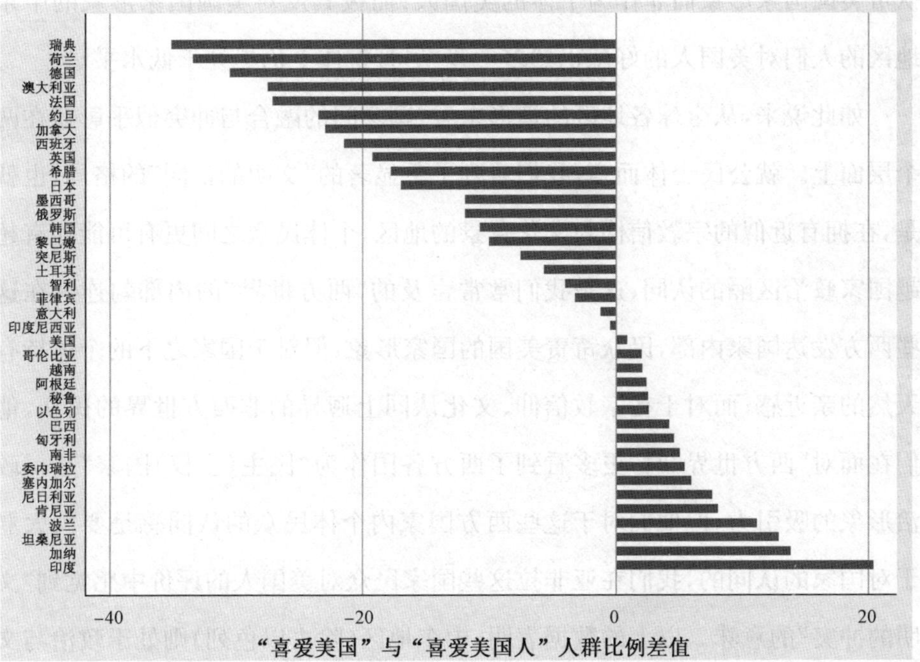

图 9.3　38 国民众“喜爱美国”人群比例与“喜爱美国人”人群比例差值(单位:%)

注:其中数值正值表明更多的人偏爱“美国”,负值表明更多的人偏爱“美国人”。数据来源:Spring 2017 Survey Data: 38-Nation Survey Conducted February 16 - May 8, 2017”, http://www.pewglobal.org/? post_type=dataset,访问时间:2019 年 3 月 15 日,根据数据中的“fav_US” “fav_American”变量计算而得。

图 9.2 中各国人对美国与美国人的评价有着很大的差别。例如,印度人对美国的积极评价的比例高达83.7%,但对美国人的评价却看起来冷淡了很多,只有 63.33%的人给出了肯定态度。而在欧洲的瑞典、荷兰、德国等国家则呈现出完全相反的格局,即这些国家的民众对于美国民众的好感大大超越了美国国家形象,且存在着巨大的差异。例如,在差距最大的国家瑞典(参见图 9.3,同时参见表 9.3 数据),瑞典人对美国人有高达 82.26%的积极评价比例,但只有 47.2%的民众对美国作为一个国家进行积极评价。从图 9.3 中显示的数据来看,身处西欧的发达资本主义国家的民众似乎更加亲近美国人而不是美国作为国家的形象;而身处亚洲、非洲以及拉丁美洲的发展中国家更加

认可美国国家形象而非作为个体的美国人;而极其反对美国国家形象的中东地区的人们对美国人的好感仍然多一些,尽管整体上仍然处于低水平。

如此说来,从全球各地区的情形来看,国家间的融合与冲突似乎彰显在两个层面上。就公民个体而言,我们看到了更显著的"文明的认同"的格局,也就是,在拥有近似的宗教信仰与文化背景的地区,个体民众之间更有可能存有超越国家政治区隔的认同,这是我们常常言及的"西方世界"的内部勾连。在这些西方发达国家内部,民众苛责美国的国家形象,但对于国家之下的个体持有天然的亲近感;而对于在宗教信仰、文化认同上迥异的非西方世界的民众,他们在面对"西方世界"时,更多看到了西方各国作为"民主(主权)国家"这一政治形象的吸引力,但他们对于这些西方国家内个体民众的认同感是要大大弱于对国家的认同的,我们在亚非拉这些国家民众对美国人的评价中感觉到"文明的冲突"的意味。以上的数据表明,中东地区(除去以色列)则处于政治与文明两个层面与美国的双重冲突,无论是对于美国作为国家的评价还是对美国人的亲近感都处在全球的最低水平。

表 9.3 38 国民众对美国、美国人的国别评价(单位:%)

国家	"喜爱美国"人群比例	"喜爱美国人"人群比例	差异
土耳其	19.01	24.69	5.68
约旦	13.99	37.42	23.43
阿根廷	43.71	41.34	−2.37
墨西哥	30.04	41.95	11.91
突尼斯	34.55	42.04	7.49
黎巴嫩	35.10	45.11	10.01
智利	45.36	49.37	4.01
委内瑞拉	56.41	51.00	−5.41

（续表）

国家	“喜爱美国”人群比例	“喜爱美国人”人群比例	差异
印度尼西亚	50.96	51.40	0.44
巴西	57.72	53.51	−4.21
哥伦比亚	56.11	54.09	−2.02
秘鲁	57.87	55.35	−2.52
坦桑尼亚	69.23	56.34	−12.89
俄罗斯	45.51	57.37	11.86
南非	63.21	58.19	−5.02
西班牙	36.88	58.31	21.43
加纳	73.53	59.72	−13.81
塞内加尔	65.80	59.83	−5.97
肯尼亚	68.52	60.45	−8.07
印度	83.70	63.33	−20.37
匈牙利	68.27	63.69	−4.58
希腊	46.03	63.76	17.73
意大利	63.60	64.82	1.22
德国	36.41	66.87	30.46
加拿大	44.30	67.20	22.9
尼日利亚	78.27	70.67	−7.6
荷兰	37.50	70.90	33.4
法国	44.00	71.10	27.1
以色列	73.96	71.40	−2.56
波兰	83.20	72.10	−11.1
英国	55.06	74.24	19.18
澳大利亚	50.21	77.61	27.4
日本	60.80	77.76	16.96
瑞典	47.20	82.26	35.06
菲律宾	81.35	84.57	3.22

（续表）

国家	“喜爱美国”人群比例	“喜爱美国人”人群比例	差异
韩国	76.26	86.97	10.71
美国	87.94	87.13	−0.81
越南	90.84	88.79	−2.05

数据来源：根据“Spring 2017 Survey Data：38-Nation Survey Conducted February 16 - May 8，2017”数据中的“fav_US” “fav_American”变量计算而得。

问卷中仍有进一步关于美国之于全球影响的发问，主要包括三个维度，即如何看待“美国的观念、习俗”在当地的传播，是否喜欢“美国的民主”以及“美国的音乐、影视”。[①] 从图 9.4 的柱状图来看，相对于美国习俗的传播以及美国的民主价值，全球民众总体上对于与流行文化相关的软实力因素更加认同。全球范围内，有 66.01％的民众表示喜欢美国的电影、音乐等，而对于美国

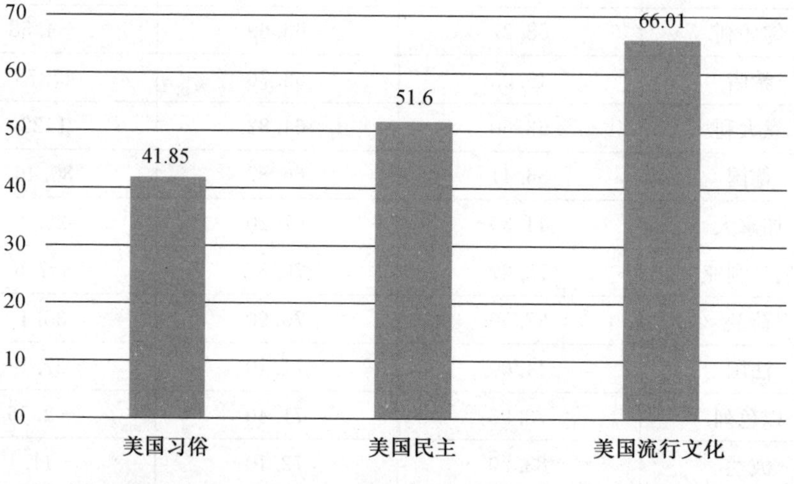

图 9.4　全球民众对“美国习俗”“美国民主”“美国流行文化”的评价(单位:%)

数据来源：根据“Spring 2017 Survey Data：38-Nation Survey Conducted February 16 - May 8，2017”数据中的“American_Customs” “American_democracy” “American_entertainment”三个变量计算而成。

① 原文表述为：“It's good/bad that American ideas and customs are spreading here?” “I like/dislike American ideas about democracy?” “I like/dislike American music，movies and television.”。

民主的看法呈现撕裂状态，大约有一半的人表示喜欢，但另一半人则明确表明不喜欢。但是以上三个维度中，美式习俗的传播招来了最多的反对，只有41.85％的人认同美国习俗在当地的传播。我们来考察国家间的差别。

就美国的流行文化而言(参见图9.5)，即便是在认同度最低的国家，包括塞内加尔、印度、印度尼西亚等国家，其中表示接受的民众也达到了40％左右。反美情绪高涨的中东地区对美国流行文化也表示出了相当的宽容，在约旦、突尼斯，也有超过了四成的民众享受美国流行文化，这一数据在土耳其达到了52％，而在黎巴嫩高达67.12％，这两国的数据有些让人吃惊，但很显然，对于美国流行文化的接受度也展示出了这两个国家勃发的世俗力量在笼罩着浓重的宗教色彩的社会中所占据的地位。美国流行文化在其两个邻国的接受度有着较大的反差。加拿大是全球样本中对美国流行文化接受度最高的国家，有90.47％的加拿大人表示喜爱美国流行文化，这一数值几乎达到了被美国流行文化全面同化的境地。因此，对照此前的数据，加拿大人或许不认同美国的国家形象(这也应和了他们对美国民主的看法)，但对于美国流行文化基本是全盘接受的。但在另一端的邻国墨西哥，对于美国流行文化接受比例为58.89％，尽管这一数据相对于墨西哥人对美国其他方面的评价已经是最高水平，但该数值距离全球的平均值还差7个百分点。总体上来看，对于美国流行文化认同度最高的国家集中在普遍意义上的西方发达国家，西方发达国家中持相对谨慎态度的是法国和希腊，但接受度也均在70％以上。因此，美国流行文化在目前来看，仍然在全球范围内有着较高的影响力，这应该是体现高水平的美国软实力的维度之一。

相对于美国流行文化接受度走高的状态，各国民众对于美国民主的认同(图9.6)则呈现出了谨慎而犹豫的态势。就全球趋势来看，除去日本(73.96％)之外，西方发达资本主义民主国家对于美国民主的肯定程度基本大大低于全球平均水平，其中在法国最低，只有36.52％的人认同美国民主，在

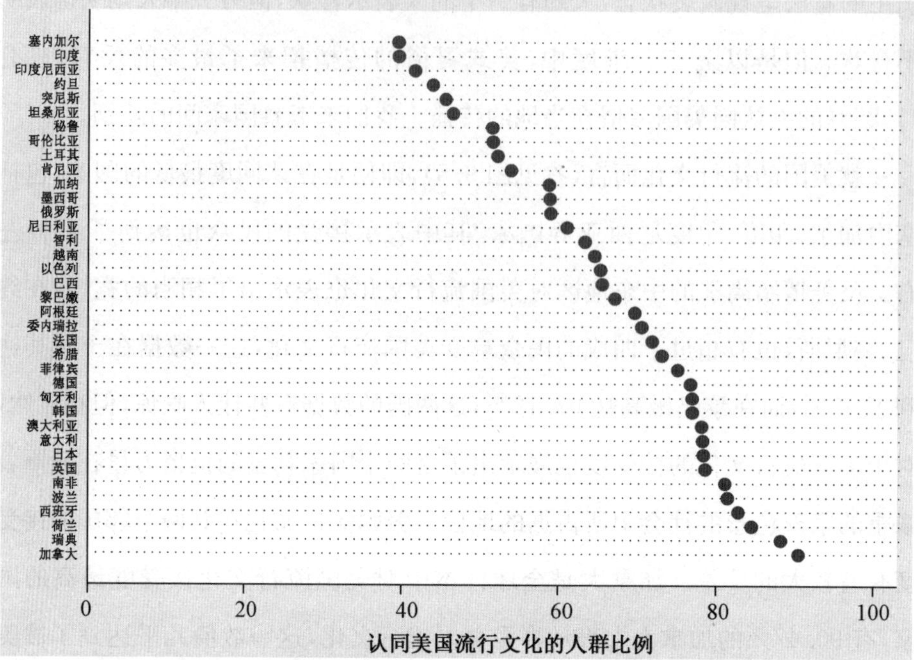

图 9.5　37 国民众对"美国流行文化"的认同程度(单位:%)

数据来源:根据"Spring 2017 Survey Data: 38-Nation Survey Conducted February 16 - May 8, 2017"数据中的"American_entertainment"变量按国家计算而成。

加拿大、德国、瑞士、瑞典等国的认同水平也非常低,只有约 40%,这似乎充分展示了西方民主国家阵营内部对于不同民主理念的分歧。这一格局值得玩味,我们通常认为美国民主往往会在存有强烈的文化差异或者意识形态对立的国家内才会受到较大的阻力,但实际上,数据表明,美国的民主在西方民主国家内部也有相当的争议,所谓的西式民主的意识形态并非铁板一块。无论是远在欧洲大陆的各国还是邻国的加拿大,美国的民主在普通民众中均没有得到压倒性的支持,甚至他们的质疑也只是比极度反美的土耳其、俄罗斯这样的国家稍许弱一点,但在客观水平上几乎没有本质的差异。

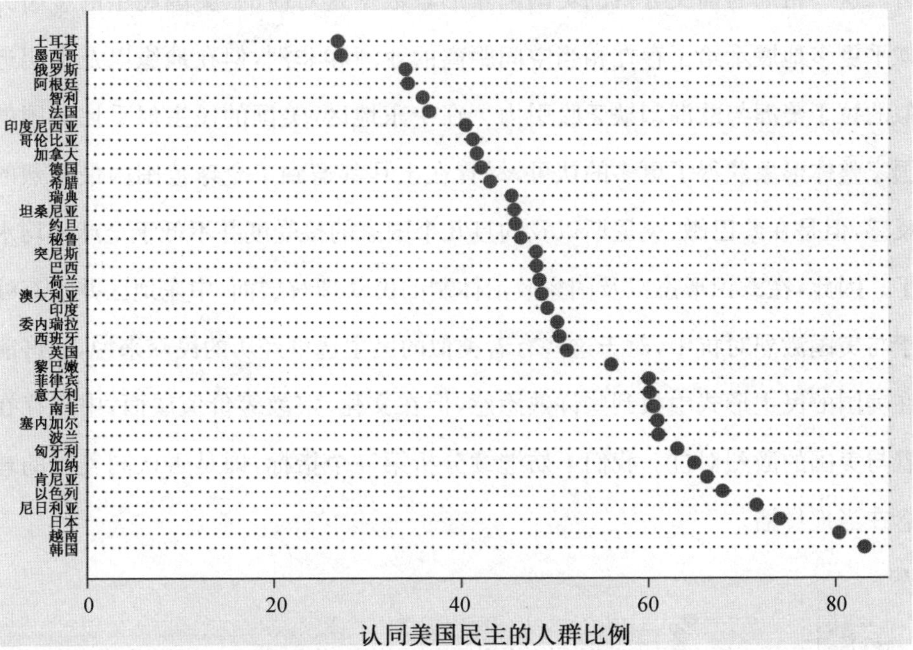

图 9.6　37 国民众对“美国民主”的认同程度(单位:%)

数据来源:根据“Spring 2017 Survey Data: 38-Nation Survey Conducted February 16 - May 8, 2017”数据中的“American_democracy”变量按国家计算而成。

而图 9.6 中的数据表明,在认同美国民主的人群比例达到 60%以上的国家中,除了日本与以色列,其他九个国家,韩国、越南、尼日利亚、肯尼亚、加纳、匈牙利、波兰以及塞内加尔基本上来自亚洲、非洲以及东欧新兴的第三波民主国家,以及社会主义国家越南。这些国家基本都在 20 世纪 90 年代左右在第三波民主化浪潮中进入了选举民主的序列,这也是当年福山所宣称的“历史的终结”的年代,是西方民主价值甚嚣尘上的时期。如今看来,对于这一批经历转型的国家,美国式民主价值得到了相当的认可。不过,拉丁美洲各国作为第三波民主化的重要组成部分,在对美国民主的态度上似乎是个例外:虽然委内瑞拉、巴西和秘鲁基本与世界平均水平持平,但像墨西哥、阿根廷以及智利等国的民众对于美国民主的认同程度非常低,只有三分之一左右的民众表示认可。这一格局与前文分析的美国国家形象数据是对应的，美国民主的吸引力似乎更多地展示给了存在相当空间距离的亚洲和非洲，但在地缘以及文明近似的拉丁美洲与欧洲却缺乏吸引力。在中东地区，美国的民主似乎比美国的国家整体形象获得了更多的认可，尽管在土耳其遭到了全球范围内最强烈的反感，但是在黎巴嫩、突尼斯以及约旦几个国家的接受度并不低于全球平均水平。因此，在意识形态以及国家政治体制的民众理解层面，中东地区并没有处于与美国激烈对抗中，对于这些有着类似的民主选举经历的民众来说，或许能在美国的民主形式中找到些许熟悉感，但在文化、宗教等价值层面，中东存在着与美国的激烈对抗。我们不妨继续分析第三个指标，即是否认同美国的理念在当地传播。

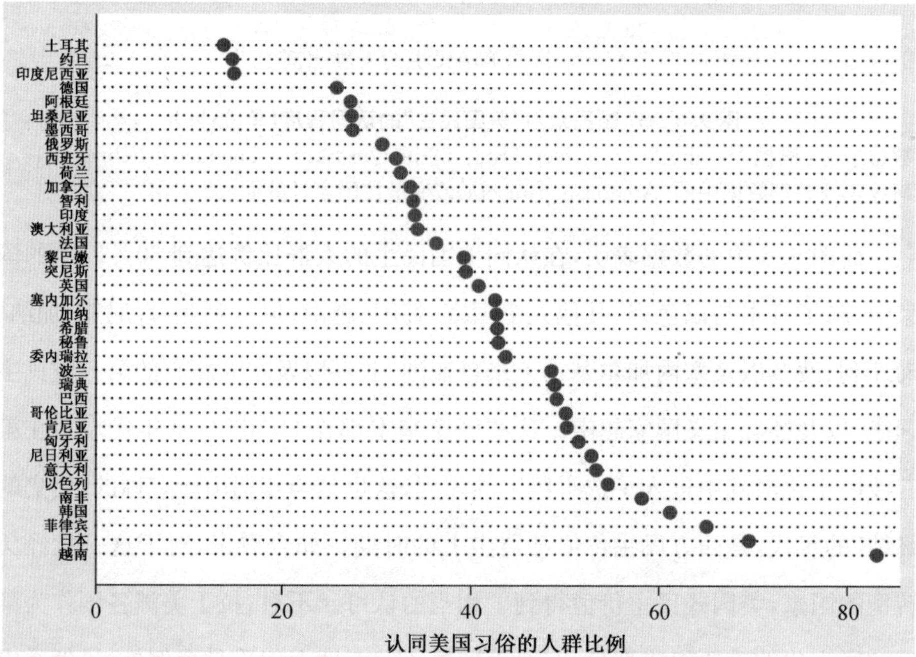

图 9.7　37 国民众对“美国习俗”的认同程度(单位:%)

数据来源：根据“Spring 2017 Survey Data：38-Nation Survey Conducted February 16 - May 8，2017”数据中的“American_customs”变量按国家计算而成。

与美国流行文化以及美国的民主理念相比，对于美国习俗在当地的传播，除了亚洲地区儒家文化圈，各国人民表现出了相对较低的热情（参见图 9.7）。在亚洲地区，拥有近 90%穆斯林人口的印度尼西亚表示了对美国习俗传播的高度抵制，只有 14.79%受访者认同传播，印度的比例也不高，约为 34.01%。但在宽泛意义上的儒家文化圈的各个国家中，越南、日本、菲律宾以及韩国，应该说绝大部分当地人是明确表示欢迎美国习俗的扩散的，尤其是越南，比例高达 83.14%。儒家文化对包括美国文化在内的外来文化的宽容在数据中凸显了出来，当然越南人似乎展示出除儒家文化的宽容心态之外对美国习俗特殊的亲近。在全球范围内，这一维度上，除了儒家文化圈展示出一定的文化板块特质之外，似乎在其他的地区板块中均不能展示出特定的地区板块特征，也就是说地区板块内部不同国家呈现多元化的趋势。例如，在欧洲地区，意大利、瑞典、匈牙利以及波兰几国对美国习俗传播的态度相对宽容，德国、西班牙、荷兰则非常拒斥，尤其在德国，只有 25.72%的人表示认同，这一比例甚至低于坦桑尼亚、墨西哥和俄罗斯。类似的国家间多元化态度的格局也出现在非洲以及拉丁美洲，图 9.7 中的数据至少直观上并没有显示出特定的区域性图景。我们认为，这可能与问题的发问中涉及“当地”(here)的表述有一定的关联，因此，一些非常地方性的社会经济、文化等元素，而非国家层面乃至宏大的大陆板块层面的元素在影响受访者的回答。所以，不同于民主制度、民主观念等与国家形象密切捆绑的概念，对于美国习俗在当地传播的发问可能无法完全呈现出国家层面的影响因素。

那么，全球各国民众对美国作为国家以及美国人的评价与他们对美国流行文化、美国民主价值以及美国习俗的态度这几个维度之间是否存在关系呢？图 9.8 我们给出了一个相对简单的二维拟合图，以国家为分析单位，分别计算以上各个变量的人群比例，然后逐一进行二维拟合并进行比对。图 9.8 的基本格局表明，无论是美国流行文化、美国民主价值还是美国习俗都与他国民众

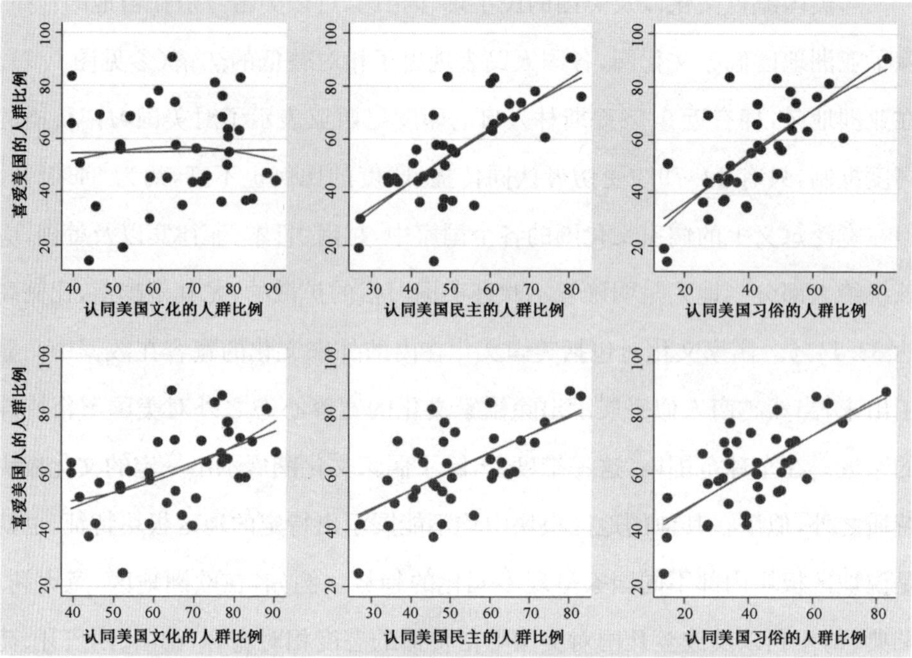

图 9.8 “喜爱美国”“喜爱美国人”与认同“美国文化”“美国民主”及“美国习俗”之间的二维图(单位:%)

数据来源:根据“Spring 2017 Survey Data: 38-Nation Survey Conducted February 16 - May 8, 2017”数据中的“fav_US”“fav_American”“American_culture”“American_democracy”“American_customs”变量按国家计算比例后拟合而成。

对美国人的评价态度有线性的影响关系。从国家层面来看,他国民众对美国作为国家的整体评价与他们对美国民主以及美国习俗的认同呈现正向相关关系,也就是,当一国有更多的民众认同美国民主以及美国习俗的时候,他们对于美国的积极评价也可能走高。政治的意识形态、国家的政治体制在当前以主权国家为主体的国际政治互动中是他者评价一国极其重要的因素。至少以上的数据表明,美国在全球范围内激起认同也好,抵制也罢,美国式的民主价值及习俗的扩散扮演了重要角色。而各国民众对美国流行文化的态度与他们对美国的态度并不存在明显的线性关系,也就是说,各国民众无论认同还是不认同美国流行文化在统计学意义上并不影响他们对美国的评价。回到图

9.4、图 9.5 中全球民众对美国流行文化的认同数据,我们可以说,尽管美国流行文化作为国家软实力之一在全球得到了较高程度的接纳,但这并不一定能够改变各国对美国的积极评价比例,这从某种程度上也显示了国家软实力作用的局限。流行文化的扩张或许能增加对美国人的认同,但还没有明显的实证证据可以将美国流行文化的扩张与国家形象认同联系在一起。我们这里并没有进入受访者个人层面的数据分析,但至少这里的宏观数据表明,尽管美国流行文化在当前有着全球性的广泛传播度,但也不宜过度夸张这一现象对美国国家认同的正面效应。而较难得到认同的美国民主价值及其习俗才更加有助于美国国家形象在全球被接纳。

这里,我们还必须考虑亨廷顿提出的著名的"文明的冲突"理论,这主要从受访者所处的国家的文化背景来思考。以上分析的对于美国的流行文化、民主价值、习俗评价最低的三个国家为土耳其、印度尼西亚以及约旦,这三个国家的穆斯林人口比例分别为 99%、87%以及 95%。而对美国国家整体评价最差的五个国家中有四个国家位处中东,约旦、土耳其、突尼斯以及黎巴嫩。毋庸置疑,宗教文化层面产生的冲突肯定对他们对美国的总体评价形成了直接的影响。然而,这一"文明的冲突"思路似乎无法作过度衍生性解释,我们在所有国家层面的样本中并没有看到严格的对应关系。我们也尝试对这两个变量进行二元拟合,穆斯林人口所占的比例与"喜爱美国"人群比例有些许的负相关关系,但这一关系似乎并不明显。如果具体到国家案例或许这一关系更加复杂,例如,在非洲大陆的塞内加尔(穆斯林人口约占 92%)以及尼日利亚(穆斯林人口约占 48%),对于美国的评价仍然呈现出了比较积极的态势。而且,上文的分析中西欧各国对于美国的谨慎评价也让我们看到了文化认同之外的元素对国家间认同的影响。在所有国家中,墨西哥或许展示了一个文化之外的非常独特的观察视角。作为美国两个交界国之一,墨西哥在所有维度上对于美国、美国人、美国的文化以及美国的民主都给出了全球范围内最低水平的评价。或许因为历史上的领土争执与战争以及当下在移民问题、经济等领域内的直接交锋，墨西哥对于这个二战后一直拥有全球霸权的发达民主国家似乎极度反感。这无疑一定程度上否定了不同主体间的交往会产生理解与宽容的理论，交往同样也可以滋生质疑与冲突。因此，不仅仅是不同文明之间的冲突，经济社会发展的方方面面所产生的差距与隔阂、政治制度的差别、直接利益的冲突均有可能影响到国家间的评价与认同。

第十章
欧盟十国民意调查

在过去几年中，伴随着英国脱欧风潮，欧盟的运作问题成为关注的焦点。皮尤数据从 2017 年的调研开始涉及德国、英国在欧洲的欢迎度，到 2018 年全面对欧盟进行了相关评估，这两组数据给我们提供了欧洲民众的不少相关信息，我们将以此进行分析。在 2017 年的数据中，在受访的十个欧洲国家，①受访者被要求对欧洲地区的两个国家进行评价：德国以及英国。数据表明，德国和英国这两个老牌的资本主义大国在欧洲整体上还是比较受欢迎的，分别有 75.17%以及 69.23%的受访者明确表示“非常认同”或“认同”德国与英国。当然，我们更为感兴趣的是各国评价之间的差异。图 10.1 表明，在调研的欧洲十国中，包括德国本国在内，有八个国家的人对德国的好评度在 70%以上，其中荷兰和瑞典两国民众对德国的评价比德国人自身还要正面，几乎所有荷兰人(94.89%)和瑞典人(93.61%)表示青睐德国。法国、英国、西班牙以及东欧的波兰和匈牙利的国民也对德国基本持压倒性的正面评价。

① 俄罗斯作为横跨欧亚大陆的国家，稍后单独进行分析。

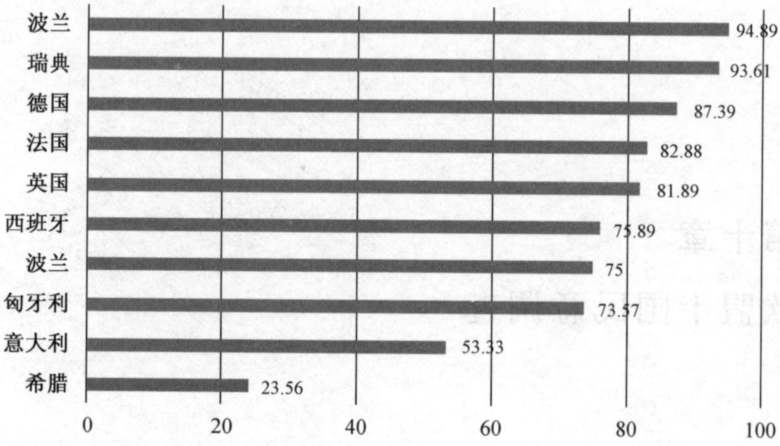

图 10.1　欧洲十国"喜爱德国"人群比例(单位:%)

数据来源:根据"Spring 2017 Survey Data: 38-Nation Survey Conducted February 16 - May 8, 2017"数据中的"fav_Germany"变量按国家计算而成。

但是在欧洲有两个国家的国民对德国的评价耐人回味。意大利只有 53.33%的人积极评价德国,最负面的评价来自希腊,只有 23.56%的希腊人给出了正面的答案,与其他欧洲国家形成了极大的反差。尽管没有直接的数据支持,但这一格局基本对应了欧盟内部纷争的状态。2008 年金融危机之后,希腊的债务危机一度将欧元区推向了崩溃的边缘,德国作为欧盟的主导国家与之产生的冲突并非新闻,因此,希腊人对德国的"差评"似乎也在情理之中。当然,我们要看到,自金融危机以来到进行调研时,已经过去了十来年。从该数据中可以看出,在金融危机逐渐隐退之后,欧盟各国对其他国家的基本认知并没有随之消散,早先的嫌隙仍然存在。应该说,图 10.1 中各国民众对德国的评价实际上从某种程度上展示了各国对德国主导的欧盟体系认同程度的基本状况。我们再来看另一个已脱欧的国家——英国。

上文已经提到,从欧洲整体水平来看,欧洲民众对于德国和英国的评价相差无几,但是,如果我们仔细对照图 10.2 以及图 10.1,就可以看到欧洲各国对两国评价的巨大差异。图 10.2 中的数据表明,欧洲十国对英国评价最积极

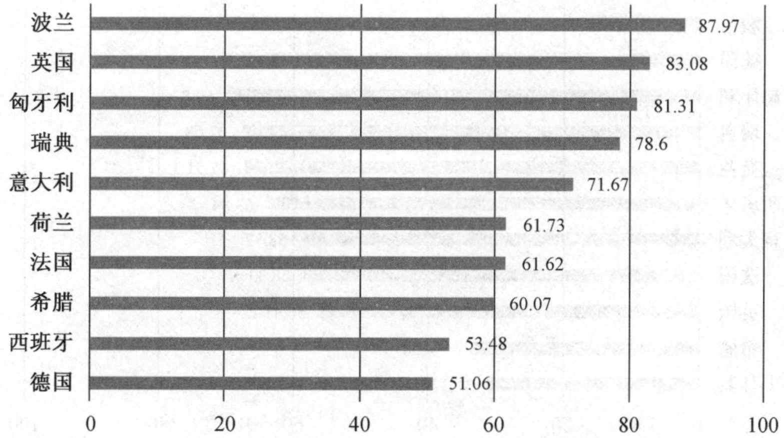

图 10.2　欧洲十国"喜爱英国"人群比例(单位:%)

数据来源:根据"Spring 2017 Survey Data: 38-Nation Survey Conducted February 16 - May 8, 2017"数据中的"fav_Britain"变量按国家计算而成。

的三国是东欧的波兰、匈牙利以及英国本土。看起来,西欧各个资深的欧盟成员国对于英国的评价似乎比新近民主转型并加入欧盟的东欧国家显得谨慎很多,这尤其显示在西班牙和德国两国的数据上。鉴于西班牙和英国自殖民时代以来长期的争执,西班牙人的谨慎评价似乎倒也不太意外,而德国人作为欧洲最负面评价英国的民众倒是令人玩味。一个是欧盟的主导国,另一个是在几番周折后已经成功脱欧的国家,我们回头来看,德国民众早就对英国存有质疑。尽管图 10.1 中的数据表明,80%以上的英国民众仍然积极评价德国。皮尤 2017 年的数据并没有针对更多的欧洲国家展开发问,但在对德国与英国两国的评价中我们似乎感受到作为最为重要的国家间合作机制"欧盟"中各国的博弈。我们不妨继续来讨论各国对欧盟的基本看法。

总体上来说,在 2017 年欧洲十国加上土耳其共 11 国民众中对欧盟持积极或者十分积极评价的比重达到了 60.16%,如果去除土耳其,其比例为 63.15%,尽管有所上升但欧盟也并没有得到压倒性的支持,而国家间的差别更加具体地呈现出欧盟内部国家间的认同差异。图 10.3 中的数据表明,调研

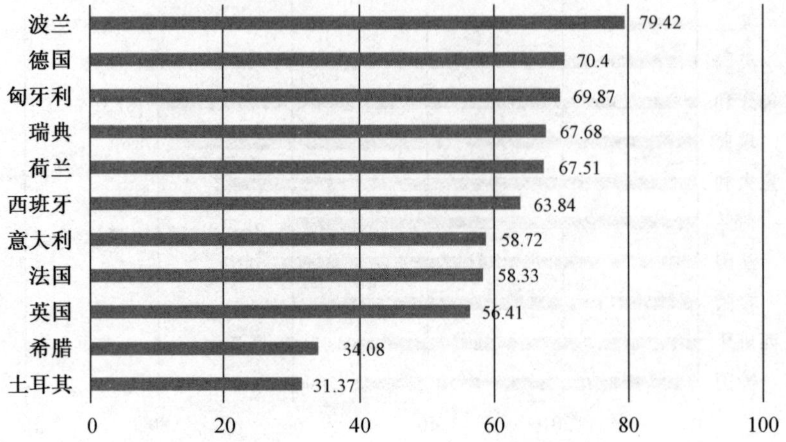

图 10.3　欧洲十国及土耳其“喜爱欧盟”人群比例(单位:%)

数据来源:根据“Spring 2017 Survey Data: 38-Nation Survey Conducted February 16 - May 8, 2017”数据中的“fav_EU”变量按国家计算而成。

的 11 个国家中,当时对欧盟最支持的三个国家分别是波兰、德国以及匈牙利,也就是说相比较于早先加入欧盟的大部分成员国,新近进入的东欧国家的欧盟认同程度是更深的。当然,德国是欧盟主导力量,欧盟在德国国内得到了大部分民众的支持。相反,希腊国内民众认同的程度是现有欧盟国家中最低的,只有 34.08%的人表示认同欧盟,该水平与广受争议且尚未加入欧盟的土耳其基本相当,该数据与图 10.1 中对德国的基本评价是相互对应的,希腊人对德国的评价与对欧盟的认同程度紧密联系在一起。不过,这种对应关系并不存在于英国民众之中,图 10.3 中英国有 56.41%的民众仍然认同欧盟,尽管是除去希腊之外认同度最低的国家,但在脱欧基本已成定局的当下,仍然有超过半数的英国民众表达了对欧盟的认同,这让我们看到了英国本土在脱欧问题上存在的裂痕。但是,对应图 10.1,不同于希腊,英国民众对德国的评价与对欧盟的认同程度应该是脱钩的,尽管有近一半的英国民众质疑欧盟,但对德国的积极评价却是压倒性的。我们看到,在图 10.3 中,与英国民众认同欧盟程度大体相当的还有法国(58.33%)和意大利(58.72%),这与图 10.1 中的数据大体对应，这无疑让人产生了担忧，是否法国、意大利也会在欧盟内部产生类似于英国的离心力呢？近期的各种分析文章表明，继希腊之后，意大利似乎有成为欧元区第二个希腊的迹象。意大利民粹主义政府的支出计划已经让投资者开始担心会引发新一轮的债务危机，成为欧元区的另一支离心力量。[①]这一格局也让我们看到了意大利的国内状况与以德国为主导的欧盟体系之间的潜在冲突，这似乎已经在图 10.1、10.2 的民调数字中有所体现，尽管我们说意大利民众对德国、欧盟的评价绝不仅仅源自经济政策的冲突。总体上来看，相对于对国家评价的格局，各国对于欧盟的看法的国别差异较小，希腊之外，其他各国的最高值与最低值之间也只有 23 个百分点的差异，对于欧盟，应该说超过半数欧洲民众总体上是支持的，但也并不形成压倒性共识。不过以下 2018 年皮尤关于欧盟更为详细的调研数据似乎体现了比 2017 年稍微悲观的情景。当时正值英国脱欧问题甚嚣尘上，2018 年的皮尤系列数据对欧盟问题进行了更加详细的追问。除去在以上各国（土耳其在 2018 年没有进行调查）调查民众是否认同欧盟之外，还加入了民众对欧盟在经济发展、移民、脱欧方面工作的评价以及他们对欧盟所带来的各方面的具体影响的态度。

2018 年皮尤中心的"全球态度"调查对欧洲地区增加的问题包括，是否认同欧盟对经济、脱欧以及难民问题的处理，[②]是否赞同欧盟带来和平、繁荣以及民主，而且摸底了受访者对欧盟与所在国家之间关系的基本态度，提问欧盟是否满足了所在国的需求，是否明显干扰了所在国以及是否认为欧盟运作低

---

① Jack Ewing and Jason Horowitz, "Why Italy Could Be the Epicenter of the Next Financial Crisis," *The New York Times*, October 12, 2018, https://www.nytimes.com/2018/10/12/business/italy-debt-crisis-eu-brussels.html，访问时间：2019 年 1 月 3 日。

② 英文原文表达为："Do you approve or disapprove of the way the European Union is dealing with [insert item]? a. European economic issue; b. the refugee issue; c. the United Kingdom leaving the EU, also known as Brexit."。

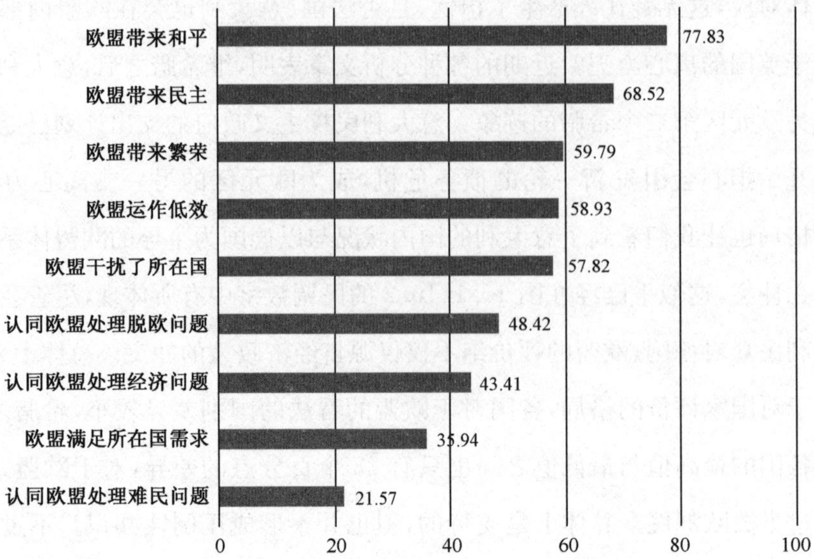

图 10.4　欧盟十国对欧盟的评价(单位:%)

数据来源:"Spring 2018 Survey Data," https://www.pewresearch.org/global/dataset/spring-2018-survey-data/,访问时间:2020 年 3 月 3 日。

效①(参见图 10.4)。我们将这几组问题进行了混合处理,一并将各国民众的态度在图 10.4 中进行了排序。数据表明,欧洲各国民众对欧盟最为认同的三项是认为欧盟可以带来和平(77.83%)、民主(68.52%)与繁荣(59.79%)。而其他各项均情况堪忧,尤其是在欧洲应对难民问题、回应各国民众的诉求以及经济问题上。认同欧盟较好处理难民问题的民众仅有 21.57%,也就是总体上欧盟国家中近 80%民众完全不支持欧盟对难民问题的处理。这也突显了民众这些年在欧洲日趋严重的难民问题上对欧盟的失望。相比较而言,对于经济问题以及脱欧问题的认同趋势稍显积极,有 43.41%和 48.42%的人满意经济与脱欧问题的处理,但在这两个议题上持积极态度的民众均没有过半。

① 英文原文表达为:"Do you think the European Union [insert item]? a. promotes peace; b. promotes prosperity; c. promotes democratic values; d. understands the needs of (survey country nationality) citizens; e. is intrusive; f. is inefficient."。

而对于欧盟与各个所在国的关系上，欧洲民众的评价基本是压倒性的消极状态，只有35.94%民众认为欧盟能够满足所在国民众的需求，分别有58.93%、57.82%的人认为欧盟运作低效且有“侵入”所在国的趋势。该图的基本格局表明，欧洲民众对于欧盟的态度呈现出理想与现实的分化，即，在理念上仍然认同欧盟可以带来和平、民主价值提升乃至地区繁荣，但对于欧盟在具体经济、难民、脱欧议题上以及与各国互动关系的现实运作的评价却是尖锐批判且态度悲观。以下会具体呈现各国在不同维度上的差别，但图10.4呈现的整体格局似乎已经点出了欧盟诸多实际运行中存在的棘手问题，尽管关于该组织的理想主义色彩似乎已经渗透到欧洲各国的普通民众中。

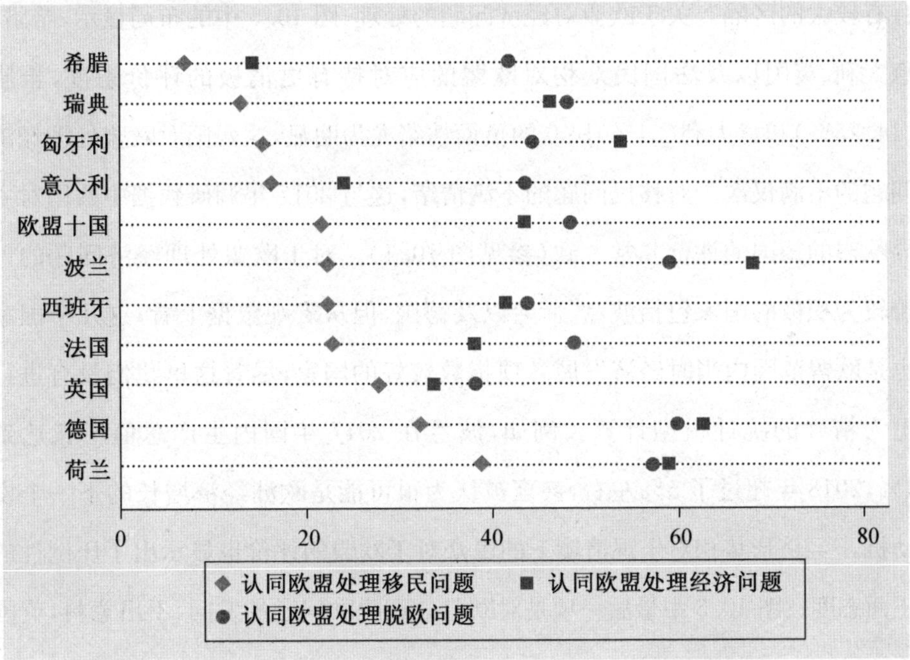

图10.5　欧盟十国民众对欧盟处理经济、移民、脱欧问题的评价（单位：%）

数据来源：“Spring 2018 Survey Data,” https://www.pewresearch.org/global/dataset/spring-2018-survey-data/，访问时间：2020年3月3日，利用该数据中的“eu_approve_econ”“eu_approve_refugee”“eu_approve_brexit”变量。

图 10.5 是欧盟十国民众对欧盟处理经济、移民以及脱欧问题评价的国别差异展示，并按照对处理移民问题的态度由低到高进行了排序，同时也包含了十国的平均水平。首先从对移民问题的评价来看，希腊民众对欧盟的负面评价最为严重，只有 7%的受访民众对欧盟的处理表示了认同，这几乎达到了全体希腊民众都不满欧盟对移民问题处置办法的水平。低于十国平均满意水平的四个国家分别为希腊、瑞典、匈牙利以及意大利，尽管这四个国家并不是欧洲各国中移民涌入最多的国家，[①]却受到难民问题的较大冲击，尤其是希腊这个非法移民的前沿。数据表明，这几国民众将难民问题造成的困扰很大程度上归咎于欧盟处置不当，这与同样经受难民问题困扰的法国、德国民众的态度存有较大的区隔。关于欧盟对经济问题的处理，图 10.5 中的布局显示，希腊、意大利、英国以及法国民众均对欧盟的应对持有更消极的评价态度，希腊(14.23%)和意大利(24%)民众的负面情绪尤为明显，这两国对欧盟处理经济问题的不满仅次于对移民问题的不满情绪，这与 2017 年调研数据中两国对主导欧盟的德国的评价非常一致(参见图 10.1)。对于欧盟处理经济问题的评价较为积极的国家包括波兰、荷兰以及德国，但从宏观数据上看，这几个国家也是欧盟范围内当时经济发展各项指数较好的国家，尽管这里我们没有进行更为精确的统计模型计算。例如，波兰在 2017 年国内生产总值增长达到 4%，2018 年超过了 5%左右，甚至被认为很可能是欧洲经济增长的下一个发动机，[②]经济形势相对乐观情境下的民众对于欧盟的评价也显示出了压倒性的正面态度。图 10.5 中最后一项是对欧盟处理脱欧问题的发问，不出意料，英国

---

① Eurostat, "Migration and Migrant Population Statistics," https://ec.europa.eu/eurostat/statistics-explained/index.php/Migration_and_migrant_population_statistics，访问时间：2020 年 5 月 30 日。

② "The Next Economic Powerhouse? Poland," *The New York Times*, July 5, 2017, https://www.nytimes.com/2017/07/05/opinion/poland-economy-trump-russia.html，访问时间：2020 年 5 月 30 日。

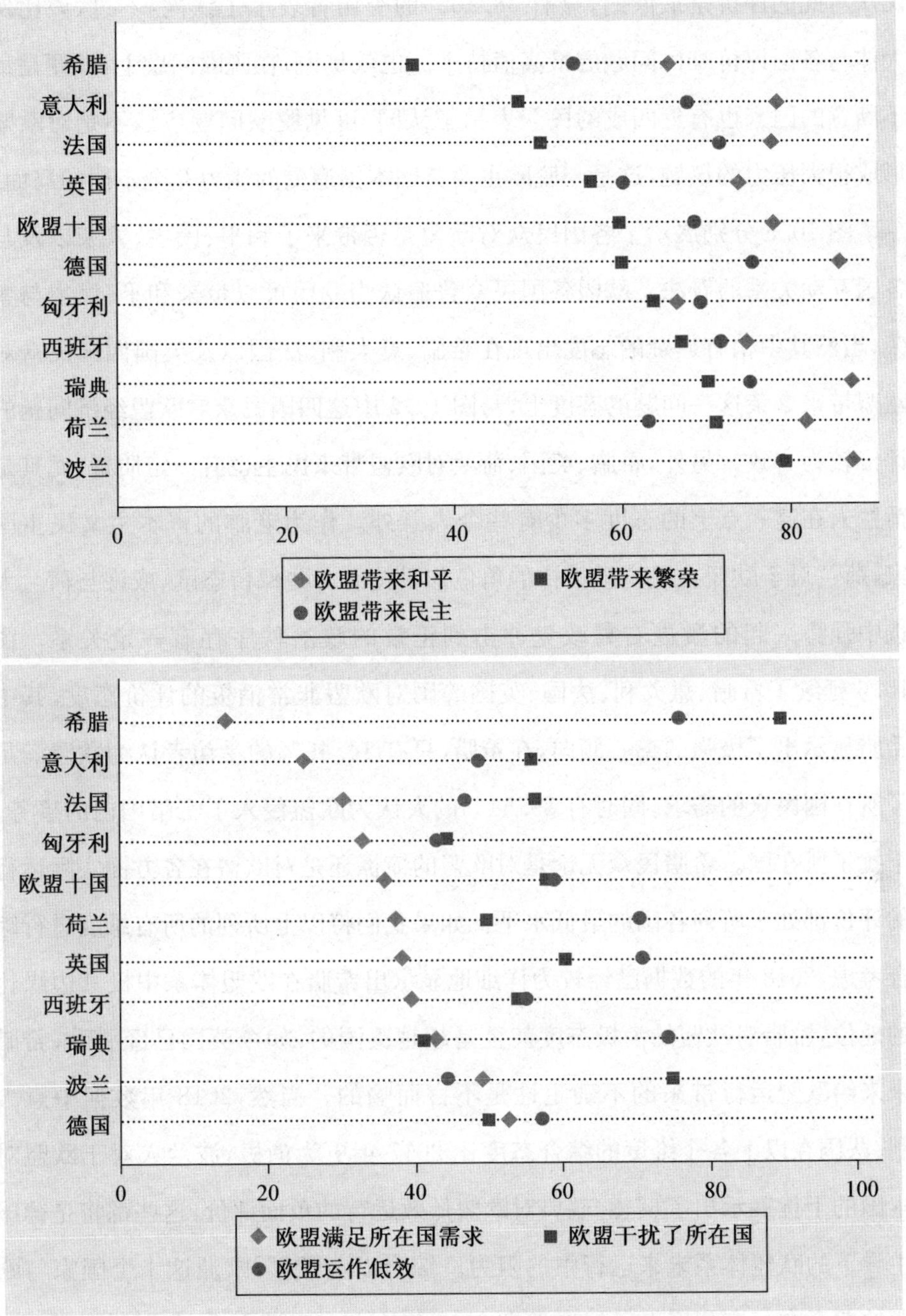

图 10.6　欧盟十国民众对欧盟的愿景及与本国关系评价(单位:%)

数据来源:"Spring 2018 Survey Data," https://www.pewresearch.org/global/dataset/spring-2018-survey-data/,访问时间:2020 年 3 月 3 日。

民众对此的评价是最低的，只有 38.16%的受访者表示了认同，不过，该比例大体与各国评价难民问题的最高值持平。也就是说，在脱欧问题上，即便是最不满意的国家也有近四成的民众表示了认同，可见脱欧问题应该不是对欧盟形成很大压力的议题，这是与脱欧主角英国本国遭受的压力完全不同的局面。

图 10.6 分别展示了各国民众对欧盟是否带来了和平、民主、繁荣以及与各国互动关系的看法。欧盟各国民众普遍认为欧盟可以带来和平、民主与繁荣，当然其中稍有迟疑的态度出现在希腊、意大利、法国以及英国四国民众对欧盟带来繁荣这一问题的态度上，与图 10.5 中这四国民众对欧盟经济问题的评价较为一致。另外，希腊、英国、荷兰对欧盟带来民主也有一定质疑，尤其是荷兰人在这一点上的态度多少有些令人意外。作为老牌的资本主义民主国家，荷兰对于欧盟在民主政治中的角色似乎持有一些保留态度，或许与荷兰大选中强势兴起的激进右翼政党冲击到正常的政治秩序存有一定关系。图 10.6 延续了希腊、意大利、法国、英国等国对欧盟非常消极的评价态度，其中希腊显示出了极强的离心倾向，在希腊，只有 14.49%的受访者认为欧盟满足了所在国民众的需求，同时有 89.54%的人认为欧盟侵入了希腊国内的事务、干扰了所在国。希腊民众无论是对欧盟的憧憬还是对欧盟在各方面实际运行的评价都处于所列各国的最低水平。如果我们将以上所列的所有维度进行综合考虑，2018 年的数据已经较为详细地显示出希腊在欧盟体系中极其边缘化的地位，希腊对欧盟的消极态度甚至是超越英国的，如今英国已经脱欧，希腊未来给欧盟运行带来的不确定性是不言而喻的。当然，2018 年数据中意大利、法国在以上各个维度的综合态度比 2017 年更为消极，波兰人对于欧盟对本国的干扰展示出了反感，瑞典对欧盟低效运行的负面评价，这些都将是德国主导下的欧盟体系未来运行中的阻力。综合以上数据，欧洲这十个国家与欧盟的关系在一定程度上已经展示在 2018 年皮尤态度调查中，我们看到了欧盟的运行受制于自身运作与各国国内形势的双重影响。尽管民意以及国际形势

时刻经历着变化，随着难民危机的缓解以及经济形势的好转，各国对于欧盟的态度完全有可能有积极的走向，但数据中暴露的问题也展示出当前欧盟运行的艰难。或许，我们过多讨论欧盟解体的风险过分悲观，但像希腊这样的国家带来的离心力倾向却是不容忽视的。民众普遍在理想层面对欧盟的积极评价无疑有助于欧盟继续前行，但切实处理好难民问题、协调欧盟各国经济发展才是欧盟维系长久运作的当务之急。

第十一章

中东、拉丁美洲以及亚太七国

中东地区

一直以来中东地区局势复杂，诸多双边、多边国家关系纵横交错，相互纠缠，地区的不稳定性也给调研带来了一定的困难。皮尤数据中心 2017 年在中东北非地区五个国家——以色列、约旦、黎巴嫩、突尼斯以及土耳其展开调研，主要针对伊朗、土耳其以及沙特阿拉伯三个国家，因此该地区都是针对调研国之外国家的评价，未能在伊朗、土耳其及沙特获得相对应的数据。尽管如此，我们仍然能看到中东地区国家间复杂而分化的民众立场。从整体的数据来看，对于伊朗的评价是整体水平最低的，仅有 21.8%的人表明“非常喜欢”或“有些喜欢”伊朗；而中东五国民众对沙特阿拉伯以及土耳其的正面评价比例分别为 51.94%以及 58.06%。鉴于该地区宗教派别的复杂，我们有必要展示五个国家间的差别。

首先看伊朗，在五国中，对于伊朗的评价有着极大的国家间差别，最负面的评价来自约旦民众，只有 3.99%的约旦人喜欢伊朗，而在黎巴嫩这一比例能够达到 45.13%。这一格局应该与伊斯兰世界中什叶派与逊尼派的分野有着直接的关系。伊朗作为伊斯兰世界最大的什叶派国家，全国有超过 95%的什叶派信徒，在所调研的五国中，只有黎巴嫩的什叶派人口占据了 25%的比例，大概与逊尼派相当，而其他四国均只有极少部分的什叶派人口。因此，在对伊朗的评价中，不同宗教信仰之间以及宗教内部派别之间的对抗非常清晰地呈现出来(参见图 11.1 的数据)。

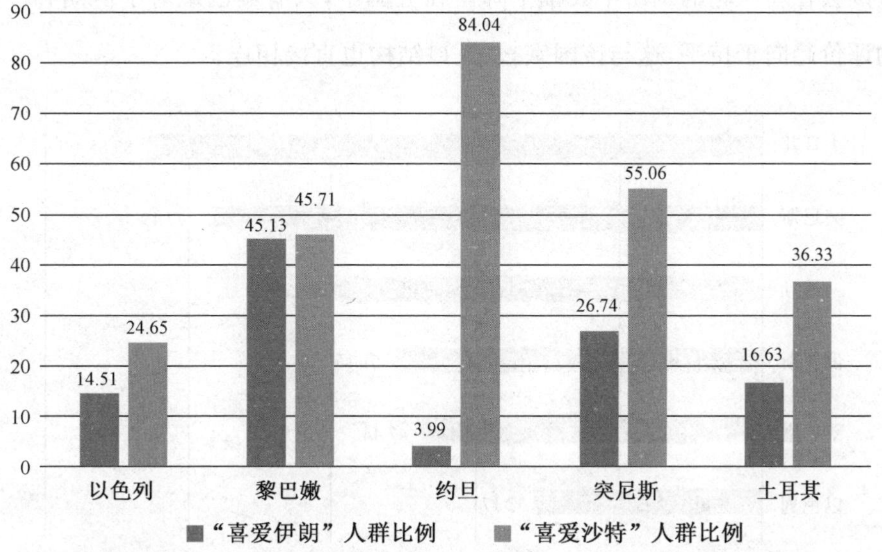

图 11.1　中东五国民众“喜爱伊朗”与“喜爱沙特”人群比例(单位:%)

数据来源：根据“Spring 2017 Survey Data：38-Nation Survey Conducted February 16 – May 8，2017”数据中的“fav_Iran”“fav_Saudi”变量按国家计算而成。

图 11.1 同时呈现了中东五国民众对沙特阿拉伯的看法。首先，五国民众中对沙特评价最为消极的是以色列，只有 24.65%的民众表示认同沙特，但这一数值比起以色列人对伊朗的评价仍然高出了 10 个百分点。而对沙特最积极的评价来自约旦民众，这也是图 11.1 中最醒目的对比，约旦民众在伊朗与沙特阿拉伯之间可谓爱憎分明：一方面只有不到 4%的人认同伊朗，另一方面却有 84.04%的人认同沙特，应该说在约旦，民众是以一边倒的姿态亲近沙特阿拉伯、反对伊朗，这仍然可以在约旦 95%的逊尼派人口结构中得到解释。

在其他三个国家，土耳其、突尼斯以及黎巴嫩显示出不同的格局。首先在突尼斯，有较高的沙特阿拉伯支持率，超过了半数(55.06%)的民众认同沙特，也大大超过了该国民众对伊朗的评价。土耳其人对沙特阿拉伯的评价也好于伊朗，但是仍然是谨慎的，只有约三分之一的民众持积极态度。联系 2018 年发生在沙特驻土耳其领事馆震惊世界的屠杀记者事件，土耳其人对沙特的评价应该会在新一轮的调研中大幅下降。在五国中，只有黎巴嫩对于伊朗和沙特的评价趋向于持平，这与该国宗教、人口结构也直接相连。

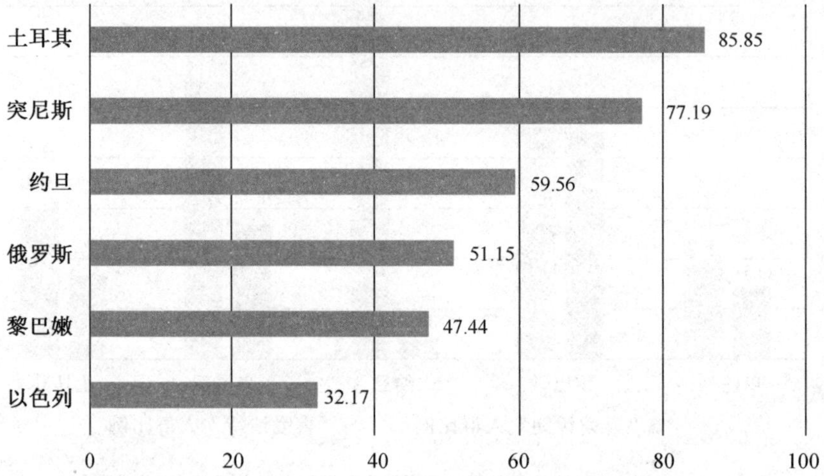

图 11.2　中东五国及俄罗斯对土耳其的积极评价(单位:%)

数据来源：根据“Spring 2017 Survey Data：38-Nation Survey Conducted February 16 - May 8，2017”数据中的“fav_Turkey”变量按国家计算而成。

图 11.2 中加入了对土耳其的评价，并增加了俄罗斯民众的数据。从图 11.2 来看，土耳其在各国受到的评价能够对应到上文提到的各国整体评价数据 58.06%，也就是说，土耳其相对于伊朗以及沙特，在中东各国普遍受到了更积极的评价。土耳其本国人的自我评价自然最高(85.85%)，但土耳其在其他各国的接受度也不错。在突尼斯、约旦以及俄罗斯都有超过半数的民众积极评价土耳其，其中突尼斯的数值高达 77.19%，土耳其成为被调研国中最受突尼斯民众青睐的国家。黎巴嫩人的总体评价在不同国家间仍然是平衡的，

对于伊朗、沙特以及土耳其都维持在 45%上下。在所有国家中对他国评价最消极的是以色列，尽管以色列人对土耳其的态度比对伊朗和沙特要好些，但也只有 30%的民众表示肯定。

因此，中东地区各国与他国之间的相互评价呈现出非常复杂且多变的格局。至少从这些抽样的国家来看，每一个国家都似乎存在不同的特征。例如，与我们的基本常识一致，以色列作为中东地区伊斯兰国家包围下的特殊存在，该国民众对周边几乎所有国家的评价都不高。尽管我们这里分析的数据中没有中东地区的穆斯林对以色列的评价，但其他的调查表明，这样的不接纳实则是互相的，犹太人在穆斯林眼中也非常不被认同。① 而在约旦，其鲜明的特征是对不同国家有着截然不同的看法，两极分化、非常极端。黎巴嫩则从总体上显示出对不同国家非常均衡或者说比较分裂的看法，既没有以色列人对周边所有国家的普遍警惕，也没有约旦人爱憎分明的集体性一致表达。在黎巴嫩，从人口结构上来看，穆斯林约占人口的 54%，其中逊尼派和什叶派各占一半，各宗派的基督徒共占人口的 40.5%，人口结构上存在一定的平衡，与逊尼派穆斯林高达 90%的约旦有巨大的结构性差异，这样的结构性差异也典型地反映在对中东邻国的评价当中。图 11.2 中另外两个国家土耳其和突尼斯在这次调研中显示出了比较近似的格局，当然突尼斯人对于沙特更加亲近。土耳其和突尼斯基本上全体人口均信仰伊斯兰教，且突尼斯几乎是清一色的逊尼派穆斯林，并将伊斯兰教定为官方宗教。因此，相对于从凯末尔革命开始世俗化的土耳其来说，突尼斯社会应该具有更浓厚的伊斯兰宗教底色，这或许能够一定程度上解释突尼斯对沙特更高水平的认同。不过，突尼斯在 2011 年的革命后进入了民主化的轨道，与实践着代议制民主的土耳其在政治体

① Michael Lipka, "Muslims and Islam: Key Findings in the U. S. and the World," *PEW Report*, August 9, 2017, http://www.pewresearch.org/fact-tank/2017/08/09/muslims-and-islam-key-findings-in-the-u-s-and-around-the-world/, 访问时间：2019 年 1 月 20 日。

制上更加靠近，也成为伊斯生世界的民主国家。两国在宗教背景与政治体制上的相似似乎可以在一定程度上解释他们的国民对中东其他国家较为近似的看法。

拉丁美洲

在拉丁美洲，皮尤 2017 年的调研在七个国家主要围绕对古巴的看法展开，并调查了美国人对墨西哥的看法。我们先简要讨论墨西哥。回到上文中对美国的讨论中涉及墨西哥的部分，我们看到了这两个国家的民众对彼此较为不同的评价。对比图 9.1 中墨西哥民众在 38 国中对美国极低的评价(30.04%认同美国)，美国人民对邻国墨西哥的评价却是温和而比较善意的(参见表 11.1)，共有 65.52%的人表示非常喜欢(18.34%)或者比较喜欢(47.18%)墨西哥，只有大约 29%的人表达了对墨西哥的负面评价。而且，进一步的数据显示，这种近七成的美国人对于墨西哥积极评价的格局并不是因为其包含拉丁裔的人口结构。

表 11.1　美国民众对墨西哥的评价

请回答：你是否________墨西哥？	频次	比例	累计比例
非常喜欢	276	18.34%	18.34%
有些喜欢	710	47.18%	65.52%
有些不喜欢	300	19.93%	85.45%
非常不喜欢	148	9.83%	95.28%
不知道	49	3.26%	98.54%
拒绝回答	22	1.46%	100%
总数	1 505	100%	

注：根据“Spring 2017 Survey Data：38-Nation Survey Conducted February 16 – May 8，2017”数据中的“fav_Mex”变量计算而得。

表 11.2　美国拉丁裔民众对墨西哥的评价

是否拉丁裔	是否喜爱墨西哥		合计
	是	否	
是	106 (65.43%)	56 (34.57%)	162 (100%)
否	873 (69.29%)	387 (30.71%)	1 260 (100%)
拒绝回答	7 (58.33%)	5 (41.67%)	12 (100%)
合计	986 (68.76%)	448 (31.24%)	1434 (100%)

注：根据“Spring 2017 Survey Data：38-Nation Survey Conducted February 16 – May 8，2017”数据中的“HISP” “fav_Mex”变量计算而得。

表 11.2 对参加访谈的美国人进行了族群分类，在 1 434 名表达了个人对墨西哥的观点的受访者中，有 12 人拒绝回答自己是否拉丁裔，因此，在1 422 人中，一共有 162 名拉丁裔受访者，其他为白人或者其他族群。尽管这里的受访者中只有 11.3%的拉丁裔，与美国人口中 30%的比例有较大的出入，但至少表中数据表明，美国民众对墨西哥的积极评价态度与族群出身无关。表 11.2 数据显示，在拉丁裔的受访者人群中对墨西哥的认同率实际上并没有走高，有 65.43%的人积极评价墨西哥，而在非拉丁裔的人群中，该数值实则更高，达到了 69.29%。由此可见，美国国内对于墨西哥的好评实际上与其拉丁裔人口结构并无太大的关系，而是弥散在美国各个族群中的普遍情绪。美国、墨西哥民众互相评价的不对称结构令人玩味：作为美国境内非法移民最主要来源地的墨西哥，对心向往之的国家评价并不积极，而美国民众对这个邻国却似乎表现出了不少的宽容。

我们再来分析拉丁美洲人民对古巴的态度。作为美洲大陆上唯一一个存有对抗性意识形态的国家，古巴似乎也没有遭到拉丁美洲人民激烈的反对(参见表11.3)，有超过了三分之一的拉丁美洲人民积极定位古巴(33.85%)，其中有7.56%表示非常认同。有约40%的拉丁美洲民众消极评价古巴，其中非常反感的比例大概为20.37%。与对其他国家评价的数据对比来看，其中回答“不知道”的人数非常高，有22.92%的民众表示不知道如何评价古巴，当然这部分受访者至少没有表示激烈地反对古巴。看起来，社会主义古巴在践行代议制民主(主要为总统制)的南美诸国民众中仍然存有一定的接受度。

表11.3　拉丁美洲民众对古巴的评价

评价	频次	比例	累计比例
非常喜欢	530	7.56%	7.56%
有些喜欢	1 842	26.29%	33.85%
有些不喜欢	1 487	21.22%	55.07%
非常不喜欢	1 427	20.37%	75.44%
不知道	1 606	22.92%	98.36%
拒绝回答	115	1.64%	100%
总数	7 007	100%	

注：根据“Spring 2017 Survey Data：38-Nation Survey Conducted February 16 - May 8，2017”数据中的“fav_Cuba”变量计算而得。

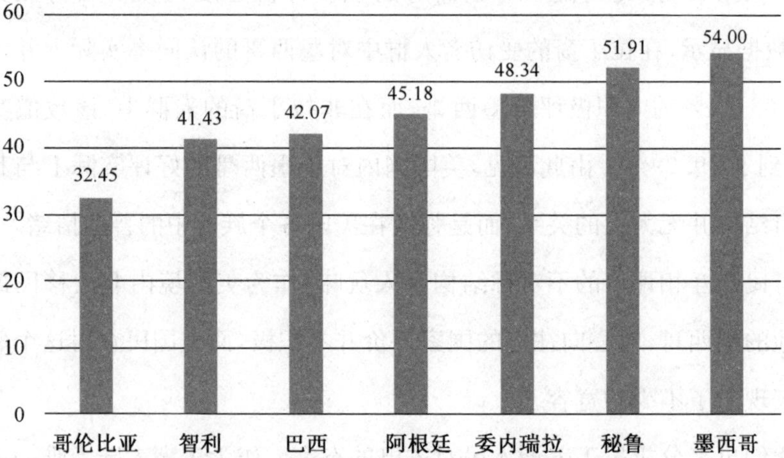

图11.3　拉丁美洲七国“喜爱古巴”人群比例(单位：%)

注：根据“Spring 2017 Survey Data：38-Nation Survey Conducted February 16 - May 8，2017”数据中的“Country”“fav_Cuba”变量计算而得。

而从图 11.3 的国别评价来看，除去哥伦比亚民众，在其他六个拉丁美洲国家智利、巴西、阿根廷、委内瑞拉、秘鲁以及墨西哥，人们对古巴的评价国别差距并不大，好评度都在 50％上下。应该说，尽管社会主义古巴在意识形态上与该地区的所有周边国家都存有冲突，长期以来在外交关系中处于比较孤立的状态，但在冷战结束之后，古巴与美洲国家的关系开始松动，一方面卡斯特罗兄弟仍然经营着与多国领导人的私人关系，另一方面，古巴是美洲地区革命力量的领军势力，与各国的左翼力量也有着千丝万缕的微妙联系，这些因素都使得 21 世纪以来的古巴在美洲地区的外交拓展有了一定的进步。尤其，卡斯特罗兄弟与查维斯之间的亲密关系使得委内瑞拉与古巴之间保持了紧密的互动，而这里的数据表明即使在查维斯去世后的委内瑞拉，民众对于古巴仍然有着不错的评价。当然，其中有一个国家对古巴有着最为负面的评价——哥伦比亚，该国只有约三分之一（32.45％）的民众认同古巴。长期以来，古巴支持哥伦比亚的反政府游击组织“哥伦比亚革命武装力量”，这一被很多世界组织认定为恐怖组织的地方武装在超过半个世纪的时间内利用暴力屠杀、毒品、绑架等手段给哥伦比亚社会带来了极大的困扰，古巴在其中的角色自然也不能为大部分哥伦比亚人民所接受。尽管有报道称，在 2016 年历史性的“哥伦比亚革命武装力量”与政府签订的和平协议中，古巴起到了至关重要的作用，[1]但是至少从这里的数据中并没有看到哥伦比亚民众就此对古巴的评价有革命性的改观，或许，这能从该协议背后的政府妥协在其国内所受的争议与质疑中得到解释。

但无论如何，就目前状况来讲，古巴在拉丁美洲地区的民众中有着并不差的接受度，这样的格局似乎与中东地区的不同宗教派系之间的激烈排斥大有

① 例如 Alan Gomez, “Cuba Plays Critical Role in Colombia Peace Deal,” *USA Today*, August 25, 2016, https://www.usatoday.com/story/news/world/2016/08/25/cuba-colombia-farc-peace-deal/87432410/，访问时间：2019 年 1 月 26 日。

不同。随着冷战的落幕，尽管早先的意识形态对抗仍然继续着，但似乎并没有在拉丁美洲地区形成非此即彼的博弈模式，拉丁文化作为一个版块存在的特质能够在民意中得到一定的体现，国家间的差异是在有限的范围内波动的。仔细思量墨西哥人对古巴54%的积极评价而对美国只有30%，足见政治形态并不是构成国家间认同的必要条件，文化认同倒似乎在拉丁美洲有着更为重要的作用。

亚太地区

最后，我们把目光投向我们所在的亚洲板块。该数据在亚洲及太平洋地区七个国家澳大利亚、印度、印度尼西亚、日本、菲律宾、韩国、越南展开调研，主要要求各国民众评价印度、日本、韩国、朝鲜、中国①各国，其中在印度增加了对巴基斯坦的评价，以及，对韩国、朝鲜的评价增加了美国民众的观点（具体的国家请参见表8.3中的展示）。从整体上来讲（参见表11.4），各国对印度、日本、韩国的评价都不错，尤其是印度与日本，在各国的支持度总体上分别达到了83.14%以及78.50%，韩国也有近七成的支持度（67.66%）。对于朝鲜，并不意外，他国的整体认同度只有26.94%。我们来看评价的国别差异。

表11.4　亚太八国对印度、日本、韩国、朝鲜的评价(单位:%)

国家	“喜爱印度”人群比例	“喜爱日本”人群比例	“喜爱韩国”人群比例	“喜爱朝鲜”人群比例
澳大利亚	74.73	93.72	82.50	9.17
印度	98.48	73.89	48.10	39.70
印度尼西亚	83.76	86.43	69.69	43.36
日本	75.06	87.07	24.33	2.05

① 中国的情形将集中在后文讨论。

（续表）

国家	“喜爱印度”人群比例	“喜爱日本”人群比例	“喜爱韩国”人群比例	“喜爱朝鲜”人群比例
菲律宾	68.89	88.01	77.74	61.14
韩国	70.86	31.54	78.16	18.81
越南	81.98	93.92	90.41	44.76
美国	—	—	75.35	8.66
八国平均值	83.14	78.50	67.66	26.94

注：根据“Spring 2017 Survey Data：38-Nation Survey Conducted February 16 - May 8, 2017”数据中的“fav_India”“fav_Japan”“fav_SKorea”“fav_NKorea”变量计算而得。

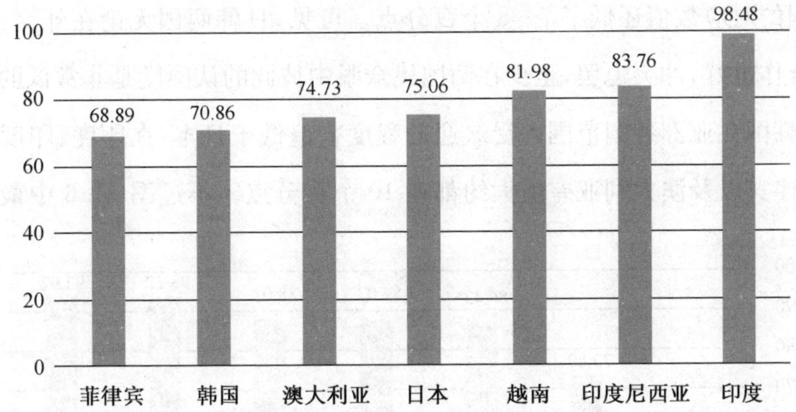

图 11.4 亚太七国“喜爱印度”人群比例（单位：%）

注：根据“Spring 2017 Survey Data：38-Nation Survey Conducted February 16 - May 8, 2017”数据中的“fav_India”变量计算而得。

图 11.4 中是包括本国在内的七国民众对印度的评价，应该说，该图最大的特征就是各国对印度的评价的国别差异非常小：除去在本国获得的几乎100%的支持率，印度在其他亚洲—大洋洲六国民众中获得的评价水平相当，地理上距离较远的韩国以及菲律宾的民众评价稍低，其他各国的好评度都在75%左右甚至更高，评价相当积极。而在七个亚太国家中，民众对日本的评价基本也呈现出各国普遍水平走高且差异小的特征（参见图 11.5），只是有一国

例外，那就是韩国。图中的数据表明，只有 31.54%的韩国人对日本积极评价，大大低于其他六国对日本的评价，实际上，表 11.4 中的日本平均数据正是被韩国大大拉低的。至少这里的数据看起来，二战期间日本在亚洲大范围的军事侵略历史并没有引发所有被侵略国当代民众对日本的负面评价，但韩国人对日本的负面印象是毋庸置疑的。尽管没有更加直接的数据来证明，但二战的历史、一直纠缠不断的领土争端、在朝鲜问题上的利益博弈都应该是韩国人负面评价日本人的重要因素。然而，这样的负面评价并不是单向的，图 11.6 的数据表明，日本也是所有七国中对韩国评价最负面的国家，而且日本国民对韩国人的反感范围似乎更广，只有 24.33%的民众明确表示喜欢韩国，比韩国的对应数值还低了 7—8 个百分点。可见，日韩两国无论在外交、经济上的合作也好，冲突也罢，至少在两国民众眼中彼此的认同度是非常低的。应该说，韩国在亚洲各国范围内受欢迎的程度普遍低于日本，在印度、印度尼西亚、菲律宾以及澳大利亚差值大约都在 10 个百分点。不过图 11.6 中最有趣

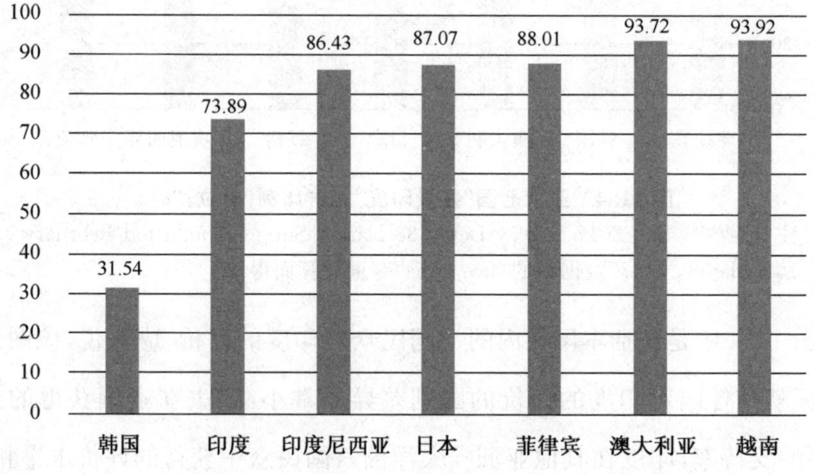

图 11.5　亚太七国"喜爱日本"人群比例(单位:%)

注：根据"Spring 2017 Survey Data：38-Nation Survey Conducted February 16 - May 8，2017"数据中的"fav_Japan"变量计算而得。

的是，韩国人对自己国家的评价竟然如此之低，仅有 78.16%的国民表达了正面评价，这一数值低于澳大利亚的 82.5%，以及越南的90.41%，也就是说，韩国国民显示了强烈的自我批判倾向，对本国的评价还不及部分其他国家国民的评价，这与同属亚洲板块的印度和日本有很大的差别，尤其与印度人高度一致的国家认同感形成了不同的格局。

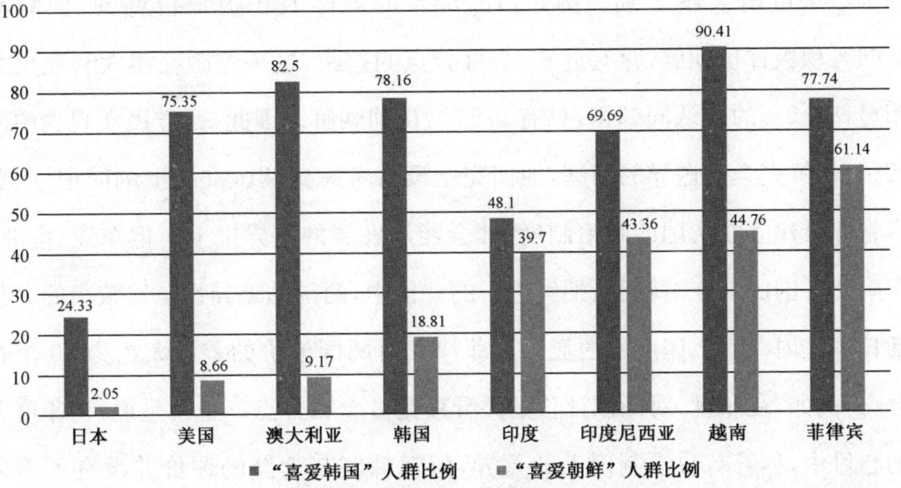

图 11.6　亚太八国"喜爱韩国"与"喜爱朝鲜"人群比例(单位:%)

注：根据"Spring 2017 Survey Data：38-Nation Survey Conducted February 16 - May 8, 2017"数据中的"fav_SKorea" "fav_NKorea"变量计算而得。

最后，我们来考察各国对朝鲜的看法。图 11.6 中数据的基本特征是：亚洲各国民众对朝鲜并没有持一边倒的反感情绪。例如，在菲律宾，积极评价朝鲜的民众约占 61.14%，这是一个很高的数值，比起菲律宾人对印度的评价只低了不到 8 个百分点。而且，在印度、越南、印度尼西亚都有四成左右的人积极评价朝鲜，这一水平已经超越了日韩民众之间的互相评价。对朝鲜评价最低的三个国家是日本、美国和澳大利亚。在日本，几乎所有国民(97.95%)都反感朝鲜，该数值是皮尤 2017 年数据中对他国评价变量的最低值，甚至比约旦民众对什叶派的伊朗的反感还要彻底。美国民众和澳大利亚民众大概处于近似的水平，只有不到10%的民众表现出了对朝鲜的接纳。在“三八线”另一边的韩国，民众似乎比日本、美国以及澳大利亚表现出了更多的宽容，有近20%的民众的态度是积极的。因此，从图 11.6 的数据来看，朝鲜在各国民众中的接纳度似乎并不完全取决于地缘冲突，西方国家民众眼中的朝鲜似乎远比亚洲民众眼中的朝鲜负面。而且，美国、澳大利亚的民众对于朝鲜和韩国的两国看法可谓天壤之别。例如，75.35%的美国人积极评价韩国，但只有8.66%积极评价朝鲜，存有近 67 个百分点的差距，这一差距在澳大利亚更为明显，82.5%的人认同韩国，只有 9.17%认同朝鲜。因此，西方民众观念中的韩国、朝鲜完全是迥异的两国，他们完全没有考虑到两国文化上的同根性，更多将评价建立在两国的政治制度、社会经济发展的差异之上。但东亚、南亚、东南亚各国民众在对韩国、朝鲜进行的评价中，两国的差异性是比较小的。包括日本在内，印度、印度尼西亚以及菲律宾对两国评价的差异大约为 20 个百分点，例如，在印度，对两国评价的差异度是 8 个百分点。也就是说，在印度人的心目中，尽管有政治制度上的差异，但对韩国与朝鲜的评价并没有天壤之别，他们对朝鲜并没有彻底贬低，而对韩国也没有特别认同。图 11.6 的格局表明，在亚洲周边国家中，当各国民众评价朝韩两国时，似乎更多考虑到了它们作为一个文化共同体的存在，这是与西方各国完全依照政治意识形态进行区别对待的格局完全不同的。当然，图 11.6 中越南民众的评价值得思考。从以上所有的分析来看，越南民众普遍对于他国有着极高水平的积极评价，这也表现在对韩国的评价中，然而尽管越南民众对于朝鲜的评价整体上不算低，但与对韩国评价之间的差距巨大，与其他亚洲国家存有差异。

表 11.5　印度民众对巴基斯坦的评价

评价	频次	比例	累计比例
非常喜欢	72	2.92%	2.92%
有些喜欢	174	7.06%	9.98%
有些不喜欢	203	8.24%	18.22%
非常不喜欢	1 631	66.19%	84.42%
不知道	377	15.30%	99.72%
拒绝回答	7	0.28%	100%
总数	2 464	100%	

注：根据“Spring 2017 Survey Data：38-Nation Survey Conducted February 16 - May 8，2017”数据中的“fav_Pak”变量计算而得。

在亚洲，还有一个焦点值得讨论，那就是印度人对巴基斯坦的看法。根据数据，在受访的 2 464 名民众中（表 11.5），只有 246 位受访者（9.98%）认同巴基斯坦，近八成的印度人对巴基斯坦直接表达了反感。而且最值得关注的是，这些民众中有 66.19%的人（1 631 人）表达的是“非常不喜欢”，这是印度人在亚洲范围内对他国最为负面的评价，远远低于对朝鲜的认同，从数量上加上 8.24%“有些不喜欢”的人群，这一水平接近日本人对朝鲜的负面评价（82.46%表示“非常不喜欢”）。非常可惜，这里我们没有巴基斯坦对印度的评价数据，不过，按照我们的基本判断，巴基斯坦人对印度很可能有着类似的不认同。看起来，印度与巴基斯坦之间的对抗不亚于日本与朝鲜。因此，在亚洲地区，从调研的这几个国家来看，国家间最紧张的关系主要包括在东北亚围绕朝鲜问题、日韩对抗产生的一系列国家间的复杂对抗，以及印度和巴基斯坦之间围绕克什米尔的紧张关系，而且这些对抗看起来超越了地区范畴，在全球范围内都制造了张力。我们后文还会分析到中国和俄罗斯的情形，将会进一步加强我们对该地区国家间复杂关系的理解。

俄罗斯

以上亚欧两个板块的讨论均没有涉及一个曾经的超级大国——俄罗斯。作为具有全球影响力的国家，皮尤中心在全球范围的 38 个国家中对其展开了调研。

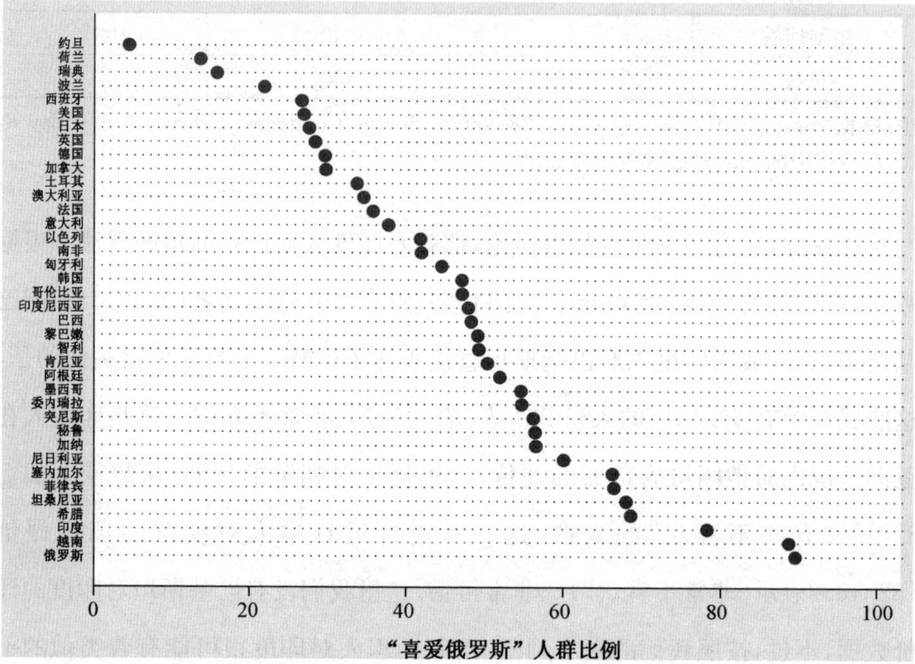

图 11.7　38 国民众“喜爱俄罗斯”人群比例(单位:%)

注:根据“Spring 2017 Survey Data: 38-Nation Survey Conducted February 16 - May 8, 2017”数据中的“fav_Russia”变量计算而得。

从总体上来说，全球 38 个国家的民众对俄罗斯持积极评价态度的份额约占 44.76%，这一数据与美国在全球范围内的水平(56.23%)相比低了近 12 个百分点。如今看起来，衰落的俄罗斯全球范围内受到的平均评价水平是低于早先的竞争对手的。从图 11.7 中各国的排序数据来看，俄罗斯在全球范围遭受的主要阻力是来自西方发达资本主义国家以及中东地区，相比较而言，俄罗斯在亚洲、非洲以及拉丁美洲遭到的负面评价程度轻。最负面的评价出现在中东的约旦，只有 4.42％的约旦人积极评价俄罗斯，这是 38 个国家中对俄罗斯显示出最大程度反感的国家。这里的数据显示约旦人对俄罗斯的反感与对伊朗的反感几乎不分上下。这一格局多少有一些令人迷惑。从外交关系上来讲，当下的俄罗斯和约旦之间关系并不算太糟糕，两国存有相当的合作空间，尤其是在“阿拉伯之春”之后，约旦开始转向东方，多元化其外部支持，不再纯粹依靠美英阵营的力量，继而展开了与俄罗斯的合作。① 现任约旦国王阿卜杜拉二世与普京之间保持着颇为亲密的联系，尽管两国也存有不少冲突，② 但两国就叙利亚问题展开过多次交流与合作。不过两国官方的合作态度并不能代表约旦民众的基本价值取向，他们毫不掩饰地集体表达了对俄罗斯的负面评价，或许，约旦人不能容忍的是俄罗斯对阿萨德政府的支持，叙利亚的问题成为约旦人负面评价的重要依据。

两个北欧国家荷兰、瑞典的国民对俄罗斯的评价看起来也非常糟糕。仅有 13.63％的荷兰人以及 15.75％的瑞典人对俄罗斯持有好感。欧盟与俄罗斯之间发生过制裁等行为，荷兰作为欧盟成员，两国之间存有一定的冲突。但与俄罗斯外交关系的一个重要转折点是 2014 年马来西亚航空 MH17 在乌克兰境内被射落的事件，该事件导致了近 200 名荷兰人丧生，给两国外交关系带来了很大冲击，皮尤 2017 年的数据很好地展示了当年荷兰人对俄罗斯的负面情绪。而俄罗斯与瑞典的关系也降到了很多年来的最低点，③不仅是历史上历次战争中的对抗，新近的乌克兰问题以及 2013 年俄罗斯飞行员在两国边界

---

① Maria Dubovikova, “A Shift in Jordanian-Russian Relations,” *Arab News*, July 27, 2018, http://www.arabnews.com/node/1346651，访问时间：2019 年 2 月 10 日。

② JT, “Jordan discusses Syria Peace Effects with Russia,” *Jordan Times*, http://jordantimes.com/news/local/jordan-discusses-syria-peace-efforts-russia，访问时间：2019 年 2 月 10 日。

③ “Swedish-Russian Relations ‘the Worst in Many, Many Years’,” *The Local*, July 5, 2018, https://www.thelocal.se/20180705/swedish-russian-relations-the-worst-in-many-many-years，访问时间：2019 年 2 月 10 日。

的军事演习中的挑衅行为都使得两国的关系陷入僵局。从数据来看，瑞典民众与政府的官方态度保持了一致。图 11.7 中仅次于瑞典的国家是波兰，在波兰只有约五分之一的民众积极评价俄罗斯，这比另外一个东欧国家匈牙利低了 20 多个百分点。考虑到波兰、俄国的战争历史，尽管冷战结束之后经历着一定的起伏，但整体上绝大多数波兰人对俄罗斯持有负面评价。实际上，对欧洲各国尤其西欧的民众来说，他们对俄罗斯的负面评价应该是压倒性的，除去希腊之外，没有任何一个国家的评价超过了世界平均水平。在西欧各国中意大利人稍许积极，但其比例也只有 37.73%。不难想象，庞大的俄罗斯向西渗透国家影响力的阻力是巨大的。在这些低水平评价俄罗斯的国家中还有一个亚洲国家——日本。在日本，只有 27.58%的人表达了对俄罗斯的好感。可见，俄罗斯在其国土的东部边界也存有外部压力。该数据中没有俄罗斯人对日本的评价，但从日本人对俄罗斯的态度来看，无疑又是东北亚地区的另一对潜在的紧张双边关系。

相对高水平积极评价俄罗斯的国家主要集中在亚非拉等发展中国家，只有希腊是一个例外。几个世纪以来，希腊一直与俄罗斯保持着不错的关系，东正教的传统使得希腊视俄罗斯为天然的同盟。[①] 在皮尤中心进行调研的 2017 年两国的关系仍然维持着一直以来的历史温度，直到 2018 年的 7 月份，希腊突然驱逐两名俄罗斯外交官才引发了两国关系的骤然降温。[②] 尽管两国的关系出现了颠簸，但是历史的惯性仍然在，俄罗斯的积极形象仍然存在于约 68.59%的希腊人中。就亚非拉三个板块来讲，拉丁美洲民众与俄罗斯的心理

① Nikos Konstandaras, "Athens and Moscow's Stunning Fall-Out," *The New York Times*, July 23, 2018, https://www.nytimes.com/2018/07/23/opinion/athens-moscow-greece-russia-tensions.html，访问时间：2019 年 2 月 15 日。

② Nikos Konstandaras, "Tensions Escalate Between Greece and Russia, with Macedonia in the Middle," *The New York Times*, July 19, 2018, https://www.nytimes.com/2018/07/19/world/europe/greece-russia-macedonia.html，访问时间：2019 年 2 月 15 日。

距离应该更远，哥伦比亚、巴西、阿根廷、墨西哥、委内瑞拉以及秘鲁对俄罗斯积极评价的国民比例都在50%左右，该水平高出了欧洲，但要比非洲稍低，应该说，拉丁美洲民众对俄罗斯的评价相对中立。非洲国家坦桑尼亚、塞内加尔、尼日利亚以及加纳均平均有60%以上的民众积极评价俄罗斯，国家间的差异较小，这是与拉丁美洲比较近似的，都存在着一定的地区板块效应。从数据上来看，普通民众的态度最为多元化的是亚洲地区，既有高度青睐俄罗斯的越南人(88.72%)和印度人(78.27%)，又有极度反感俄罗斯的日本人(27.58%)，以及相对中立的韩国人(47.13%)。亚洲地区作为板块效应最弱的地区，各国演进的历史大相径庭、相对独立，进而在国别关系中也呈现出较为多元的姿态，这里也同样表现在对俄罗斯的评价当中。这种多元性呼应了上文所分析的东北亚地区国家关系的复杂性，这里的数据无疑是该复杂性的又一种表征。

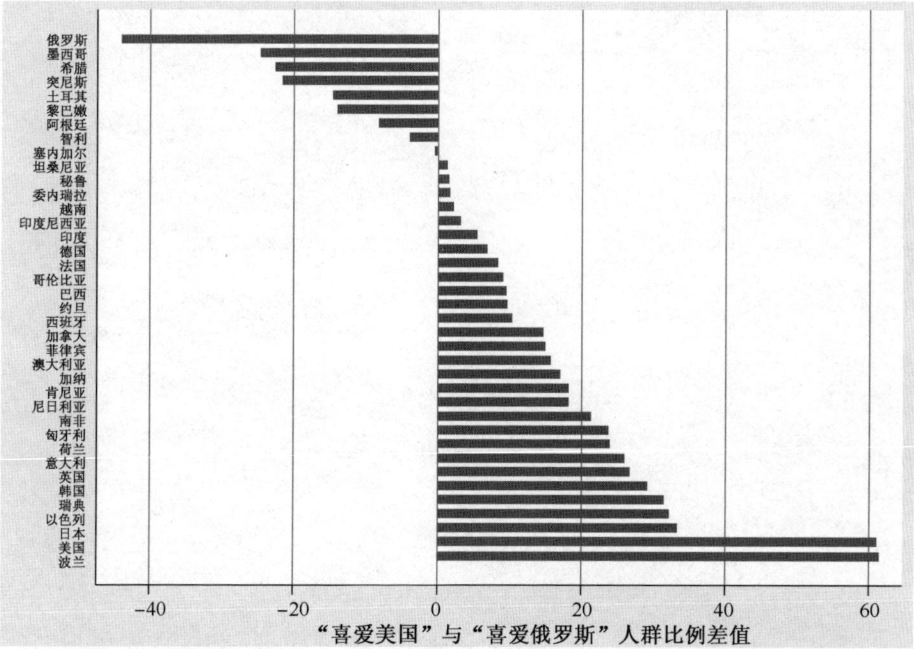

图 11.8　38 国民众“喜爱美国”与“喜爱俄罗斯”人群比例差值(单位:%)

注:根据“Spring 2017 Survey Data: 38-Nation Survey Conducted February 16 - May 8, 2017”数据中的“fav_USA” “fav_Russia”变量计算而得。

纵观38国对俄罗斯和美国两国的整体评价(参见图11.8),全球范围内只有包括俄罗斯在内的九个国家对俄罗斯的评价超越了美国,其中明显存在两国评价差距的是(按对两国评价差距由大到小排列)俄罗斯、墨西哥、希腊、突尼斯、土耳其以及黎巴嫩,这些国家都是上文已经分析到的对美国持负面评价的几个典型国家,在广阔的亚非拉大陆,人们对于美国的评价是相对温和与积极的。当然,一些国家的国民对美俄的评价总体都走低,这里只能大致看出人们对于两个大国的相对态度。当我们讨论到大国,崛起中的中国同样是全球关注的焦点,皮尤中心在38国也针对中国展开了调研,我们继续分析。

第十二章
全球视野下的中国

日渐崛起的中国已经在全球产生了广泛的影响。从2017年全球的平均水平来说,[①]有54.17%的民众对中国持积极的态度,该数值基本与美国56.23%的水平持平,高于俄罗斯10个百分点,三国之间的基本格局颇为清晰。当然,我们最感兴趣的仍然是国别的差异,即中国在不同国家民众中受到了怎样不同程度的积极评价或者潜在的阻力,这个话题对当前正全方位走向世界的中国来说显得尤其重要,是我们理解中国崛起的世界格局的重要背景之一。

我们不妨将图12.1中的数据分为两个部分,即全球平均数以上的国家以及平均数以下的国家。基本的格局应该可以总结为,中国在非洲、拉丁美洲受到了普遍的欢迎,在欧洲、中东则遭遇不小的阻力,但最大的压力来自中国的周边邻国(同时参见表12.1)。在非洲,除去南非,其他五国塞内加尔(86.67%)、尼日利亚(84.69%)、坦桑尼亚(81.37%),肯尼亚(75.6%)以及突

① 2018年皮尤中心继续追问了各国对中国的看法,基本格局与2017年没有根本的变动,且调研国家样本比2017年的调查要少,因此这里选择报道2017年的数据以更好地展示全球的基本格局。

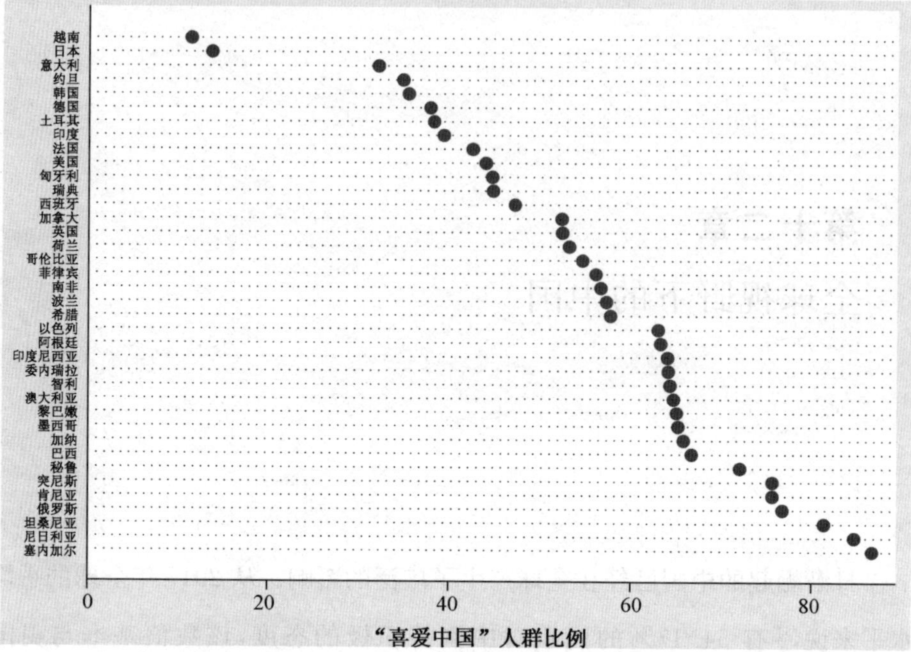

图 12.1　38 国民众“喜爱中国”人群比例(单位:%)

数据来源:根据“Spring 2017 Survey Data: 38-Nation Survey Conducted February 16 – May 8, 2017”数据中的“fav_China”变量计算而得。

尼斯(75.6%)国民对中国均持有非常积极的态度,这是全球范围内对中国持有积极评价比例最高的地区。在非洲,目前的数据来看,南非的评价相对走低,积极评价的国民人数约占 56.63%。同为金砖五国,中国作为南非最大的贸易伙伴,两国的经济交往非常密切,大量的中国投资、众多的中国商人、巨大的中国城在南非的出现在其本土产生了非常复杂的效应。至少从数据上来看,南非人对于中国的评价远远不如其他非洲国家。总体来说,非洲人民对中国的良好评价对我国的“一带一路”倡议无疑是有利的,当然我们需要更详细的国别研究来展示不同国家内部有可能产生的不同状况。

仅次于非洲大陆的是拉丁美洲各国人民对中国的评价,在所有参与调研的七个拉丁美洲国家中,哥伦比亚人对中国的评价水平最低(54.59%),秘鲁的水平最高(72.02%),其他五国阿根廷、委内瑞拉、智利、墨西哥以及巴西的比例均维持在63%—67%,国家间的差别不大。哥伦比亚人对中国相对谨慎的评价让我们联想到了他们对古巴的低水平评价,事实上哥伦比亚也是拉丁美洲地区与中国关系发展最为缓慢的国家之一。在整个拉丁美洲,除去巴拉圭,其他国家在过去的若干年都与中国发展出了相当不错的投资、贸易、金融关系。尽管中国是哥伦比亚的第二大贸易国,但相对于巴西、阿根廷等国,哥伦比亚与中国的外交关系仍然是不温不火的。这一格局可能必须考虑到哥伦比亚与中国关系的历史,早在朝鲜战争中哥伦比亚就组军加入了战争,而且哥伦比亚也是拉丁美洲各国最晚在外交上承认中华人民共和国的国家之一。有舆论认为,2016年哥伦比亚革命武装的解散可能打开了中国进一步与哥伦比亚合作的机会,[①]但这里一个简单的数据似乎表明,两国关系的推进还需要更多官方与民间的共同努力。2018年,哥伦比亚大选中,带着浓厚的民粹主义色彩的右翼领导人伊万·杜克·马克斯(Iván Duque Marquez)当选为总统,应该给两国的关系带来了更大的挑战。而事实上,即使在其他评价相对积极的国家,数据上的乐观也并不能无视出现在各国的零星的排华力量,包括巴西、阿根廷等国官方反华、民间排华的新闻仍然时有出现在新闻报道中。拉丁美洲是美国的后院,美国一直在其势力范围内不遗余力地进行反华宣传,[②]加上各国左右派力量在选举政治中的轮替执政,都给拉丁美洲与中国的关系植入了不确定的因素。

我们再把目光移向欧美,图12.1中的数据表明,除去东欧的波兰

① Jairo Munoz, "Will China Make the Most of Colombia's Peace Deal with FARC?" *The Diplomat*, September 13, 2016, https://thediplomat.com/2016/09/will-china-make-the-most-of-colombias-peace-deal-with-farc/,访问时间:2019年2月15日。

② Bill Van Auken, "Pentagon Chief Promotes Anti-China Agenda in Latin America," World Socialist Website, August 18, 2018, https://www.wsws.org/en/articles/2018/08/18/matt-a18.html,访问时间:2019年2月16日。

(57.25%),所有欧美国家国民对中国的评价都处在全球平均线以下,其中意大利、德国最低,仅分别有32.08%、37.84%,其他八个国家的水平在42.5%(法国)—53.12%(荷兰),其中美国人的比例是43.91%,处于中下水平。因此,对于中国,西方老牌资本主义国家国民总体来说持负面评价的人超过了积极评价的人群,当然,环顾全球,这些国家的国民也并不是对中国最为敌视的人群。其中,最值得我们讨论的欧美国家是意大利,该国只有约三分之一的国民对中国有好感,这一比例位列所有38国倒数第三,比中东地区的约旦和土耳其都要更低,也是游离于欧洲版块整体趋势之外的一个特例。我们都知道,最近几年在意大利的普拉托省发生了一系列的反对华商的事件,温州移民对当地的纺织业生产方式的冲击导致了不小的排华情绪,[①]不仅引发了在佛罗伦萨、罗马等城市的游行活动,而且与意大利国内反移民政治呼声产生了联系。如此说来,意大利人对于中国评价的负面印象是当前欧美各国范围内反对全球化生产方式、民粹主义兴起的故事的一部分,与两国传统的外交关系历史并没有特别直接的联系。这是崛起的中国对西方发达资本主义国家的冲击,也是我们讨论"新型大国关系"中"新型"的内涵之一。我们这里没有足够的篇幅,也没有充分的数据来详细讨论以上所列的所有欧美国家与中国之间的双边关系,但是意大利的个案给我们提供了个中因果关联之一。在图12.1中基本同处一个区间的欧美各国民众对崛起中的中国的态度是谨慎而矛盾

① 参见D. T. Max, "The Chinese Workers Who Assemble Designer Bags in Tuscany," *The New Yorker*, April 16, 2018, https://www.newyorker.com/magazine/2018/04/16/the-chinese-workers-who-assemble-designer-bags-in-tuscany, 访问时间:2019年2月19日;"Long-Term Chinese Immigrants in Italy," *The Economist*, May 17, 2018, https://www.economist.com/special-report/2018/05/17/long-term-chinese-immigrants-in-italy, 访问时间:2019年2月19日;Sylvia Polggioli, "'Fast Fashion': Italians Wary of Chinese on Their Turf," NPR, June 15, 2011, https://www.npr.org/2011/06/15/137107361/fast-fashion-italians-wary-of-chinese-on-their-turf, 访问时间:2019年2月19日。同时参见:《意大利各地显现排华倾向,华人抗议浪潮呼之欲出》,中国网,2007年4月10日,http://www.china.com.cn/overseas/txt/2007-04/10/content_8089759.htm, 访问时间:2019年2月19日。

的，尽管我们说即使在认同感较强的非洲和拉丁美洲也并不是不存在反华的情绪，但他们的出发点是不同的。中国的和平崛起对早先世界秩序的挑战不只事关两国双边关系，各国国民对中国的评价的变迁也并不只是取决于两国的双边关系历史演进，而是牵扯在新兴大国崛起的世界秩序变迁中的复杂表现。

我们再看中东地区。该地区参与调研的几个国家具有非常大的反差，在黎巴嫩（65％）和以色列（62.94％）两国，中国有比较高的接受度，这是非常有趣的现象。中国是在中东地区能同时与以色列和阿拉伯国家保持较为缓和关系的国家之一。中国与两国的经济往来都非常密切，今年都呈现了上升之势，且都存在军事上的合作。在2006年第二次黎巴嫩战争期间，中国维和部队进入黎巴嫩，而且中国在巴勒斯坦问题上也并不是站在以色列的立场，这些似乎都没有特别干扰以色列普通民众对于中国的评价，我们看到二战期间中国对犹太人的支持仍有其历史回声。在中东地区有两个国家对中国的评价比较负面，即土耳其与约旦。尽管约旦的比例更低，但相对于约旦对我们以上所分析的所有其他国家的评价来说，约旦人对中国的认知并不算特别负面，两国官方新近的态度颇为积极，约旦欢迎中国在中东地区扮演更加重要的角色。① 对于中国与土耳其，两国之间一直维持着不错的外交关系，但新近因为族群问题使得两国关系经历了一定颠簸，尽管两国的官方一直寻求着和解和进一步的合作。这里的数据表明，土耳其民间对于中国的评价趋于保守，该国作为中东地区的最大国家，是“一带一路”中的重要国家，有些专家认为从长远来说两国

① “Jordan Welcomes a Bigger Chinese Role in Middle East,” *The Jordan Times*, July 11, 2018, http://www.jordantimes.com/news/local/jordan-welcomes-bigger-chinese-role-middle-east，访问时间：2019年2月21日。

的紧密合作关系可能并不会改变,[①]但就少数族群权利保护和不干涉他国主权等议题达成认知上的共识是两国将来进一步合作的重要维度。

对中国来说,最大的挑战来自中国周边地带。纵览图 12.1 中中国周边所有国家,该地区的多元性同样表现在对中国的评价上。俄罗斯人对中国的评价最高,76.72%的人对中国持有积极认知的态度,在菲律宾为 56.07%。但在对中国评价最为消极的国家中,中国邻国占据一大部分,越南(11.33%),日本(13.63%),以及韩国(35.42%),印度(39.34%),且从受访者答案的比例来看,他们对于中国的敌意远远超过了其他国家,形势相对严峻。

在越南,人们一边倒地敌视中国多少令人觉得不可思议。最近几年,在越南范围内爆发了多次大规模的反华游行,2018 年 6 月,经济开发区的设置再次引发街头抗议。[②] 尽管这里没有直接的数据支持,但我们知道,中国人对于越南实际上并没有特别的反感。那么越南人对于中国这种极其不对称的负面情绪源于何种原因呢? 从历史上来看,中越之间有过合作也有过冲突,在胡志明时期,中国给予了越南极大的帮助,尽管后来因为边境的领土争端进行了若干年军事对抗,但似乎也不能够完全解释这一格局。尤其是对照越南人对美国的评价,更是令人费解。同样发生过战争,同时还具有国家意识形态上的对抗,但越南人却完全"原谅"了美国人,他们对美国的评价是一边倒的积极(90.84%),比本土美国人还钟爱美国,是全球范围内最青睐美国的国家。而在新近的南海争端中,当特朗普政府试图以第三方的身份前来"调解"中越之

---

① Kinling Lo, "Turkey's Row with China over Uygurs Unlikely to Affect Relations in Long Term," *South China Morning Post*, February 16, 2019, https://www.scmp.com/news/china/diplomacy/article/2186364/turkeys-row-china-over-uygurs-unlikely-affect-relations-long, 访问时间: 2019 年 2 月 21 日。

② Prashanth Parameswaran, "What's Behind Vietnam's Anti-China Protest?" *World Politics Review*, July 13, 2018, https://www.worldpoliticsreview.com/articles/25055/what-s-behind-vietnam-s-anti-china-protests, 访问时间:2019 年 2 月 22 日。同时参见岳平:《谁是越南反华游行幕后推手?》,载《世界知识》2018 年 13 期,第 28－29 页。

间的冲突时,我们不禁感慨国家间政治的风云诡谲、不可预测。① 而且,越南对其他亚洲国家的评价与中国的对比同样鲜明,他们对日韩等国几乎无条件认同。在这个过程中,我们看到了越南的官方态度与民间舆论两分的格局。实际上越南政府在外交层面试图与中国保持历史上的革命情谊,并进一步加深建构双方的经济联系,然而民间的反对声音无疑是两国外交关系进一步深化的阻力之一。越南成为全球所有国家中最敌视中国的国家这一事实令人深思,越南国内缘何产生如此规模浩大的反华力量是个非常严肃且重要的话题,目前国内外的相关学术研究似乎都没有形成非常有力的因果解释,这需要深入到越南国家内部政治、社会运行机制中去寻找答案。

仅次于越南,对中国比较具有敌意的国家是日本,只有 13.6%的日本人对中国表示了好感。这同样是一个令人警惕的数字。根据新近的其他民调,中日两国之间民众的互相评价的格局也开始朝着不平衡的方向发展。日本人对中国人 13.6%的积极评价比例应和了其他调研中的基本格局,这一个数字尽管比前两年的低潮要稍高,但比起十年前的缓和局面要走低近 20 个百分点,但与此同时中国人对日本却似乎宽容了很多,有调查显示近 40%的中国人对日本表示了友好评价,②中日两国之间评价的差异已经非常显著。与中越两国国民的评价差异类似,这种不平衡,尤其是由相对平衡日渐走向不平衡的趋势非常值得关注,这一格局比低水平评价本身更令人忧虑。再来看韩国,有 35.42%的韩国人积极评价中国,该水平尽管不高,与印度(39.34%)大体

① Cary Huang, "How Can Communist Vietnam Be Friendlier to the U. S. than China?" *South China Morning Post*, July 20, 2018, https://www.scmp.com/week-asia/opinion/article/2120438/how-can-communist-vietnam-be-friendlier-us-china,访问时间:2019 年 2 月 22 日。

② Walter Sim, "Chinese View of Japan Rosier But the Feeling's Not Mutual," *The Straits Times*, https://www.straitstimes.com/asia/east-asia/chinese-view-of-japan-rosier-but-feelings-not-mutual-poll,访问时间:2019 年 2 月 22 日;同时参见 Isabel Reynolds and Emi Nobuhiro, "China's View of Japan Improves, Though the Feeling's Not Mutual", *Bloomberg*, https://www.bloomberg.com/news/articles/2018-10-11/china-s-view-of-japan-improves-though-the-feeling-s-not-mutual,访问时间:2019 年 2 月 22 日。

属于一个档次，但比起越南与日本还是有所提升的，而且该水平相对于韩国人对日本的评价来说也是走高的。在中日韩三国的评价中，我们会发现，在中韩之间，日本更加负面评价韩国人，在中日之间，韩国更加负面评价日本人。再考虑到上文对朝鲜和韩国的各国评价，国家间的复杂关系可见一斑。尽管东北亚的关系远非各国的民间舆论所能决定，但五国民众之间对他国评价的格局已经展示了东北亚错综复杂的国家及地区间关系。

纵观全球，中国与世界已经有了前所未有的接触。根据商务部 2018 年的报告，2017 年全年中国对外直接投资以 1 582.9 亿美元位列全球第三，继续保持发展中国家首位。截至 2017 年年底，中国 2.55 万境内投资者在国(境)外共设立对外直接投资企业 3.92 万家，分布在全球 189 个国家和地区，境外企业资产总额达 6 万亿美元，对外直接投资存量达 18 090.4 亿美元。[①] 中国的进出口贸易在 2018 年继续保持了强劲增长，尽管 2019 年在与美国及欧洲的贸易摩擦中规模出现一定的缩减，[②]但中国与世界各国的经济交往已经十分深入，与各国人民面对面的互动几乎遍布了地球的每一个角落，因此，各国民众对中国的态度不再无关痛痒。2019 年皮尤中心公开的报告显示，[③]该轮数据已经开始直接关注中国的投资问题，图 12.2 中给出了 16 个国家民众态度的相对格局。总体来说，超过了半数的国家认为“中国的投资是好事”，包括尼日利亚、黎巴嫩、突尼斯、墨西哥、肯尼亚、以色列、巴西和南非。总体来讲，这里所涉及的非洲、中东以及拉丁美洲部分国家的民众对中国投资还是比较认同的，尤其是尼日利亚，高达 82%的民众认为来自中国的投资是好事，而认为

① “中国对外投资发展报告 2018”，http://images.mofcom.gov.cn/fec/201901/20190128155348158.pdf，访问时间：2018 年 2 月 25 日。

② 中华人民共和国商务部综合司，“中国对外贸易形势报告(2019 年秋季)”，http://zhs.mofcom.gov.cn/article/cbw/201911/20191102915957.shtml，访问时间：2020 年 5 月 20 日。

③ 截至 2020 年 5 月底，皮尤中心还没有公开 2019 年个人层面的原始数据，只是在报告中给出了宏观层面的一些基本数据。

是坏事的只有14%，对中国资本的欢迎态度完全是压倒性的，而在突尼斯和黎巴嫩也有近70%的民众态度积极。但图12.5中比较令人担忧的形势是中国周边国家以及澳大利亚民众对中国投资态度的谨慎，①日本、印度、澳大利亚、印度尼西亚以及韩国民众持积极态度的都在40%以下，尤其是日本和印度，分别只有16%和24%的民众认为中国投资是好事。而这两国民调态度还

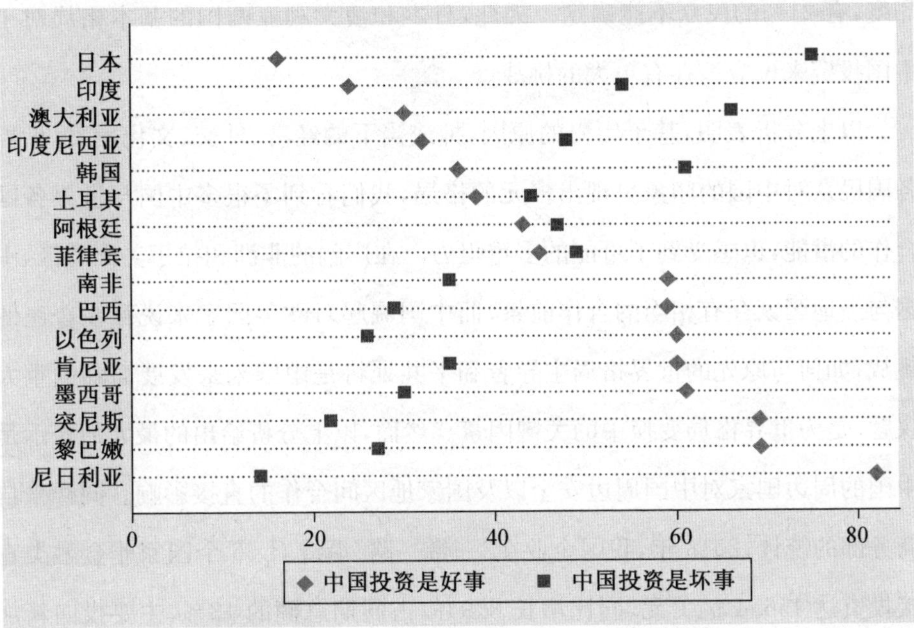

图12.2 16国民众对中国投资的态度(2019)(单位:%)

数据来源："China's Economic Growth Mostly Welcomed in Emerging Markets, But Neighbors Wary of Its Influence," https://www.pewresearch.org/global/2019/12/05/chinas-economic-growth-mostly-welcomed-in-emerging-markets-but-neighbors-wary-of-its-influence/，访问时间：2020年5月20日。

① 这也是皮尤中心2019年报告的基调，中国周边国家对中国经济影响更加警惕："China's Economic Growth Mostly Welcomed in Emerging Markets, But Neighbors Wary of Its Influence," https://www.pewresearch.org/global/2019/12/05/chinas-economic-growth-mostly-welcomed-in-emerging-markets-but-neighbors-wary-of-its-influence/，访问时间：2020年5月20日。

存在结构性差别，在日本有75%的民众明确表明中国投资是坏事，态度不明朗（选择“不知道”或者拒绝回答）的民众只有9%，也就是说，七成以上的日本民众明确反对中国投资。但在印度，有22%的民众没有明确表态，直接表达中国投资是坏事的民众为54%，比日本少了20个百分点。澳大利亚民众对此态度的格局类似于日本，66%的民众反对态度明确；而印度尼西亚则更接近印度，有21%的民众不能确定。因此，日本和澳大利亚两国的基本格局对于中国投资来说应该存有更大的挑战。

以上分析表明，基于历史的原因，抑或当下的经济、外交、文化元素，世界各国民众对中国的印象呈现出多元的格局，我们看到了很多中国与世界各国合作的潜能，也感受到了可能的多重阻力。在广阔的非洲和拉丁美洲地区，中国与当地国家存有相当的合作前景，而中国崛起对欧美国家来说存在普遍的挑战，如何与原先的世界格局主导者和平共处将是中国未来发展面临的重大议题，是为世界格局变换中的关键因素。然而，以上分析给出的最大的警示是中国的周边国家对中国周边安全以及国家地区间合作的直接影响。同样来自商务部的统计，2018年，我国企业在“一带一路”沿线对56个国家非金融类直接投资达156.4亿美元，同比增长8.9%，占同期总额的13%，主要投向新加坡、老挝、越南、印度尼西亚、巴基斯坦、马来西亚、俄罗斯、柬埔寨、泰国和阿联酋等国家，中国与周边国家的合作面越发广泛。到2019年非金融类直接投资150.4亿美元，虽略有下降（同比下降3.8%）但维持住了2018年的基本格局。[①] 以上数据表明了中国在海外投资的诸多机会，但无疑也表明了相当的风险，全球经济发展的局势可谓瞬息万变，中国如何以东道主国家能够接纳的

① 根据商务部的统计，在2019年对外承包工程方面，我国企业在“一带一路”沿线的62个国家新签对外承包工程项目合同6 944份，新签合同额1 548.9亿美元，占同期我国对外承包工程新签合同额的59.5%，同比增长23.1%；完成营业额979.8亿美元，占同期总额的56.7%，同比增长9.7%。数据来自商务部对外投资和经济合作司，http://fdi.gov.cn/1800000121_33_13136_0_7.html。

方式展开双赢合作，维护好中国的海外利益是重大的课题。我们这里的数据不能支持相关问题因果关系的深入分析，但这无疑是国内学术界，尤其是比较政治学界日后要深入研究的重点。

第十三章
国际秩序认知全球图景

全球视野下的中美俄力量对比

我们花了相当的篇幅来讨论各国民众对一些单一主权国家的主观评价，我们将继续对他们对国家间力量对比的认知展开分析。在该调研中，有一道题目直接发问，“现今，你认为哪个国家是当前世界经济的领头羊？”[①]从全体数据来看(参见表 13.1)，在三万多名全球各国的受访者中，有 46.14%的人认为美国是目前全球经济的领导者，34.68%的人认为是中国，日本和欧盟基本并列第三，平均有 8%左右的民众选择了它们。这一格局似乎比较符合之前以国内生产总值为衡量标准的世界经济体的相对位置，美国仍然是当前经济总量最大的国家，中国则超越日本成为当前第二大经济体。然而，我们说，民众对于国家力量的认知并不只是基于国家经济发展的客观指标，基于他们知晓或不知晓的基本事实，他们仍然会存有主观判断，这从图 13.1 的巨大国别差异中就能够看出这一认知与事实之间的区隔。

---

① 原文为：“Today, which ONE of the following do you think is the world leading economy?”。

表 13.1　全球民众对世界经济领头羊的看法

看法	频次	百分比	累计百分比
美国	16 383	46.14%	46.14%
中国	12 313	34.68%	80.82%
日本	2 936	8.27%	89.09%
欧盟国家	3 002	8.46%	97.55%
其他	356	1.00%	98.55%
没有领头羊	514	1.45%	100%
合计	35 504	100%	

数据来源：根据“Spring 2017 Survey Data：38-Nation Survey Conducted February 16 - May 8，2017”数据中的“econ_power”变量计算而成。

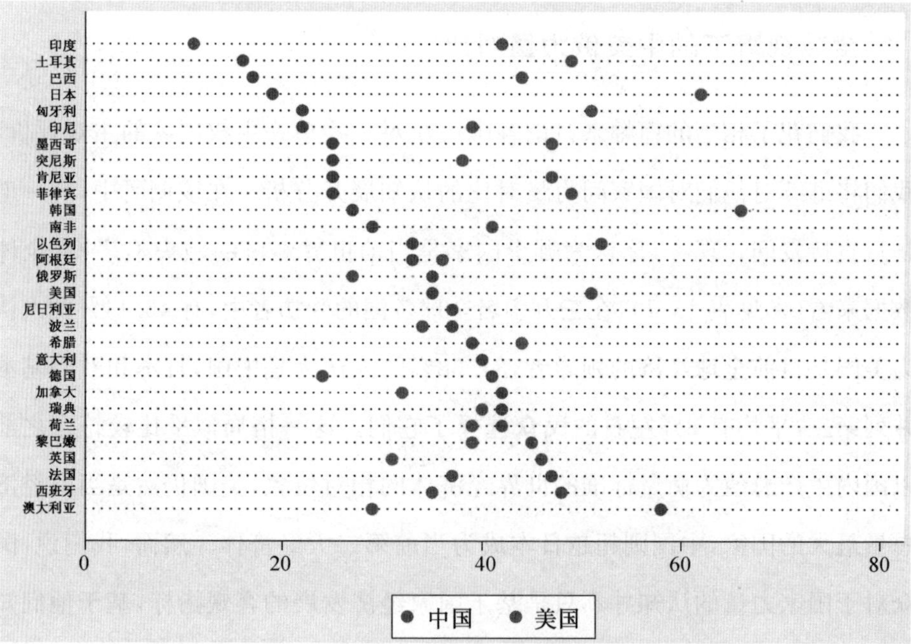

图 13.1　29 国对美国、中国经济地位的评价(2017)(单位:%)

注：根据“Spring 2017 Survey Data：38-Nation Survey Conducted February 16 - May 8，2017”数据中的“Country”“econ_power”变量计算而成。尼日利亚与意大利的两个数据基本一致，因此出现重合。

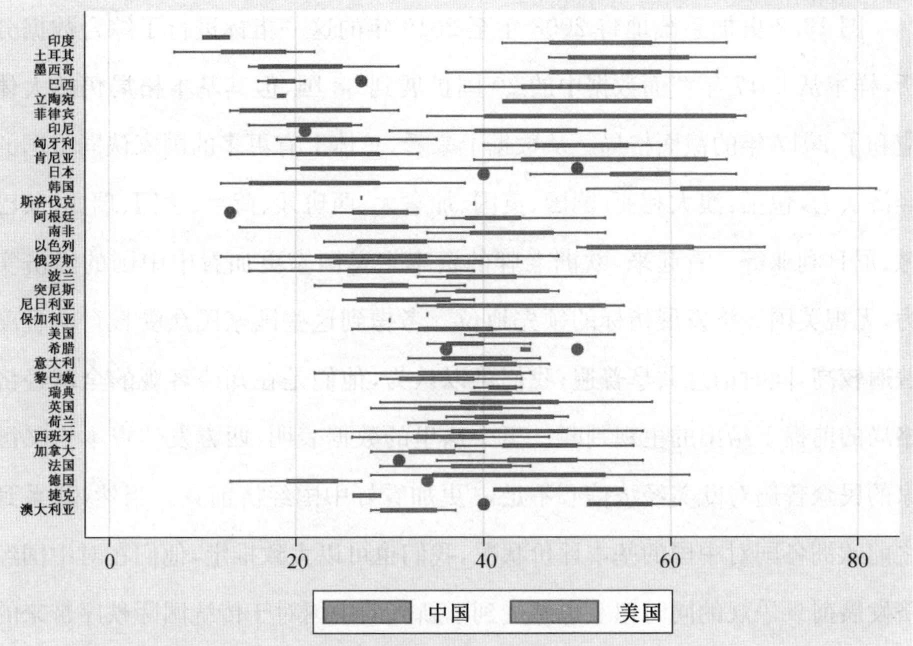

图 13.2　33 国民众对美国、中国经济地位的评价(2008—2019)(单位:%)

数据来源:"China's Economic Growth Mostly Welcomed in Emerging Markets, But Neighbors Wary of Its Influence," https://www.pewresearch.org/global/2019/12/05/chinas-economic-growth-mostly-welcomed-in-emerging-markets-but-neighbors-wary-of-its-influence/,访问时间:2020 年 5 月 20 日

图 13.1 给出了 29 个国家民众 2017 年分别对美国和中国经济地位的认知情况。例如,最下端的澳大利亚有 31.61%的民众认同当前美国经济的领先地位,但同时有高达 58.33%的民众认为中国是世界经济领导者,这一格局与全球的平均水平存有根本上的差别。换句话说,在不到六成的澳大利亚人眼中,中国主导世界经济,这一比例超过了认同美国经济地位人数近一倍。图 13.1 表明,这样的结构可能并不是因为澳大利亚是个例外,实际上,在 29 个国家中,有 13 个国家的民众更加认同中国经济的世界领导地位;有 16 个国家更加明确认同美国经济的霸主地位;其中有 4 个国家的民众虽然更认同美国的经济领导地位,但分别认同中国和美国的两部分民众的比例相差小于 10 个百分点。

图 13.2 更加系统地将 2008 年至 2019 年的这一指标进行了综合数据分析，样本从 2017 年截面数据中的 29 国扩展到 38 国，但其基本格局仍然大体应和了 2017 年的截面格局。从数据上来看，总体上有更多的国家认同中国的经济实力，包括：澳大利亚、德国、英国、加拿大、西班牙、荷兰、法国、瑞典、黎巴嫩、尼日利亚等。看起来，欧洲老牌的资本主义国家更加看中中国的经济实力，无视美国经济发展指标的领先地位。考虑到这些国家民众受教育的程度普遍较高，同时信息共享普遍，我们可以认为，他们是在知晓客观的全球经济格局的前提下给出的主观判断。至少这里的数据表明，西方发达资本主义国家的民众普遍对欧美经济信心不足，[①]更加看好中国经济前景。当然，联系到之前欧洲各国对中国的基本评价状况，我们也可以大致推定，他们在对中国经济发展前景乐观的同时似乎也感受到了新兴的中国对于传统国际秩序带来的压力。因此，民众对中国世界经济地位的认同也从某种意义上显示出了对中国经济发展的警惕。

对美国经济实力更加看好的国家除去美国和日本两个发达资本主义国家，其他基本为亚非拉的发展中国家，二战以来美国作为世界霸主的影响力在第三世界国家仍然是深远的。图 13.1、图 13.2 中最上端的国家是印度，是认同美国经济地位超越中国的人群最多的国家，也是对中国的世界经济领导地位认同最低的国家。以 2017 年的印度数据为例，63.28%的印度人相信美国的经济实力，但只有 16.06%的印度人认同中国，这与日本人对中国经济的认知(12.59%)相差无几：唯有美国才处于绝对领导地位。这样类似的格局同样发生在了越南，56.09%的越南人认同美国经济地位，在中国、日本、欧洲等地区的经济地位上，越南人并没有特别的偏好，中国只是稍有不明显的优势。中东的土耳其人也有类似的观点，在突出美国主体地位的同时(54.55%)，对中

① 其中德国民众在某些年份对欧盟的领导地位认同超过了美国。

国、日本和欧洲的看法较为平均。东亚的韩国稍有不同，韩国作为对美国经济最有信心的国家之一，对中国经济地位的主观评价超过了中国周边的其他国家，有27.32%的韩国人认同中国的经济地位，不同于越南、印度等国，韩国人对日本和欧洲的经济几乎毫无信心。从过去十年整体数据看，土耳其、墨西哥、巴西、立陶宛、菲律宾、印度尼西亚、肯尼亚等发展中国家也给予了美国经济领导地位更多的认可。可见，中国在同为发展中国家序列的亚非拉诸国眼中仍然有相当的发展空间，美国的经济霸主地位一时间可能无法撼动。而最近几年对中国经济评价最为保守，且对美国的经济地位最为推崇的国家相当一部分集中在中国周边。理解这一基本背景或许能够帮助我们认清中国展开与周边邻国合作的机遇与挑战。

皮尤中心2017年这一轮的调研还直接就中国、美国、俄罗斯三国有可能产生的“威胁”进行了发问。表13.2给出了全球样本的数据，从全球范围来看，美国、中国、俄罗斯处于较为平衡的结构，存有差异但没有巨大的失衡格局。对于这三个国家，全球大概分别有三分之一的民众认为它们“没有威胁”，其中美国的比例最低，全球有26.61%左右的受访者感知不到美国的威胁，而这一数值对于中国和俄罗斯分别为34.24%和33.06%。从“较小威胁”一栏的数据来看，三个国家非常平衡，均有大概三分之一的受访者选择了该选项。不过对“严重威胁”的选项，受访者对美国有明显的偏向，全球有37.66%的民众认为美国对他们存在严重的威胁，而只有27.35%的人选择了中国，24.05%的人选择了俄罗斯。应该说，表13.2中最醒目的数据可能就是认为美国存在“严重威胁”的人数超过了中国和俄罗斯大概10个百分点。另外，有11.61%的受访者对于俄罗斯的威胁感无从评价，选择了“不知道”，这是对三国威胁感的评价中选择该项比例最高的，从某种意义上我们似乎能从该数字中看到各国民众对解体后的俄罗斯实力无从评价和观望的状态。那么这里的问题是，这些比例背后所代表的人群到底是不是一样？这看似平衡的结构背后存有怎样的观点多样性呢？对于国别差异的分析或许在这一组问题中显得格外必要。

表 13.2 全球民众对美国、中国、俄罗斯可能形成的威胁的评价

评价	美国	中国	俄罗斯
没有威胁	15 231 （26.61%）	14 366 （34.24%）	13 539 （33.06%）
较小威胁	11 660 （28.83%）	12 735 （30.36%）	12 671 （30.94%）
严重威胁	10 765 （37.66%）	11 475 （27.35%）	9 849 （24.05%）
不知道	2 682 （6.63%）	3 269 （7.79%）	4 755 （11.61%）
拒绝回答	110 （0.27%）	108 （0.26%）	137 （0.33%）
合计	40 448 （100%）	41 953 （100%）	40 951 （100%）

注：根据“Spring 2017 Survey Data：38-Nation Survey Conducted February 16 - May 8，2017”数据中的“intthreat_USpower” “intthreat_chpower” “intthreat_ruspower”变量按国家计算而成。

图 13.3 展示了全球 37 国民众对于美国威胁的看法，图形中从左往右按照认为“美国不存在威胁”的人群比例由小到大进行排列，图中下部分所占的面积为各国的该部分人群，中间部分为认为“美国存在较小威胁”的人群比例，最上部分是认为“美国存在较大威胁”的人群比例。从数据来看，全球范围内，认为美国不构成威胁的观点最为主流的国家是波兰（59%）和以色列（58%）。在这两个国家，有近六成的民众认为美国不构成任何威胁，而且即便 40%的民众认为美国有所威胁，其中认为是严重威胁的人也不到一半，占总人群的比例分别为 14%与 17%，它们也是全球范围内认为美国构成“严重威胁”比例最低的两个国家。考虑到美国的中东政策以及一直以来与以色列的关系，以色列民众的基本态度无疑与官方立场是呼应的。以色列固然属于中东地区的例外，但是，整体数据表明，中东地区除了土耳其民众倍感美国威胁之外，其他中

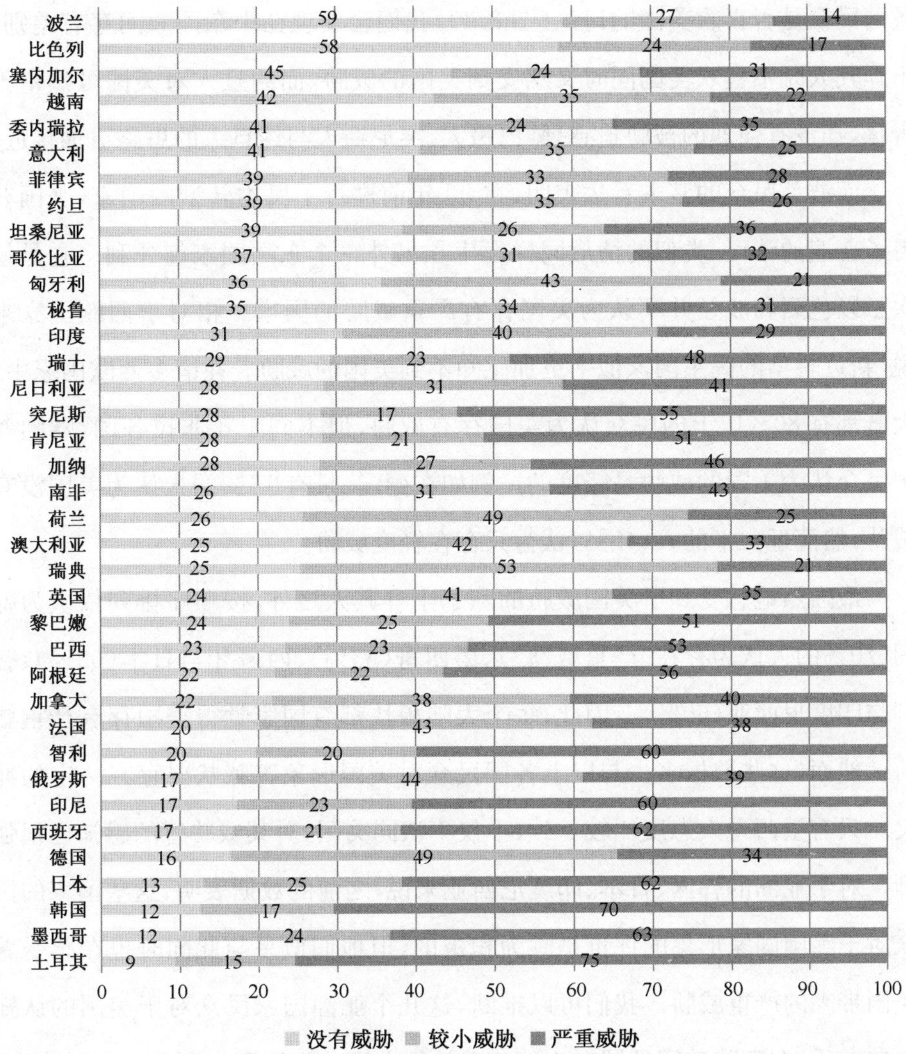

图 13.3　37 国民众对美国威胁的评价(单位:%)

注:按“没有威胁”人群比例由小到大排列,根据“Spring 2017 Survey Data: 38-Nation Survey Conducted February 16 - May 8, 2017”数据中的“intthreat_USpower”变量按国家计算而成。由于 Excel 仅保留至个位数,因此部分国家三种数据总和不是 100%,数值范围在 99%—101%。下文图 13.4 与 13.5 同理。

东国家并不是全球范围内最担忧美国威胁的,这包括突尼斯、黎巴嫩、约旦等国。在土耳其,有 90%左右的民众认为存有威胁,而且 75%的人认为是严重威胁,这是全球范围内对美国的威胁感知最严重的国家。所以,回到之前关于各国民众是否喜欢美国的讨论(图 9.1),我们会发现在中东国家间存有差别。土耳其人既不喜欢美国同时又感受到美国的威胁,而约旦人对美国虽然毫不青睐,却没有强烈的被胁迫感,黎巴嫩人、突尼斯人与约旦人的思路更加接近。

而波兰民众的基本看法表明,在 30 年前进行了民主转型的国家,美国获得了普遍的认可,类似的情形同样发生在另外一个东欧国家匈牙利。它是仅次于以色列和波兰并不认为美国存有严重威胁的国家。相对于西欧国家来说,新近转型的民主国家似乎更加感知不到美国的威胁。在诸多西欧国家中,大概都有 80%以上的民众认为美国存有威胁,但不同于亚非拉各国,欧洲各国民众认为美国的威胁是轻度的。例如在德国,只有 16%的人认为美国没有威胁,然而近一半的人(49%)认为只存在轻度威胁。

最强烈地感受到了美国威胁的除了土耳其人之外,按顺序排列依次为韩国(70%的人认为存在"严重威胁")、墨西哥(63%)、西班牙与日本(62%)、智利与印度尼西亚(60%)。因此,每个大陆板块都有国家觉得美国存有严重威胁。然而,这些数据多少与以上各国民众对美国形象青睐状况存有一定的冲突。只有墨西哥人态度比较一致,不仅不认同美国,对其威胁感的感知也很强烈。对于亚洲的韩国、日本、印度尼西亚来说,之前的数据表明,这些国家的民众对于美国国家形象的评价是颇为积极的,但他们似乎与此同时也在感受着美国带来的严重威胁。我们可以推断,这几个亚洲国家民众对于美国的认知比较矛盾,在青睐美国的同时也能充分认知美国与本国国家利益之间的张力。如果对威胁的感知更加能够反映出美国外交政策的直接影响,我们可以认为,这一指标潜在地给出了美国当前的外交政策在这几个国家可能遭到的阻力。事实上,图 13.3 中另外三个亚洲国家越南、印度以及菲律宾的民众感受到的美国威胁并不严重,同时考虑到这三国民众对美国的认可程度,我们可以看到美国的外交渗透在这三个国家的民众中受到了较小的阻力。美国在亚洲地区的外交战略显然在各国遭遇了不同的境况,亚洲民众对于美国不同的评价将是包括中国在内的各国展开周边外交的基本条件之一。

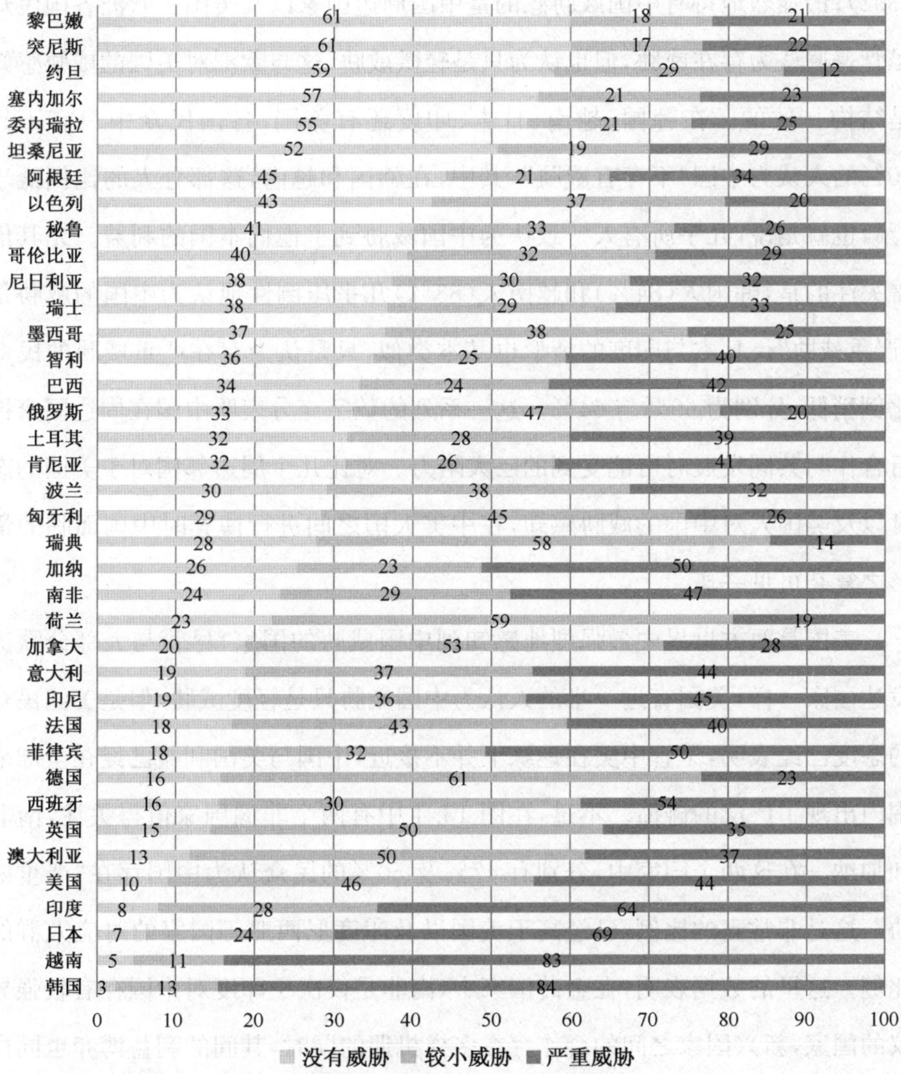

图 13.4　38 国民众对中国威胁的评价(单位:%)

注:按"没有威胁"人群比例由小到大排列,根据"Spring 2017 Survey Data: 38-Nation Survey Conducted February 16 - May 8, 2017"数据中的"intthreat_chpower"变量按国家计算而成。

如果我们将中国与俄罗斯纳入与美国的对比分析,全球各国的基本格局会更加清晰。对于中国而言(图 13.4),在广阔的中东、拉丁美洲以及非洲地区，各国民众基本认为中国不存在严重的威胁，与前文的数据相一致（参见表13.2），最强烈地持有中国威胁感的是中国周边国家以及美国。欧洲各国民众尽管普遍认为存在威胁，但也认为只是轻微威胁，这与欧洲对美国的威胁感知是结构一致的。在韩国、越南、日本、印度还有美国，各国民众中只有不到10%的人认为中国“不存有威胁”，其中，在韩国和越南，这部分人的比例低于5%，也就是说，几乎所有人一致认为中国威胁到了他们本国的利益。尤其值得关注的是，韩国人（84%）和越南人（83%）几乎压倒性地认为中国的威胁是“严重威胁”。日本与印度的情形也基本类似，只是认为存在严重威胁的民众比例稍低，分别为69%与64%。这一系列的数字充分表明中国在周边国家推行合作与共同发展时可能受到的巨大阻力。对比几个周边邻国对于美国的态度以及美国人对中国的威胁感知，在中美大国之间进行博弈时中国面临的情形之复杂可见一斑。

美国是西方世界中最强烈地感知到中国威胁的国家，尽管与大部分欧洲发达国家一样，美国有近一半的人认为中国威胁只是轻度威胁，但是美国民众的态度已经表明，尽管中美在地缘上并不接近，中国与美国利益已经在全球范围内出现了广泛的碰撞。不过，在图13.4中有两个非洲国家值得关注，南非和加纳。在这两个国家中，分别有47%及50%的民众认为中国存在“严重威胁”，这是非常高的比例，已经高于美国以及印度尼西亚等国家的对应人群的比例。这里的数据表明，在金砖国家中，南非是仅次于印度对中国存有较强异议的国家，新兴国家之间的合作存在多样机遇的同时，其间的利益博弈也同样是不可忽略的维度，中国在南非的经济合作与各个方面的影响，无疑在南非民众中引发了较为复杂的反应。在我们推行“一带一路”倡议时，沿线国家内部有可能产生的排斥因素将是我们进行相关风险预测和评估非常重要的部分。

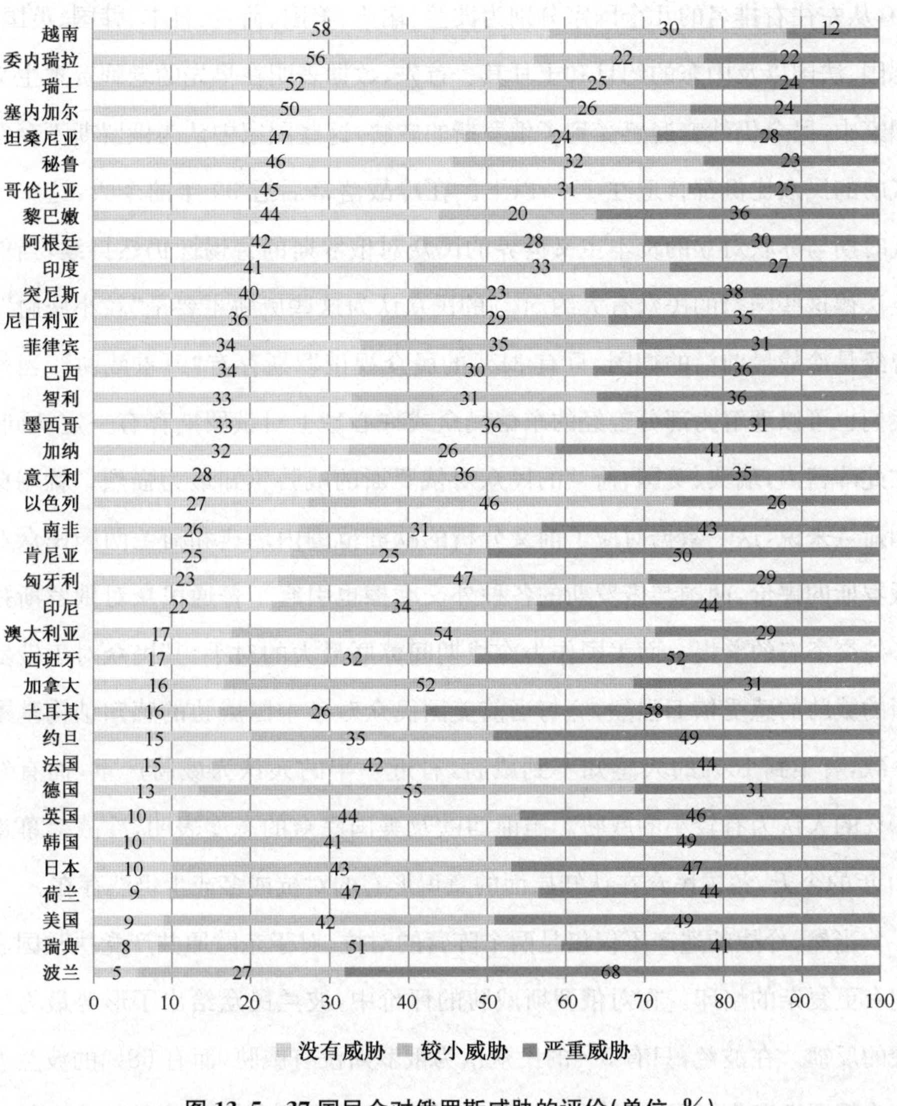

图 13.5　37 国民众对俄罗斯威胁的评价(单位:%)

注:按“没有威胁”人群比例由小到大排列,根据皮尤数据中心“Spring 2017 Survey Data: 38-Nation Survey Conducted February 16 – May 8, 2017”数据中的“intthreat_ruspower”变量按国家计算而成。

而对于曾经的霸主俄罗斯来说,早先的资本主义阵营以及基于地缘因素的欧亚国家感受到了更多的威胁。图 13.5 是按照各国民众认为俄罗斯“不存在威胁”的人群比例由小到大的排列。我们看到,在图中横轴方向的国家排序中，从左往右排名的几个国家分别为波兰、瑞典、美国、荷兰、日本、韩国、英国、德国、法国以及中东的约旦和土耳其。首先，数据表明在早先的老牌资本主义国家中，民众仍然普遍感受到了俄罗斯的威胁，这些国家中认为俄罗斯不存在威胁的民众比例都普遍在15%以下。在冷战落幕后近30年的今天，这些冷战时期与苏联对立的资本主义世界的民众对俄罗斯的警惕性仍然持续，当然英法德这些国家的民众有大约50%的民众认为这些威胁主要是“较小威胁”。曾经是冷战最前沿的德国，只有31%的民众视俄罗斯存有“严重威胁”，当然我们也可以理解为部分曾经的东德民众或许心理上对俄罗斯存有一定认同。在此阵营内，瑞典、美国、荷兰的民众对俄罗斯的威胁感知最为强烈。就瑞典和荷兰来说，这一数据对应了前文分析的欧洲范围内瑞典和荷兰两国民众对俄罗斯的评价，两国与俄罗斯的各种外交摩擦也引起了普通民众对俄罗斯强势外交姿态的警惕。而美国作为冷战期间苏联最大的对手，其民众对于俄罗斯的威胁的感受依旧强烈，这与当前美国民众对于中国威胁的感知结构基本一致，有不到10%的人感知不到威胁，有近一半的人认为威胁严重，而有约40%的人认为有较小的威胁。当前西欧及美国民众的态度表明，冷战落幕近30年的今天，各国民众在认知层面的意识形态的对抗或多或少仍然存在。

当然，冷战的遗产不仅仅是两个阵营的对抗，对于东欧原共产党执政国家则有更复杂的烙印。在对俄罗斯威胁的评价中，波兰民众给出了形势最为严峻的反馈。在波兰，只有5%的民众认为俄罗斯没有威胁，而有68%的波兰人认为俄罗斯存有“严重威胁”，这两个数据是全球范围内针对俄罗斯最为极端的评价。但在匈牙利，民众则相对温和不少，有23%的匈牙利民众感知不到俄罗斯的威胁，只有29%的匈牙利人认为俄罗斯能产生“严重威胁”。从数据来看，过往历史似乎在两个国家产生了不同的集体记忆。图中还表明，中东的约旦和土耳其也是感受到俄罗斯威胁较多的国家，尤其是土耳其，有高达58%的人认为俄罗斯的威胁非常严重。不过，土耳其人对俄罗斯的威胁感知相对于美国来讲仍然是较低的，而从上文所分析到的俄罗斯人对土耳其的认知来看，两国民众之间认知上的对抗并不十分严重。在广阔的非洲和拉丁美洲地区，人们对俄罗斯的威胁感知相对于欧美资本主义发达国家是大为减弱的，无论是基于地缘政治还是曾经的冷战历史，广大的非洲和拉丁美洲国家均没有形成与俄罗斯激烈对抗的局面。当然，苏联在20世纪50—60年代曾经在非洲进行过规模不小的渗透，与地处拉丁美洲的古巴、委内瑞拉等国存有基于意识形态的密切合作，但在这两个地区的渗透和扩张整体上是有限的，冷战落幕后相关国家民众对于俄罗斯所能产生的威胁感认知非常有限。

而在国家间差异巨大的亚洲地区，对俄罗斯威胁的认知问题同样态度迥异。越南作为所有受访国家中对俄罗斯威胁感知最弱的国家，58％的民众丝毫感受不到威胁，只有12％的民众认为存有严重威胁。对照越南人对中美俄三国的态度不难发现，对于越南人来说，民众态度的倾向性似乎与早先的冷战格局有着错综复杂的关系，他们亲近美国与俄罗斯，却以强烈的戒备心对待中国。亚洲地区的另一个大国印度对俄罗斯威胁的感知尽管稍稍加重，有60％的人感受到了威胁，其中有27％的人认为威胁较为严重，但对比他们对中美俄三国整体态度，印度人与越南人的态度颇为接近，因为他们都视中国为最大的威胁，与美国、俄罗斯更为亲近，中国在大国博弈中的挑战一目了然。当然，在受访的亚洲国家中，有两个国家的民众对俄罗斯的威胁存有非常强烈的感知，它们是韩国和日本。这两个国家都只有10％左右的民众认为俄罗斯没有威胁，分别有49％、47％的人认为俄罗斯存在重大威胁，这两国是仅次于北欧的瑞典和荷兰以及美国对俄罗斯极为警惕的国家。在东北亚，日俄之间的对抗由来已久，悬而未决的北方领土之争一直是两国外交关系的敏感议题，而韩国因为朝鲜问题与俄罗斯之间也一直存有激烈的利益对抗，俄罗斯对两国民众造成的威胁感似乎并不难理解。不过，对比中美俄三国，无论是日本还是韩国，俄罗斯产生的威胁感相对于中国和美国仍然是较弱的，在这两国民众的认知中,中国仍然是最大的威胁,美国次之,俄罗斯最弱。

纵观中美俄三国的总体数据,俄罗斯在全球范围内带来的整体威胁感要小于中美两国;而且从国家间的格局来看,其并没有在特定几个国家内产生极强的威胁感,即使很多国家仍然感受到苏联大国的威慑,但"严重威胁"的比例还是相对较低的。这无疑也从一个侧面表明了冷战结束后俄罗斯在各国震慑力的相对衰退,以及当前中俄美三国博弈中俄罗斯相对弱化的位置。

再谈国际秩序主观感知的重要性

我们通过很长篇幅的详细分析展示了民调数据下各国民众眼中的他国评价、全球范围内经济主导国家以及中美俄三国对各国产生的威胁感。庞杂的数据展示出了一些相对稳定而重要的结构性信息,这也正是我们长篇累牍分析的最终目的所在。

首先,各国民众对世界格局的主观认知与客观指标存有重大距离。本书的第一部分以经济、人口、军事等客观指标展示了新兴大国与发达资本主义国家在各个维度的相对位置,而这一部分则主要展示各国民众对他国综合形象的评价,稍做对比,我们不难看出,这其中存有较大的距离。例如,中国、美国的各项经济指标在全球的相对位置完全是客观的,但中美两国在各国民众心目中的主观经济位置却是完全不同的。这其中存有的偏颇的认知无疑会渗入复杂的外交政策的制定体系,成为政策制定者信息处理过程中的重要环节。[①]从政策制定过程来看,考量一国指标的客观位置或许只是起步,而离析出国家间相互认知的相对位置以及当前国际秩序在系统层面的主观认知是更为重要

① 参见讨论主观认知如何影响外交政策的著作,例如 Yaacov Vertzberger, *The World in Their Minds: Information Processing, Cognition, and Perception in Foreign Policy Decision-Making*, Stanford: Stanford University Press, 1990; Richard K. Herrmann, *Perceptions and Behavior in Soviet Foreign Policy*, Pittsburgh: University of Pittsburgh Press, 1985.

的一步，因为后者更加直接地被嵌入了最终政策酝酿出台的过程中。国家间博弈本质上是基于博弈各方认知基础的战略性政策选择，如若没有主观认知偏差的存在，基于客观事实的政策过程本质上不存在博弈的意涵。当然对国际秩序以及一国相对地位的评价存在指标选择的偏差，但这里我们所强调的认知偏差是在给定的指标评价体系之下仍然存在的主观偏颇所形成的决策中的不确定性。从这个角度来说，对于崛起中的中国，在走向世界与全球各个角落形成碰撞与合作的过程中，存有一个重大的课题，就是了解他者眼中的中国。尽管上文的数据只代表了普通民众的感知，但逻辑上，我们仍然可以推定，各国政治精英的政策决定过程仍然包含着类似的他国认知的议题。

其次，全球范围内的调研数据大体给出了世界主要国家和地区间有可能存在的冲突和张力。皮尤中心的数据设计所涉及的问题和针对的调研国家(表 8.3)，以及以上各组数据勾勒出的全球及各地区的大致情形已经展示出了全球范围内的重要冲突根源。这包括了中国的崛起对早先的美苏争霸的两极格局的改变，英国、希腊等国对欧盟运行的挑战，北欧国家与俄罗斯的冲突，以宗教差异为底色的中东各国之间不可调和的矛盾，以朝鲜问题为中心的东北亚五国及美国之间极为复杂的互动关系，中国的崛起在周边引起的紧张感，印巴冲突局面，等等。毫无疑问，一国普通民众对于他国的评价并不能成为影响外交关系的唯一因素，也不足以成为判断双边或多边关系的唯一依据，但以上较为全面的数据给出的国家间潜在的冲突和张力的基本格局并没有偏离我们对当前国际主要冲突关系的基本判断。尽管美国的地位近些年来受到了包括中国在内的新兴大国的挑战，早先的对手俄罗斯也并没有放弃其在部分地区与美国的利益争夺，美国在各国的影响力也存有极大的差异，但数据仍然表明，美国显然延续着其在全球范围内难以撼动的大国影响力。尤其是对绝大部分发展中国家来说，其经济、文化与军事的影响力仍然是深远而广泛的，这些国家的民众对美国仍然具有非常高的认同感，这无疑也成为美国在全球范围内施加影响的重要基础。而崛起的中国对包括美国在内的西方世界形成了普遍的冲击，尽管大部分发展中国家较为认同中国力量的抬升，但体量庞大的中国的壮大形成的竞争也同时复杂化了中国与部分发展中国家的关系，数据表明这其中对周边国家的冲击是最直接的。在调研所涉及的中国周边国家印度、越南、韩国、日本、印度尼西亚，各国民众都普遍对中国的壮大持有极高的警惕性，中国周边的关系随着中国力量的成长在日渐复杂化。而地区性的国家间合作与争端也投射在了各国民众之间的相互评价中，以上数据表明，一些国家外交关系的恶化有着非常普遍的民众心理基础，尽管政治精英有了相当的主宰外交政策的空间，但也无法完全置身于民意之外。之前的研究表明了民意对于外交政策有可能存有的影响，我们也相信，随着时间的推移，以上数据所显现的部分格局会产生微妙的嬗变，但普通民众观念中的国际秩序、他国形象仍然是理解国际秩序不可或缺的一部分。

再次，全球范围内的数据分析表明，当前国家间对抗与合作的动力是多元而复杂的，各国民众对世界秩序与他国的评价不仅展示了国家实力产生的冲击，也夹杂了意识形态冲突的历史惯性和明显的“文明的冲突”的痕迹。冷战的结束以苏联的解体为标志，俄罗斯的国家实力在苏联解体后不再同日而语。而以中国为代表的发展中大国的兴起成为重塑冷战后世界格局的重要力量，西方世界对中国的崛起普遍警惕的心理背后不仅是对中国国家实力的考量，同样也重现着当年意识形态的对抗在国家之间的分隔。从数据的整体格局来看，中国周边国家以及部分经济实力状况较好的发展中国家国民对于中国的评价展示出了更多国家实力的视角，然而对于西方国家来说，它们对于中国的评价体现出的警惕态度与早先的意识形态对抗格局有着不少的重合。而随着冷战结束后全球范围内宗教极端主义带来的恐怖主义威胁，“文明”的元素又在另一个维度上重新塑造了国家间的亲疏关系以及合作/冲突的格局。一方面，宗教极端主义带来了部分地区和国家间几乎不容调和的矛盾冲突，但同时使得国家实力存在刚性竞争或者意识形态上存有剧烈对抗的国家，可以在反对宗教极端主义的维度上寻求一定的共识。因此，在国家实力、意识形态以及宗教文化三个维度上，各个国家间呈现出比冷战期间更加复杂的战略关系，国家间极为密切的经济联系仍然抵消不了可能存有的意识形态冲突，然而意识形态或经济的竞争也并不妨碍它们在应对宗教极端主义上的共同立场。无论是美国、中国、俄罗斯等大国在全球的利益博弈，还是地区性国家间关系活动都彰显出这三个维度错综复杂的影响效应，而且在多元主体的互动中展示出三个维度迥异的影响力。

我们相信，身份政治在当下的兴起糅杂全球化带来的经济分化和文明冲突引起的全球政治震荡仍将在很长的时间内持续。世界秩序正经历着深刻的变化，自由主义的浪潮是否只是经历暂时的挑战抑或正朝着不同方向嬗变，或许还需要更多的时间来观察。我们唯一可以确信的是，在全球力量的结构性变化中，作为行为主体的各国政治精英与普通民众乃是推动社会转型的最直接力量，他们的观念和选择必然会对未来世界秩序的走向发挥不可或缺的作用。

第三部分
不确定的未来中的新兴大国

第十四章
2020新冠疫情的冲击

世界秩序再讨论

国际关系风云变幻的陈词滥调似乎在2020年新冠疫情的突然来袭中重新获得了深层意义，或许我们很难再找到一个更加典型的时刻来表明世界政治中的不确定性可以带来的复杂而彻底的影响。一方面我们清晰感受到了全球化所建构的几乎不可切割的国家间交往网络已经包围了我们日常生活的方方面面，而另一方面病毒的全球传播也充分展示了全球化可能的弊端以及它某种程度上不堪一击的脆弱性。病毒的迅速传播给各国政府几乎带来了瞬时的压力，各国政府在面临新冠病毒的多样举措彰显着各国政治逻辑的极大差别，一时间关于病毒的阴谋论、各国政府间的互相指责、各国民众社会交往行为的差异性、不同政治体制的迥异对应方式、病毒在各国不同群体之间的传播差异等海量信息夹杂着人们极为复杂的生存焦虑喷涌而出，全球化时代生活的诸多弊端被折射在疫情多棱镜中，现代性的推进遭遇了二战之后最大的挑战。

国际学者很快捕捉到新冠疫情可能给世界格局带来的冲击，大约从2020

年3月开始至今，关于疫情可能带来的世界秩序改变的讨论在媒体上激烈展开，2020年4月16日，《外交政策》杂志邀请了国际关系领域的12位顶级专家对此展开讨论预测，专家的观点可谓莫衷一是。[①] 此前，4月3日，基辛格在《华尔街日报》发表评论文章《新冠疫情将永远改变世界秩序》，呼吁美国政府要保护美国公民，以新的思维迎接新的历史阶段。基辛格的基本观点仍然是自由主义的，他仍然希望美国能够持续维持一个自由主义世界格局。[②] 无疑，自由主义的秩序能否在疫情之后持续是最近围绕疫情展开的世界秩序讨论的核心议题。实际上，自2017年特朗普当选总统后推行"美国优先"政策以来，关于自由主义秩序遭受巨大冲击、世界秩序究竟何去何从的争论已经在过去的三年多时间内广泛展开。[③] 一些持有现实主义强硬态度的学者对自由主义的世界秩序激烈批判，认为该秩序"注定失败"，[④]必须重新评估自由秩序对现

① John Allen et. al, "How the World Will Look Like After the Coronavirus Pandemic," *Foreign Policy*, April 16, 2020, https://foreignpolicy. com/2020/03/20/world-order-after-coroanvirus-pandemic/, 访问时间：2020年6月13日。

② Henry A. Kissinger, "The Coronavirus Pandemic Will Forever Alter the World Order," *The Wall Street Journal*, April 3, 2020. https://www. wsj. com/articles/the-coronavirus-pandemic-will-forever-alter-the-world-order-11585953005, 访问时间：2020年6月13日。

③ 参见《外交》2017年第一期特朗普任期开始时的专辑"Out of Order? The Future of the International System"，该刊集中讨论了特朗普时期世界秩序将面临的挑战，文章包括："Out of Order? What's Inside" by Gideon Rose, "World Order 2. 0" by Rober N. Haass, "Will the Liberal World Survive?" by Joseph S. Nye Jr., "Liberalism in Retreat: The Demise of a Dream" by Robin Niblett, "The Once and Future Order: What Comes After Hegemony?" by Michael J. Mazarr, "China and the World: Dealing with a Reluctant Power" by Evan A. Feigenbaum, "Will Washington Abandon the Order? The False Logic of Retreat" by Kori Schake, 访问时间：2020年6月13日。

④ John J. Mearsheimer, "Bound to Fail: The Rise and Fall of the Liberal International Order," *International Security*, Vol. 43, No. 4, 2019, pp. 7-50.

在世界的真正贡献，[①]而回到大国对抗几乎已经不可避免。[②] 新冠疫情带来的冲击无疑进一步加重了学者们对自由主义全球秩序的忧虑。疫情冲击下的经济衰退、国家间交流受限以及国家边界矛盾的突显，无不应和着此前已经兴起的反全球化的民粹主义潮流中的担忧，[③]新一轮唱衰全球化的情绪已经兴起。[④] 当然，在弥漫的悲观情绪中仍然有对自由主义的世界秩序存有信心的学者，比如，约瑟夫·奈仍然坚信新冠病毒无法改变世界秩序，[⑤]而约翰·伊肯伯里仍然在不遗余力地捍卫着他的理念，呼吁国际主义的合作。[⑥] 然而，未来世界秩序究竟如何是一个实证议题，在各种不确定性因素冲击下国际时局的走向越发复杂，一切都有待国家间力量角逐的展开。不过，在所有的不确定性中，有两个主角国家在国际体系中的重要性却是确定的，即自二战以来美国

---

① Graham Allison, "The Myth of Liberal Order," *Foreign Affairs*, Vol. 97, No. 4, pp. 124－133; "The Truth of Liberal Order: Why It Didn't Make the Modern World," *Foreign Affairs*, August 28, 2018, https://www.foreignaffairs.com/articles/2018－08－28/truth-about-liberal-order.

② Thomas Wright, "The Return to Great-Power Rivalry Was Inevitable: With Neo-Authoritarianism on the Rise, the Old Assumption Undergirding a Common Set of Western Values Just Won't Do," *The Atlantic*, September 12, 2018, https://www.theatlantic.com/international/archive/2018/09/liberal-international-order-free-world-trump-authoritarianism/569881/, 访问时间：2020年6月13日。

③ Amitav Acharya, "How Coronavirus May Reshape the World Order," *The National Interest*, April 18, 2020, https://nationalinterest.org/feature/how-coronavirus-may-reshape-world-order－145972, 访问时间：2020年6月13日。

④ Ross Douthat, "The Coronavirus Is Provoking Anti-Globalist Paranoia, But the Real Globalism Is Disintegrating," *The New York Times*, May 23, 2020, https://www.nytimes.com/2020/05/23/opinion/sunday/the-end-of-the-new-world-order.html, 访问时间：2020年6月13日；同时参见《外交政策》2020年4月16日论坛中史蒂芬·M. 沃特(Stephen M. Walt)以及罗宾·尼布雷特(Robin Niblett)的观点。

⑤ Joseph S. Nye Jr., "No, the Coronavirus Will Not Change the Global Order," *Foreign Policy*, April 16, 2020, https://foreignpolicy.com/2020/03/20/world-order-after-coroanvirus-pandemic/, 访问时间：2020年6月13日。

⑥ John Ikenberry, "The Next Liberal Order: The Age of Contagion Demands More Internationalism, Not Less," *Foreign Affairs*, July/August 2020, https://www.foreignaffairs.com/articles/united-states/2020－06－09/next-liberal-order, 访问时间：2020年6月13日；John Ikenberry, "The End of Liberal International Order," *International Affairs*, Vol. 94, No. 1, 2018, pp. 7－23.

的主导地位是否会延续以及中国的崛起将给世界秩序带来怎样的影响。

在对疫情冲击下自由主义世界秩序困境的一般性讨论中，这两个核心议题不断见诸主流媒体或者社交媒体，引发激烈争论。同样，这两个议题也并非新近话题，相关的学术争论及各国政界精英与民众的讨论已经绵延了相当长的时间。此前，在特朗普政府掀起的中美贸易战中，中美关系逐日紧张，中美关系、两国在世界格局中的地位等议题讨论已经推向高潮。然而，随着疫情的到来，尤其是疫情全球传播带来的复杂情绪，[①]有关中国在世界体系中的地位问题的争论进入了一个全新的阶段。

新冠疫情冲击中的中国与美国

在疫情到来之前，皮尤中心根据其 2019 年在全球 34 个国家的调研发表了一份关于中国的报告。[②] 数据已经表明，随着中国"一带一路"倡议的展开，中国在沿线国家已经形成了积极的影响力；在广大的新兴市场国家，中国投资受到了好评，中国经济的增长被认为会带来积极影响。在调研的 16 个国家，总体来看有 58%的民众认为"中国经济发展是好事情"，52%的民众认为"中国的经济投资是好事"，而在非洲、拉丁美洲国家民众积极情绪更为普遍。另

① 例如 Stanley Widianto and Khanh VU, "Anti-China Sentiment Spreads Along with Coronavirus," January 20, 2020, *Reuters*, https://uk.reuters.com/article/uk-china-health-sentiment/anti-china-sentiment-spreads-along-with-coronavirus-idUKKBN1ZT1CI，访问时间：2020 年 6 月 15 日；Motoko Rich, "As Coronavirus Spreads, So Does the Anti-Chinese Sentiment," *The New York Times*, January 30, 2020, https://www.nytimes.com/2020/01/30/world/asia/coronavirus-chinese-racism.html，访问时间：2020 年 6 月 15 日；Marc Caputo, "Anti-China Sentiment Is on the Rise," *POLITICO*, May 20, 2020, https://www.politico.com/news/2020/05/20/anti-china-sentiment-coronavirus-poll-269373，访问时间：2020 年 6 月 15 日；Mark Moore, "Anti-China Sentiment Highest Since Tiananmen Square in the Wake of Coronavirus," *New York Post*, May 4, 2020, https://nypost.com/2020/05/04/anti-china-sentiment-reportedly-highest-since-tiananmen-square/，访问时间：2020 年 6 月 15 日。

② 该调研尚未公开原始数据，关于中国的描述性数据请参见年底报告："China's Economic Growth Mostly Welcomed in Emerging Markets, But Neighbors Wary of Its Influence," https://www.pewresearch.org/global/2019/12/05/chinas-economic-growth-mostly-welcomed-in-emerging-markets-but-neighbors-wary-of-its-influence/，访问时间：2020 年 5 月 20 日。

外，全球 66%的民众认为中国与该国的双边经济关系良好，这一数据超越了他们对该国与美国双边关系的积极看法（64%），而且也有更多民众认为中国给本国的经济带来了比美国更积极的影响。当然，这些数据不表明中国在全球经济网络没有挑战，对应前文的分析，周边国家对中国经济增长的警惕以及中美之间的摩擦等都是中国经济发展和国际交往中的压力。然而，2020 年疫情到来，中国以及美国在全球格局中的角色问题一时间尖锐化。

尽管疫情仍在发酵中，但中国在 2020 年上半年成功抗疫的经历有目共睹。2020 年 6 月 7 日，国务院新闻办公室发布了《抗击新冠肺炎疫情的中国行动》白皮书。该白皮书详细介绍了中国抗击新冠疫情的艰辛历程，总结了中国抗疫的经验，并阐释了共同构建人类卫生健康共同体的中国理念和立场。① 然而，在过去的半年中，围绕疫情对于中国的质疑声也没有停歇。《中国日报》于 2020 年 5 月 7 日发表了一则很短的新闻《美前驻华大使：美方反华论调堪比麦卡锡主义时期》。② 一周后，美国前驻华大使马克斯·鲍克斯（Max Baucus）在接受央视记者采访时再次指出，美国政府中一些人对中国的攻击十分过火，让人联想起历史上的麦卡锡时代。③ 两则简短的信息已经表明伴随着疫情部分民众对中国的观点在发生着微妙的变化。在疫情期间，皮尤中心从 2020 年 3 月 3 日到该月月底在美国又进行了一轮调研并很快给出了相关的报告。疫情在美国汹涌的展开应该说产生了一定的“聚旗效应”（rally round the flag effect），美国民众对于特朗普的支持率达到了其就任以来的最

① 中国日报，“抗击疫情，传递中国力量”，https://world. gmw. cn/2020 - 06/09/content_33899149. html，访问时间：2020 年 6 月 15 日。

② 新华社，“美前驻华大使：美方反华论调堪比麦卡锡主义时期”，中国日报网，2020 年 5 月 9 日，https://cn. chinadaily. com. cn/a/202005/09/WS5eb62ecea310eec9c72b7c1a. html，访问时间：2020 年 6 月 15 日。

③ 中国日报，“前美国驻华大使：美国反华言论过火，重走麦卡锡主义和希特勒老路”，2020 年 5 月 13 日，https://cnews. chinadaily. com. cn/a/202005/13/WS5ebb743da310eec9c72b88ed. html，访问时间：2020 年 6 月 15 日。

高值。[①] 更为明显的是美国民众对于美国作为主权国家的力量出现了压倒性的支持观点,91%的民众认为美国是全球性的领导力量,83%的民众认为美国是全球军事领导力量,59%的民众认为美国是全球经济领导力量。[②] 从数据上来说,这是过去12年来,美国民众对美国信心最为膨胀的时刻。而与此同时,无论是出于对疫情传播的担忧,还是出于意识形态的偏见,他们对有可能对美国形成一定挑战的中国则持有了趋向消极的态度,高达66%的人持负面态度。[③] 其中,共和党人对中国的观点比民主党人更消极,保持了一直以来党派之间民意的基本格局。不过,美国民众对于特朗普政府与美国在国际体系中的态度在疫情冲击中出现了明显的分野,特朗普的支持率并没有显示出克服两党极化的明显趋势。然而对于中国态度问题上两党之间却并未呈现国内政治中的高度党派分化特征,也就是说,聚旗效应在美国民众的国际格局观点中有更好的体现。另外,报告显示,从年龄阶段来看,50岁以上的美国人对中国的观念更加消极,而美国18岁—29岁的年轻人对中国的积极态度的水平最高,在对中国的态度上,冷战结束后出生的这一代美国年轻人似乎更可能摆脱意识形态的偏见。

因为相关原始数据的缺乏,我们还不能对疫情下民众态度进行全面因果关系的分析。但我们可以观察到,疫情开始后,无论是特朗普本人还是其他一些华盛顿政治精英采取的对中国的强硬措辞乃至完全出于偏见的疫情阴谋论

---

① 比起当年"9·11"事件后对布什的支持,新冠疫情中对于特朗普支持的聚旗效应实则较小,这与美国政党政治极化的现状密切相关,但也出现了较之平时更高的支持率,参见数据:https://projects.fivethirtyeight.com/trump-approval-ratings/,访问时间:2020年6月18日。

② Kat Devlin, Laura Silver and Christine Huang, "U.S. View of China Increasingly Negative amid Coronavirus Outbreak," PEW Report, https://www.pewresearch.org/global/2020/04/21/u-s-views-of-china-increasingly-negative-amid-coronavirus-outbreak/,访问时间:2020年6月16日。

③ 同时参见傅莹,"新冠疫情后的中美关系",《中国新闻周刊》,第952期,2020年6月22日,在线发布:2020年6月17日,https://news.sina.com.cn/c/2020-06-17/doc-iircuyvi8909955.shtml。同时期,盖洛普等机构对该问题的调研也呈现了类似的格局,数据参见 https://news.gallup.com/poll/1627/china.aspx,访问时间:2020年6月17日。

应该在很大程度上影响了民众的看法，在美国政治选举周期的逻辑以及政治极化的基本大背景下，特朗普以及民主党候选人挑起的敌对中国的态度无疑为原本已经紧张的中美关系平添了更多负面因素。从中美两国大的图景来看，中国成功抗疫并迅速恢复经济社会生活的节奏与美国疫情扩散且随之而起的种族冲突形成了强烈的对比，中国一如既往坚定开放，推动建构人类命运共同体的担当①与特朗普政府美国优先战略指导下的规避全球责任②的态度同样对比强烈。由此，关于在后疫情时代的世界，中国可能不断抬升的国际秩序中的地位被广泛讨论，这不仅仅出现在西方主流媒体中，而且中国周边国家媒体也加入了讨论。③ 正如我们全书所展示的，崛起的中国的确在新兴的国家中展示出了其发展的潜力以及独特性，当前中国在疫情中的表现也展示出了强大的国家能力和国际责任担当，但中国究竟在世界格局中具有何等的地位仍然是一个经验实证命题。同样，我们之前的数据也表明了当前美国在硬实力和软实力方面不可撼动的地位，尽管在新冠疫情下，美国正遭遇着巨大冲击，世界的发展的确在诸多的方面从此不再一样，然而就此认为新的世界秩序

---

① 余晓葵、李曾骙："推动构建人类命运共同体的中国担当"，《光明日报》，2020 年 5 月 27 日，https://news.gmw.cn/2020-05/27/content_33862635.htm，访问时间：2020 年 6 月 16 日；李保东："坚持开放发展，深化合作共赢，携手构建人类命运共同体"，《求是》，2018 年 5 月 15 日，http://theory.people.com.cn/n1/2018/0515/c40531-29991364.html，访问时间：2020 年 6 月 16 日。

② 例如，特朗普延续美国优先战略在疫情中宣布终止与世界卫生组织的关系：Adam Shaw, "Trump Announces US 'Terminating' Relationship with WHO," *Fox News*, May 29, 2020, https://www.foxnews.com/politics/trump-us-terminating-relationship-with-who，访问时间：2020 年 6 月 17 日。

③ Stewart M. Patrick, "The World Order After COVID-19 Hingers on What Kind of America Emerges," *World Political Review*, May 11, 2020, https://www.worldpoliticsreview.com/articles/28751/the-world-order-after-covid-19-hinges-on-what-kind-of-america-emerges，访问时间：2020 年 6 月 17 日；Yoichi Funabashi, "Time to Build the Post-Pandemic World Order," *The Japan Times*, June 9, 2020, https://www.japantimes.co.jp/opinion/2020/06/09/commentary/world-commentary/time-build-post-pandemic-world-order/，访问时间：2020 年 6 月 17 日；Fatima Khan, "The New Reality of China-Centric Bipolar World Order, and Reasons Behind Ladakh Standoff," *The Print*, June 10, 2020, https://theprint.in/opinion/the-new-reality-of-china-centric-bipolar-world-order-and-reasons-behind-ladakh-standoff/438918/，访问时间：2020 年 6 月 12 日。

一夜铸成，美国、中国在其中的角色彻底改变，肯定也难以令人信服。我们认为，国际关系中的一些结构性因素与不确定因素并行，在不确定性增加的今天，保持对世界秩序中稳定的结构性元素的分析也必不可少。对于国际关系学者来说，离析出这两类因素的不同后果至关重要，不确定性的增加带来的复杂性无疑向日后的实证研究提出了更多的挑战。

不确定的未来与世界格局变迁的实证研究

我们认为，未来我们需要建构成熟的评价与测量世界秩序变迁的分析框架与相应指标，在此体系上及时跟踪世界格局的变迁以及各国相对位置的变化，这是中国认知世界和自我认知的重要面向。当然，正如我们全书所展示的，这样的努力应该在客观与主观认知两个层面同时展开，不仅要在衡量国家实力的客观指标中相对精准定位各国的位置，同样也要在各国精英与民众的主观认知层面展示国家实力与世界秩序的镜像。我们尤其呼吁加大对中国周边国家的重视，无论是在本书中呈现的数据还是当前正在发生的周边摩擦都充分指向周边国家对于中国建构良好的国际环境的重要性。同时，2020 年新冠疫情已经充分展示了诸多不可预测因素可能对世界格局造成的巨大冲击，如何预测潜在的冲击因素，建构有效的危机应对机制，并客观评估可能产生的国际效应将是未来国际关系研究的巨大挑战。逻辑上这固然是建构世界秩序变迁评价体系的一部分，然而对于正在崛起中的中国，在走向世界的历程中或许意味更多的不确定性的挑战，从而与国家实力嬗变自身带来的压力形成了双重的压力，这在疫情中变动的全球及周边舆论中已充分呈现。对于后疫情时代世界局势的走向仍需要拭目以待，然而在中国倡导人类命运共同体的今天，对全球格局及世界潮流的及时而相对准确的把握成为应有之意。从学术上，我们认为这需要中国的国际关系领域的实证研究进行方法论的拓展，充分融合传统的定性研究与当前国际学术前沿的定量研究及大数据路径来拓宽视野，更加科学地帮助我们认知世界秩序的变迁以及中国所面临的机遇与可能的风险。

国际关系的定量研究从 20 世纪 80 年代末至今已经经历了长足的发展，这也是在整个政治科学方法论发展的大背景之下衍生出来的路径。[①] 对于目前国际学术界一流期刊的方法论检验，我们非常容易得到这样的印象，定量的方法论已经基本霸占了目前学术界的前沿阵地，尽管这一趋势也一直饱受各种批评。然而，不绝于耳的批评并没有阻挡定量研究的扩张，学者们普遍认为可以补救的方法并不是摒弃定量路径，而是糅杂定性研究的方法以达成方法论上的取长补短。我们认为，在未来不确定性增加的国际风云变幻中，定量与定性结合的实证路径将是未来探究国际关系的主流。大样本的定量研究在呈现事件的宏观图景以及将因果关系一般化方面有着不可替代的优势，这对在不断变幻的世界格局中把握其中的稳定因素和宏观趋势来说非常必要。目前在国内学术界，除去国际政治经济学领域，定量研究路径还没有被广泛接纳，然而在方法论上拓展到大量运用定量分析的实证路径无论是旨在从学术上接洽当前前沿研究还是从实践层面帮助我们理解中国所面临复杂纷扰的世界格局都颇为迫切。当然，定量研究也有着其不可避免的困境，尤其在不确定因素频发的国际交往当中，一般性的因果机制无从建立，个性化的作用机制极为突出，而这恰恰是深入的小样本定性分析的长处，能够围绕既定的事件、国家、国际组织、机制展开具象化的因果机制探讨，可以避免在跨研究单位的比较研究框架尚未成熟建立的背景下对因果关系一般化问题粗浅处理。然而，无论对小样本研究对象的具象化分析还是对全球局势整体把握的大样本思路，这两

① Andrew Bennett, Aharon Barth, and Kenneth R. Rutherford, "Do We Preach What We Practice? A Survey of Methods in Political Science Journals and Curricula," *Political Science and Politics*, Vol. 36, No. 3, 2003, pp. 374 - 378.

者应该是互相支撑的，这也是近年来社会科学的混合方法论的趋势所在，①也应该被应用来帮助我们更加精确而客观地理解未来世界秩序的变迁并形成有效的中国对应之策。

本书初步的实证研究表明中国作为一个崛起的新兴大国已经在全球范围内形成了广泛而深入的影响，机遇与挑战并存的局势不仅为国际关系学者们提供了前所未有的学术机会，也赋予了重大的学术责任。时代呼唤国际关系领域科学、客观而理性的学术成果，助力中国更好地融入世界，践行建构人类命运共同体的发展理念。

① 例如 John Gerring, *Social Science Methodology: A Unified Framework*, New York: Cambridge University Press, 2012; Sidney Tarrow, "Bridging the Quantitative and Qualitative Divide in Political Science," *American Political Science Review*, Vol. 89, No. 2, 2005, pp. 471 - 474.

参考文献

中文著作及译著：

陈志瑞、刘丰主编:《国际体系与国内政治:新古典现实主义的探索》,北京:北京大学出版社,2015年版。

梁守德、陈岳、李义虎主编:《新型大国关系、国际秩序转型与中国外交新动向》,北京:世界知识出版社,2014年版。

秦亚青主编:《中国学者看世界:国际秩序卷》,北京:新世界出版社,2007年版。

杨成绪主编:《美国与战后世界秩序——新时期美国何去何从》,北京:世界知识出版社,2016年版。

查晓刚:《国际体系演进与新兴国家群体性崛起》,北京:时事出版社,2016年版。

赵汀阳:《天下体系:世界制度哲学导论》,北京:中国人民大学出版社,2011年版。

[加]阿米塔·阿查亚著,袁正清、肖莹莹译:《美国世界秩序的终结》,上海:上海人民出版社,2017年版。

[美]安妮-玛丽·斯劳特著,任晓等译:《世界新秩序》,上海:复旦大学出版社,2010年版。

[美]伊曼纽尔·沃勒斯坦著,王逢振译:《变化中的世界体系》,北京:中央

编译局出版社,2016 年版。

[美]费正清编,杜继东译:《中国的世界秩序:传统中国的对外关系》,北京:中国社会科学出版社,2010 年版。

中文期刊:

蔡拓:《国际秩序的转型与塑造》,载《外交评论》,2009 年第 4 期,第 10 - 15 页。

蔡拓:《当代中国国际定位的若干思考》,载《中国社会科学》,2010 年第 5 期,第 121 - 136 页。

陈凤英:《新兴经济体与 21 世纪国际经济秩序变迁》,载《外交评论》,2011 年第 3 期,第 1 - 15 页。

陈玉刚:《国际秩序与国际秩序观》,载《复旦国际关系评论》第十四辑,2014 年,第 2 - 4 页。

方长平:《中国与世界主要国家或地区的国际秩序观比较》,载《国际政治研究》,2012 年第 4 期,第 132 - 134 页。

花勇:《论新兴大国集体身份及建构路径》,载《国际论坛》,2012 年第 5 期,49 - 52 页。

胡键:《当前国际社会的中国观:基于西方民意调查的实证分析》,载《毛泽东邓小平理论研究》,2011 年第 2 期,第 71 - 77 页。

黄仁伟:《新兴大国参与全球治理的利弊》,载《现代国际关系》,2009 年第 11 期,第 21 - 22 页。

金灿荣、张莉:《新兴大国崛起的经验教训》,载《当代世界》,2010 年第 11 期,第 4 - 6 页。

傅燕:《从华沙气候大会看国际气候变化谈判中的合作与分歧》,载《当代世界》,2013 年第 12 期,第 44 - 47 页。

高奇琦:《全球共治:中西方世界秩序观的差异及其调和》,载《世界经济与政治》,2015 年第 4 期,第 67 - 87 页。

高晗:《中国国际秩序观变迁研究(1982—2018)——基于党代会报告和政府工作报告的文本分析》,吉林大学硕士论文,2019 年。

柯岚安:《中国事业下的世界秩序:天下、帝国和世界》,载《世界经济与政治》,2008 年第 10 期,第 49 - 56 页。

李晓、李俊久:《美国的霸权地位评估与新兴大国的应对》,载《世界政治与经济》,2014 年第 1 期,第 114 - 141 页。

李巍、罗仪馥:《从规则到秩序——国际制度竞争的逻辑》,载《世界经济与政治》,2019 年第 4 期,第 28 - 57 页。

林跃勤:《论新兴大国崛起的理论准备》,载《南京社会科学》,2013 年第 7 期,第 1 - 8 页。

林跃勤:《全球治理创新与新兴大国责任》,载《南京社会科学》,2016 年第 10 期,第 1 - 10 页。

刘建飞:《世界政治变局下的全球治理与中国作为》,载《探索与争鸣》,2019 年第 9 期,第 140 - 148 页。

刘忠民:《伊斯兰的国际体系观——传统理念、当代体现及现实困境》,载《世界经济与政治》,2014 年第 5 期,第 4 - 32 页。

隆国强:《新兴大国的竞争力升级战略》,载《管理世界》,2016 年第 1 期,第 2 - 9 页。

门洪华:《中国崛起与国际秩序》,载《太平洋学报》,2004 年第 2 期,第 4 - 13 页。

迈尔斯·凯勒、游腾飞:《新兴大国与全球治理的未来》,载《学习与探索》,2014 年第 10 期,第 48 - 53 页。

潘忠岐:《中国在世界秩序中的参与、受益和影响——基于意象差距的分析》，载《世界经济与政治》，2007 年第 3 期，第 48 - 54 页。

秦亚青：《国际体系的延续与变革》，载《外交评论》，2010 年第 1 期，第 1 - 13 页。

秦亚青：《世界格局、国际制度与全球秩序》，载《现代国际关系》，2010 年第 S1 期，第 10 - 17 页。

唐世平：《国际秩序的未来》，载《国际观察》，2019 年第 2 期，第 29 - 44 页。

唐世平：《国际秩序变迁与中国的选项》，载《中国社会科学》，2019 年第 3 期，第 187 - 203 页。

天儿慧：《中国 21 世纪的国际秩序观》，载《国外理论动态》，2015 年第 5 期，第 63 - 70 页。

石斌：《秩序转型、国际分配正义与新兴大国的历史责任》，载《世界政治与经济》，2010 年第 12 期，69 - 100 页。

孙通、刘昌明：《国际秩序观塑造中的文化特质——兼论"构建人类命运共同体"的文化渊源》，载《太平洋学报》，2019 年第 2 期。

孙尹然：《亚投行、"一带一路"与中国的国际秩序观》，载《外交评论》，2016 年第 1 期，第 1 - 30 页。

汪海宝、贺凯：《国际秩序转型期的中美制度竞争——基于制度制衡理论的分析》，载《外交评论》，2019 年第 3 期，第 56 - 81 页。

韦宗友：《新兴大国群体性崛起与全球治理改革》，载《国际论坛》，2011 年第 2 期，第 8 - 14 页。

吴志成、吴宇：《人类命运共同体思想论析》，载《世界经济与政治》，2018 年第 3 期，第 4 - 33 页。

肖河、徐奇渊：《国际秩序互动视角下的中美关系》，载《美国研究》，2019 年第 2 期，第 107 - 129 页。

肖洋:《在碳时代中崛起:新兴大国赶超的可持续动力探析》,载《太平洋学报》,2012 年第 7 期,第 63 - 71 页。

肖晞、董贺:《中国传统国际秩序观及其当代启示》,载《复旦国际关系评论》第十四辑,2014 年,第 239 - 258 页。

徐进:《中美战略竞争与未来国际秩序的转换》,载《世界政治与经济》,2019 年第 12 期,第 21 - 37 页。

杨洁勉:《新兴大国群体在国际体系转型中的战略选择》,载《世界政治与经济》,2008 年第 6 期,第 6 - 12 页。

杨洁勉:《论"四势群体"和国际力量重组的时代特点》,载《世界政治与经济》,2010 年第 3 期,第 4 - 13 页。

杨洁勉:《当前国际大格局的变化、影响和趋势》,载《现代国际关系》,2019 年第 3 期,第 1 - 6 页。

喻希来、吴紫辰:《世界新秩序与新兴大国的历史抉择》,载《战略与管理》,1998 年第 2 期,第 1 - 13 页。

岳平:《谁是越南反华游行幕后推手?》,载《世界知识》,2018 年 13 期,第 28 - 29 页。

詹德斌:《试析中国对外关系的差序格局——基于中国"好关系"外交话语的分析》,载《外交评论》,2017 年第 2 期,第 13 - 37 页。

张建新:《后西方国际体系与东方的兴起》,载《世界政治与经济》,2012 年第 5 期,第 4 - 20 页。

张胜军:《全球气候政治的变革与中国面临的三角难题》,载《世界政治与经济》,2010 年第 10 期,第 97 - 116 页。

张相君:《论国际秩序规则供给的路径选择——基于人类命运共同体理念》,载《国际观察》,2019 年第 5 期,第 52 - 75 页。

章前明:《从国际合法性视角看新兴大国群体崛起对国际秩序转型的影

响》,载《浙江大学学报》,2013 年第 1 期,5－17 页。

赵斌:《新兴大国气候政治群体化的形成机制——集体身份理论视角》,载《当代亚太》,2013 年第 5 期,第 111－138 页。

赵斌、高小升:《新兴大国气候政治的变化机制:以中国和印度为比较案例》,载《南亚研究》,2014 年第 1 期,第 92－104 页。

赵可金:《中国的国际秩序观与全球治理的未来》,载《学术前沿》,2017 年第 2 期,第 6－16 页。

中文在线资源:

傅莹:"新冠疫情后的中美关系",《中国新闻周刊》,第 952 期,2020 年 6 月 22 日,在线发布:2020 年 6 月 17 日,https://news.sina.com.cn/c/2020-06-17/doc-iircuyvi8909955.shtml。

余晓葵、李曾骙:"推动构建人类命运共同体的中国担当",《光明日报》,2020 年 5 月 27 日,https://news.gmw.cn/2020-05/27/content_33862635.html,访问时间:2020 年 6 月 16 日。

李保东:"坚持开放发展,深化合作共赢,携手构建人类命运共同体",《求是》,2018 年 5 月 15 日,http://theory.people.com.cn/n1/2018/0515/c40531-29991364.html,访问时间:2020 年 6 月 16 日。

"中国对外投资发展报告 2018",http://images.mofcom.gov.cn/fec/201901/20190128155348158.pdf,访问时间:2018 年 2 月 25 日。

中华人民共和国商务部综合司,"中国对外贸易形势报告(2019 年秋季)",http://zhs.mofcom.gov.cn/article/cbw/201911/20191102915957.shtml,访问时间:2020 年 5 月 20 日。

中国日报,"抗击疫情,传递中国力量",https://world.gmw.cn/2020-06/09/content_33899149.html,访问时间:2020 年 6 月 15 日。

新华社，“美前驻华大使：美方反华论调堪比麦卡锡主义时期”，中国日报网，2020 年 5 月 9 日，https://cn.chinadaily.com.cn/a/202005/09/WS5eb62ecea310eec9c72b7c1a.html，访问时间：2020 年 6 月 15 日。

中国日报，“前美国驻华大使：美国反华言论过火，重走麦卡锡主义和希特勒老路”，2020 年 5 月 13 日，https://cnews.chinadaily.com.cn/a/202005/13/WS5ebb743da310eec9c72b88ed.html，访问时间：2020 年 6 月 15 日。

英文著作：

Adrian Wood, *North-South Trade, Employment, and Inequality: Changing Fortunes in a Skill-Driven World*, Oxford: Oxford University Press, 1995.

Antoine van Agtmael, *The Emerging Markets Century: How a New Breed of World-Class Company Is Overtaking the World*, New York: Free Press, 2013.

Bruce Bueno de Mesquita and David Lalman, *War and Reason: Domestic and International Imperatives*, New Haven, Conn.: Yale University Press, 1992.

G. John Ikenberry, *Liberal Leviathan: The Origin, Crisis and Transformation of the American World Order*, Princeton: Princeton University Press, 2012.

Graham Allison, *Destined for War: Can America and China Escape Thucydides's Trap*, Boston: Houghton Mifflin Harcourt, 2017.

Hedley Bull, *The Anarchical Society: A Study of Order in World Politics*, New York: Columbia University Press, 2012.

Henry Kissinger, *World Order: Reflections on the Character of*

Nations and the Course of History, London: Penguin Books, 2014.

John Gerring, *Social Science Methodology: A Unified Framework*, New York: Cambridge University Press, 2012.

Joseph S. Nye, Jr., *Soft Power: The Means to Success in World Politics*, New York: Public Affairs, 2010.

Samuel P. Huntington, *The Third Wave: Democratization in the Late Twentieth Century*, Norman: University of Oklahoma Press, 1993.

[英]赫德利·布尔:《无政府社会:世界政治秩序研究》(影印版),北京:北京大学出版社,2007年版。

[加]罗伯特·考克斯:《生产、权力和世界秩序》(影印版),北京:北京大学出版社,2006年版。

英文期刊:

Bruce Bueno de Mesquita, James D. Morrow, Randolph M. Siverson, and Alastair Smith, "An Institutional Explanation of the Democratic Peace," *American Political Science Review*, Vol. 93, No. 4, 1999, pp. 791 - 808.

Barbara Geddes, Joseph Wright and Erica Frantz, "Autocratic Breakdown and Regime Type," *Perspectives on Politics*, Vol. 12, No. 2, 2014, pp. 313 - 331.

Bryan D. Jones, "Bounded Rationality," *Annual Review of Political Science*, Vol. 2, 1999, pp. 297 - 32.

Fareed Zakaria, "The Rise of Illiberal Democracy," *Foreign Affairs*, Vol. 76, No. 6, 1997, pp. 22 - 43.

Giovanni Arrighi, Beverly J. Silver, and Benjamin D. Brewer,

"Industrial Convergence, Globalization, and the Persistence of the North-South Divide," *Studies in Comparative International Development*, Vol. 38, No. 1, 2003, https://doi.org/10.1007/BF02686319.

Graham Allison, "The Myth of Liberal Order," *Foreign Affairs*, Vol. 97, No. 4, 2018, pp. 124 – 133.

John Ikenberry, "The End of Liberal International Order," *International Affairs*, Vol. 94, No. 1, 2018, pp. 7 – 23.

John J. Mearsheimer, "Bound to Fail: The Rise and Fall of the Liberal International Order," *International Security*, Vol. 43, No. 4, 2019, pp. 7 – 50.

Joseph S. Nye, Jr., "Soft Power," *Foreign Policy*, Vol. 80, 1990, pp. 153 – 171.

Joseph S. Nye, Jr., "Get Smart: Combing Hard and Soft Power," *Foreign Affairs*, Vol. 88, No. 4, 2009, pp. 160 – 163.

Larry Diamond, "Thinking About Hybrid Regimes," *Journal of Democracy*, Vol. 13, No. 2, 2002, pp. 21 – 35.

Matthew A. Baum and Philip B. K. Potter, "The Relationships Between Mass Media, Public Opinion, and Foreign Policy: Toward a Theoretical Synthesis," *Annual Review of Political Science*, Vol. 11, 2008, pp. 39 – 65.

Robert Jervis, "Hypotheses on Misperception," *World Politics*, Vol. 20, No. 3, 1968, pp. 454 – 479.

R. Harrison Wagner, "Rationality and Misperception in Deterrence Theory," *Journal of Theoretical Politics*, Vol. 4, No. 2, 1992, pp. 115 – 141.

Robert D. Putnam, "Diplomacy and Domestic Politics: The Logic of

Two-Level Games," *International Organization*, Vol. 42, No. 3, 1988, pp. 427 - 460.

Ruchir Sharma, "The Ever-Emerging Markets: Why Economic Forecasts Fail," *Foreign Affairs*, Vol. 93, No. 1, 2014, pp. 52 - 56.

Sidney Tarrow, "Bridging the Quantitative and Qualitative Divide in Political Science," *American Political Science Review*, Vol. 89, No. 2, 2005, pp. 471 - 474.

Stephen D. Biddle, "The European Conventional Balance: A Reinterpretation of the Debate," *Survival*, Vol. 30, No. 2, 1998, pp. 99 - 121.

Steven Levitsky and Lucan Way, "The Myth of Democratic Recession," *Journal of Democracy*, Vol. 26, No. 1, 2015, pp. 45 - 58.

Stephen L. Quackenbush, "The Rationality of Rational Choice Theory," *International Interactions*, Vol. 30, No. 2, 2004, pp. 87 - 107.

英文在线资源：

Adam Shaw, "Trump Announces US 'Terminating' Relationship with WHO," *Fox News*, May 29, 2020, https://www.foxnews.com/politics/trump-us-terminating-relationship-with-who，访问时间：2020 年 6 月 17 日。

Adekoya Remi, "Why Poland's Law and Justice Party Remains So Popular", *Foreign Affairs*, November 3, 2017, https://www.foreignaffairs.com/articles/central-europe/2017-11-03/why-polands-law-and-justice-party-remains-so-popular，访问时间：2017 年 11 月 9 日。

Alan Gomez, "Cuba Plays Critical Role in Colombia Peace Deal," *USA Today*, August 25, 2016, https://www.usatoday.com/story/news/world/

2016/08/25/cuba-colombia-farc-peace-deal/87432410/，访问时间：2019 年 1 月 26 日。

Amitav Acharya，"How Coronavirus May Reshape the World Order，" *The National Interest*，April 18，2020，https://nationalinterest. org/feature/how-coronavirus-may-reshape-world-order－145972，访问时间：2020 年 6 月 13 日。

Andrei Kadomtsev，"A New World Order，or Will Globalization Survive the Coronavirus Pandemic?" *Modern Diplomacy*，https://moderndiplomacy. eu/2020/03/17/a-new-world-order-or-will-globalization-survive-the-coronavirus-pandemic/，访问时间：2020 年 3 月 27 日。

Andrew Monahan，"China Overtakes Japan as the World's No. 2 Economy，" *The Wall Street Journal*，February 14，2011，https://www.wsj. com/articles/SB10001424052748703361904576142832741439402，访问时间：2017 年 7 月 17 日。

Arch Puddington and Tyler Roylance，"Anxious Dictators，Wavering Democracies：Global Freedom Under Pressure，" https://freedomhouse.org/sites/default/files/FH_FITW_Report_2016. pdf.

Ashley J. Telliset et al. ，*Measuring National Power in the Postindustrial Age*，Arlington VA：Rand Report，2000，https://www.rand. org/pubs/monograph_reports/MR1110. html，访问时间：2019 年 9 月 12 日。

Brad Lendon，"China Boosts Military Spending 8% Amidst Ambitious Modernization Drive，" *CNN Report*，March 6，2018，https://edition. cnn.com/2018/03/04/asia/chinese-military-budget-intl/index. html，访问时间：2018 年 9 月 3 日。

Bill Van Auken, "Pentagon Chief Promotes Anti-China Agenda in Latin America,"World Socialist Website, August 18, 2018, https://www.wsws.org/en/articles/2018/08/18/matt-a18.html，访问时间:2019 年 2 月 16 日。

Cary Huang, "How Can Communist Vietnam Be Friendlier to the U.S. than China?" *South China Morning Post*, July 20, 2018, https://www.scmp.com/week-asia/opinion/article/2120438/how-can-communist-vietnam-be-friendlier-us-china，访问时间:2019 年 2 月 22 日。

Daniel Kaufmann, Aart Kraay and Massimo Mastruzzi, "The Worldwide Governance Indicators: A Summary of Methodology, Data and Analytical Issues," World Bank Policy Research Working Paper No. 5430, 2010, http://papers.ssrn.com/sol3/papers.cfm? abstract_id=1682130.

Dinah Walker, "Trends in U. S. Military Spending," Report from Council on Foreign Relations, July 15, 2014, https://www.cfr.org/report/trends-us-military-spending，访问时间:2018 年 1 月 30 日。

D. T. Max, "The Chinese Workers Who Assemble Designer Bags in Tuscany," *The New Yorker*, April 16, 2018, https://www.newyorker.com/magazine/2018/04/16/the-chinese-workers-who-assemble-designer-bags-in-tuscany,访问时间:2019 年 2 月 19 日。

Francis Fukuyama, "Against Identity Politics," *Foreign Affairs*, August 18, 2018, https://www.foreignaffairs.com/articles/americas/2018-08-14/against-identity-politics-tribalism-francis-fukuyama，访问时间: 2018 年 11 月 19 日。

Francis Fukuyama, "Huntington's Legacy," *The American Interests*, Vol. 14, No. 2, August 27, 2018, https://www.the-american-interest.com/2018/08/27/huntingtons-legacy/，访问时间:2018 年 11 月 19 日。

Fatima Khan, "The New Reality of China-Centric Bipolar World Order, and Reasons Behind Ladakh Standoff," *The Print*, June 10, 2020, https://theprint.in/opinion/the-new-reality-of-china-centric-bipolar-world-order-and-reasons-behind-ladakh-standoff/438918/, 访问时间:2020 年 6 月 12 日。

Gordon Lubold and Nancy A. Youssef, "U. S.-China Rivalry Pushes Rise in World Wide Military Spending, Report Finds," *The Wall Street Journal*, February 14, 2020, https://www.wsj.com/articles/u-s-china-rivalry-pushes-rise-in-world-wide-military-spending-report-finds-11581698608, 访问时间:2020 年 4 月 18 日。

Graham Allison, "The Truth of Liberal Order: Why It Didn't Make the Modern World," *Foreign Affairs*, August 28, 2018, https://www.foreignaffairs.com/articles/2018-08-28/truth-about-liberal-order, 访问时间:2019 年 4 月 23 日。

Holly Ellyatt, "Russia Drops Out of Top 5 Global Military Spenders While US and China Up the Ante," *CNBC News*, April 29, 2019, https://www.cnbc.com/2019/04/29/russia-drops-out-of-top-5-global-military-spenders.html, 访问时间:2020 年 4 月 17 日。

Iliana Olivie and Ignacio Molina, "Elcano Global Presence Index," https://www.globalpresence.realinstitutoelcano.org/media/31cf995cc87fc1aa79aeafa0a98ede7d.pdf, 访问时间:2020 年 3 月 29 日。

Jack Ewing and Jason Horowitz, "Why Italy Could Be the Epicenter of the Next Financial Crisis," *The New York Times*, October 12, 2018, https://www.nytimes.com/2018/10/12/business/italy-debt-crisis-eu-brussels, 访问时间:2019 年 1 月 3 日。

Jairo Munoz, "Will China Make the Most of Colombia's Peace Deal with

FARC?" *The Diplomat*, September 13, 2016, https://thediplomat. com/2016/09/will-china-make-the-most-of-colombias-peace-deal-with-farc/，访问时间:2019 年 2 月 15 日。

Jeff Stein and Aaron Gregg, "U. S. Military Spending Set to Increase for Fifth Consecutive Year, Nearing Levels During Height of Iraq War," *The Washington Post*, April 19, 2019, https://www. washingtonpost. com/us-policy/2019/04/18/us-military-spending-set-increase-fifth-consecutive-year-nearing-levels-during-height-iraq-war/，访问时间：2020 年 4 月 17 日。

John Allen et al., "How the World Will Look After the Coronavirus Pandemic," *Foreign Policy Analysis*, March 20, 2020, https://foreignpolicy. com/2020/03/20/world-order-after-coronavirus-pandemic/，访问时间：2020 年 6 月 10 日。

John Ikenberry, "The Next Liberal Order: The Age of Contagion Demands More Internationalism, Not Less," *Foreign Affairs*, July/August 2020, https://www. foreignaffairs. com/articles/united-states/2020-06-09/next-liberal-order，访问时间:2020 年 6 月 13 日。

John Laloggia, "Republicans and Democrats Agree: They Can't Agree on Basic Facts,"Pew Research Center, August 23, 2018, http://www. pewresearch. org/fact-tank/2018/08/23/republicans-and-democrats-agree-they-cant-agree-on-basic-facts/，访问时间:2018 年 11 月 19 日。

Jonathan McClory, "The New Persuaders: An International Ranking of Soft Power," Institute for Government, https://www. instituteforgovernment. org. uk/sites/default/files/publications/The%20new%20persuaders_0. pdf，访问时间:2017 年 7 月 14 日。

Jonathan McClory, "Soft Power 30: A Global Ranking of Soft Power 2019," https://softpower30.com/wp-content/uploads/2019/10/The-Soft-Power-30-Report-2019-1.pdf，访问时间：2020 年 3 月 29 日。

Joseph S. Nye, Jr., "No, the Coronavirus Will Not Change the Global Order," *Foreign Policy*, April 16, 2020, https://foreignpolicy.com/2020/03/20/world-order-after-coronavirus-pandemic/，访问时间：2020 年 6 月 13 日。

JT, "Jordan Welcomes a Bigger Chinese Role in Middle East," *The Jordan Times*, July 11, 2018, http://www.jordantimes.com/news/local/jordan-welcomes-bigger-chinese-role-middle-east，访问时间：2019 年 2 月 21 日。

JT, "Jordan Discusses Syria Peace Effects with Russia," *Jordan Times*, January 15, 2019, http://jordantimes.com/news/local/jordan-discusses-syria-peace-efforts-russia，访问时间：2019 年 2 月 10 日。

Kat Devlin, Laura Silver and Christine Huang, "U.S. View of China Increasingly Negative amid Coronavirus Outbreak," PEW Report, https://www.pewresearch.org/global/2020/04/21/u-s-views-of-china-increasingly-negative-amid-coronavirus-outbreak/，访问时间：2020 年 6 月 16 日。

Kelly Olsen, "China's Defense Spending Is Growing More Slowly. But That Doesn't Mean Military Tensions Are Easing," *CNBC News*, Mar 5, 2019, https://www.cnbc.com/2019/03/05/china-defense-budget-slowing-growth-in-2019-military-spending.html，访问时间：2020 年 4 月 18 日。

Kinling Lo, "Turkey's Row with China over Uygurs Unlikely to Affect Relations in Long Term," *South China Morning Post*, February 16, 2019, https://www.scmp.com/news/china/diplomacy/article/2186364/turkeys-row-china-over-uygurs-unlikely-affect-relations-long，访问时间：2019 年 2 月 21 日。

Kurt M. Campbell and Rush Doshi，“The Coronavirus Could Reshape Global Order：China Is Maneuvering for International Leadership as the United States Falters，” *Foreign Affairs*，March 18，2020，https://www.foreignaffairs.com/articles/china/2020-03-18/coronavirus-could-reshape-global-order，访问时间：2020 年 6 月 10 日。

Henry A. Kissinger，“The Coronavirus Pandemic Will Forever Alter the World Order，” *The Wall Street Journal*，April 3，2020，https://www.wsj.com/articles/the-coronavirus-pandemic-will-forever-alter-the-world-order-11585953005，访问时间：2020 年 6 月 13 日。

Isabel Reynolds and Emi Nobuhiro，“China's View of Japan Improves，Though the Feeling's Not Mutual”，*Bloomberg*，https://www.bloomberg.com/news/articles/2018-10-11/china-s-view-of-japan-improves-though-the-feeling-s-not-mutual，访问时间：2019 年 2 月 22 日。

Isaac Stone Fish，“Is China Still a ‘Developing’ Country：A Look at Beijing's Favorite Rhetorical Trick”，*Foreign Policy*，September 25，2014，http://foreignpolicy.com/2014/09/25/is-china-still-a-developing-country/，访问时间：2017 年 7 月 17 日。

Marc Caputo，“Anti-China Sentiment Is on the Rise，” *POLITICO*，May 20，2020，https://www.politico.com/news/2020/05/20/anti-china-sentiment-coronavirus-poll-269373，访问时间：2020 年 6 月 15 日。

Maria Dubovikova，“A Shift in Jordanian-Russian Relations，” *Arab News*，July 27，2018，http://www.arabnews.com/node/1346651，访问时间：2019 年 2 月 10 日。

Mark Moore,“Anti-China Sentiment Highest Since Tiananmen Square in the Wake of Coronavirus,” *New York Post*, May 4, 2020, https://nypost.com/2020/05/04/anti-china-sentiment-reportedly-highest-since-tiananmen-square/，访问时间：2020 年 6 月 15 日。

Michael T. Klare, “Hard Power, Soft Power, and Energy Power,” *Foreign Affairs*, March 3, 2015, https://www.foreignaffairs.com/articles/united-states/2015-03-03/hard-power-soft-power-and-energy-power，访问时间:2017 年 7 月 17 日。

Michael J. Mazarr, Miranda Priebe, Andrew Radin and Astrid Stuth Cevallos, *Understanding the Current International Order*, Santa Monica, California: The RAND Corporation, 2016, https://www.rand.org/content/dam/rand/pubs/research_reports/RR1500/RR1598/RAND_RR1598.pdf,访问时间:2018 年 11 月 20 日。

Michael J. Greig and Andrew J. Enterline, “Correlates of War Project, National Material Capabilities (NMC) Data Documentation Version 5.0,” 2017, p. 2, http://www.correlatesofwar.org/data-sets/national-material-capabilities/national-material-capabilities-v4-0，访问时间：2017 年 9 月 18 日。

Michael Lipka, “Muslims and Islam: Key Findings in the U.S. and the World,” PEW Report, August 9, 2017, http://www.pewresearch.org/fact-tank/2017/08/09/muslims-and-islam-key-findings-in-the-u-s-and-around-the-world/，访问时间:2019 年 1 月 20 日。

Motoko Rich, “As Coronavirus Spreads, So Does the Anti-Chinese Sentiment,” *The New York Times*, January 30, 2020, https://www.nytimes.com/2020/01/30/world/asia/coronavirus-chinese-racism.html，访问时间：

2020年6月15日。

Nikos Konstandaras, "Athens and Moscow's Stunning Fall-Out," *The New York Times*, July 23, 2018, https://www.nytimes.com/2018/07/23/opinion/athens-moscow-greece-russia-tensions.html，访问时间:2019年2月15日。

Nikos Konstandaras, "Tensions Escalate Between Greece and Russia, with Macedonia in the Middle," *The New York Times*, July 19, 2018, https://www.nytimes.com/2018/07/19/world/europe/greece-russia-macedonia.html，访问时间:2019年2月15日。

PEW Report, "China's Economic Growth Mostly Welcomed in Emerging Markets, But Neighbors Wary of Its Influence," https://www.pewresearch.org/global/2019/12/05/chinas-economic-growth-mostly-welcomed-in-emerging-markets-but-neighbors-wary-of-its-influence/，访问时间：2020年5月20日。

Prashanth Parameswaran, "What's Behind Vietnam's Anti-China Protest?" *World Politics Review*, July 13, 2018, https://www.worldpoliticsreview.com/articles/25055/what-s-behind-vietnam-s-anti-china-protests，访问时间:2019年2月22日。

Ryan Bakker, Erica Edwards, Liesbet Hooghe, Seth Jolly, Gary Marks, Jonathan Polk, Jan Rovny, Marco Steenbergen and Milada Vachudova, "2014 Chapel Hill Expert Survey," Version 2015.1, Chapel Hill, NC: University of North Carolina at Chapel Hill.

Ross Douthat, "The Coronavirus Is Provoking Anti-Globalist Paranoia, But the Real Globalism Is Disintegrating," *The New York Times*, May 23, 2020, https://www.nytimes.com/2020/05/23/opinion/sunday/the-end-of-the-new-world-order. html，访问时间：2020 年 5 月 30 日。

Ruchir Sharma，“The Next Economic Powerhouse? Poland，” *The New York Times*，July 5，2017，https://www. nytimes. com/2017/07/05/opinion/poland-economy-trump-russia. html，访问时间：2020 年 5 月 30 日。

SEVP，“SEVIS by the Numbers：Biannual Report on International Student Trends，” April 2018，https://www. ice. gov/doclib/sevis/pdf/byTheNumbersApr2018. pdf.

Stanley Widianto and Khanh VU，“Anti-China Sentiment Spreads Along with Coronavirus，” January 20，2020，https://uk. reuters. com/article/uk-china-health-sentiment/anti-china-sentiment-spreads-along-with-coronavirus-idUKKBN1ZT1CI，访问时间：2020 年 6 月 15 日。

Stewart M. Patrick，“The World Order After COVID-19 Hingers on What Kind of America Emerges，” *World Political Review*，May 11，2020，https://www. worldpoliticsreview. com/articles/28751/the-world-order-after-covid-19-hinges-on-what-kind-of-america-emerges，访问时间：2020 年 6 月 17 日。

Sylvia Polggioli，“ ‘Fast Fashion’：Italians Wary of Chinese on Their Turf，” *NPR*，June 15，2011，https://www. npr. org/2011/06/15/137107361/fast-fashion-italians-wary-of-chinese-on-their-turf，访问时间：2019 年 2 月 19 日。

Thomas Wright，“The Return to Great-Power Rivalry Was Inevitable：With Neo-Authoritarianism on the Rise，the Old Assumption Undergirding a Common Set of Western Values Just Won't Do，” *The Atlantic*，September 12，2018，https://www. theatlantic. com/international/archive/2018/09/liberal-international-order-free-world-trump-authoritarianism/569881/，访问时间：2020 年 6 月 13 日。

Uri Friedman，“We Can't Rely on Just the Military，” *The Atlantic*，

April 8，2020，https://www. theatlantic. com/politics/archive/2020/04/us-military-failing-spending-budget/609673/，访问时间:2020 年 4 月 17 日。

Walter Sim，“Chinese View of Japan Rosier But the Feeling's Not Mutual，” *The Straits Times*，https://www. straitstimes. com/asia/east-asia/chinese-view-of-japan-rosier-but-feelings-not-mutual-poll，访问时间:2019 年 2 月 22 日。

Yoichi Funabashi，“Time to Build the Post-Pandemic World Order，” *The Japan Times*，June 9，2020，https://www. japantimes. co. jp/opinion/2020/06/09/commentary/world-commentary/time-build-post-pandemic-world-order/，访问时间:2020 年 6 月 17 日。

“China Has Overtaken Japan as the World's Second-Biggest Economy，” *BBC News*，February 14，2011，http://www. bbc. com/news/business-12427321，访问时间:2017 年 7 月 17 日。

“Long-Term Chinese Immigrants in Italy，” *The Economist*，May 17，2018，https://www. economist. com/special-report/2018/05/17/long-term-chinese-immigrants-in-italy，

“Swedish-Russian Relations ‘the Worst in Many，Many Years’，” *The Local*，July 5，2018，https://www. thelocal. se/20180705/swedish-russian-relations-the-worst-in-many-many-years，访问时间:2019 年 2 月 10 日。

主要数据来源:

Correlates of War，http://www. correlatesofwar. org/data-sets.

Eurostat，Migration and Migrant Population Statistics，https://ec. europa. eu/eurostat/statistics-explained/index. php/Migration_and_migrant_population_statistics.

IMF, Projected GDP Ranking, *Statistics Times*, http://www. statistics-times. com/economy/projected-world-gdp-ranking. php,访问时间:2020 年 3 月 30 日。

Five Thirty Eight,https://projects. fivethirtyeight. com/trump-approval-ratings.

National Material Capabilities (v5. 0),https://correlatesofwar. org/data-sets/national-material-capabilities/national-material-capabilities-v4-0.

The Worldwide Governance Indicators, http://data. worldbank. org/data-catalog/worldwide-governance-indicators.

Open Data for International Development, http://aiddata. org/donor-datasets.

Penn World Table, http://cid. econ. ucdavis. edu/pwt. html.

PEW Spring 2017 Survey Data, https://www. pewglobal. org/dataset/spring-2017-survey-data.

PEW Spring 2018 Survey Data, https://www. pewresearch. org/global/dataset/spring-2018-survey-data.

Stockholm International Peace Research Institute Database, https://www. sipri. org/databases/milex.

UNESCO Institute of Statistics, http://www. uis. unesco. org/DataCentre/Pages/BrowseEducation. aspx.

World Bank, https://data. worldbank. org.

World Tourism Organization, http://www. unwto. org/facts/menu. html.

数据附录

附表 1　20 国、欧盟、G7、金砖五国及全球国内生产总值(1960—2018)　　(单位:百万美元)

国家	1960	1961	1962	1963	1964	1965	1966	1967	1968	1969	1970
阿根廷	—	—	24 450. 60	18 272. 12	25 605. 25	28 344. 71	28 630. 47	24 256. 67	26 436. 86	31 256. 28	31 584. 21
澳大利亚	18 577. 67	19 652. 82	19 892. 49	21 507. 45	23 764. 14	25 936. 84	27 268. 45	30 397. 58	32 665. 47	36 628. 96	41 271. 14
巴西	15 165. 57	15 236. 85	19 926. 29	23 021. 48	21 211. 89	21 790. 04	27 062. 72	30 591. 83	33 875. 88	37 458. 90	42 327. 60
加拿大	40 461. 72	40 934. 95	42 227. 45	45 029. 99	49 377. 52	54 515. 18	61 088. 38	65 668. 66	71 829. 81	79 148. 41	87 896. 10
中国	59 716. 47	50 056. 87	47 209. 36	50 706. 80	59 708. 34	70 436. 27	76 720. 29	72 881. 63	70 846. 54	79 705. 91	92 602. 97
法国	62 225. 48	67 461. 64	75 607. 53	84 759. 20	94 007. 85	101 537. 25	110 045. 8	118 972. 98	129 785. 44	141 903. 07	148 456. 36
德国	—	—	—	—	—	—	—	—	—	—	215 838. 45
印度	37 029. 88	39 232. 44	42 161. 48	48 421. 92	56 480. 29	59 554. 85	45 865. 46	50 134. 94	53 085. 46	58 448. 00	62 422. 48
印度尼西亚	—	—	—	—	—	—	—	5 667. 76	7 076. 47	8 337. 42	9 150. 68
意大利	40 385. 29	44 842. 76	50 383. 89	57 710. 74	63 175. 42	67 978. 15	73 654. 87	81 133. 12	87 942. 23	97 085. 08	113 395. 32
日本	44 307. 34	53 508. 62	60 723. 02	69 498. 13	81 749. 01	90 950. 28	105 628. 00	123 781. 88	146 601. 07	172 204. 20	212 609. 19
韩国	3 957. 24	2 417. 64	2 813. 86	3 988. 48	3 458. 57	3 120. 50	3 928. 28	4 854. 72	6 117. 12	7 675. 94	8 999. 23
墨西哥	13 040. 00	14 160. 00	15 200. 00	16 960. 00	20 080. 00	21 840. 00	24 320. 00	26 560. 00	29 360. 00	32 480. 00	35 520. 00
波兰	—	—	—	—	—	—	—	—	—	—	—
俄罗斯	—	—	—	—	—	—	—	—	—	—	—
沙特	—	—	—	—	—	—	—	—	4 187. 78	4 485. 78	5 377. 33
南非	7 575. 40	7 973. 00	8 498. 00	9 423. 40	10 374. 00	11 334. 40	12 355. 00	13 777. 39	14 894. 59	16 780. 39	18 418. 39
土耳其	13 995. 07	7 988. 89	8 922. 22	10 355. 56	11 177. 78	11 966. 67	14 100. 00	15 644. 44	17 500. 00	19 466. 67	17 086. 96
英国	73 233. 97	77 741. 97	81 247. 56	86 561. 96	94 407. 56	101 824. 76	108 572. 70	113 116. 89	107 759. 91	116 464. 70	130 671. 95
美国	543 300. 00	563 300. 00	605 100. 00	638 600. 00	685 800. 00	743 700. 00	815 000. 00	861 700. 00	942 500. 00	1 019 900. 00	1 073 303. 00
欧盟	364 448. 43	396 166. 79	431 994. 91	476 970. 63	527 904. 89	575 279. 53	623 873. 00	671 098. 75	699 807. 40	774 886. 39	862 196. 51
G7	803 913. 80	847 789. 94	915 289. 45	982 160. 02	1 068 517. 36	1 160 505. 60	1 273 989. 90	1 364 373. 50	1 486 418. 40	1 626 705. 40	1 982 170. 30
金砖五国	119 487. 32	112 499. 16	117 795. 13	131 573. 60	147 774. 52	163 115. 55	162 003. 46	167 385. 80	172 702. 47	192 393. 19	215 771. 45
全球	1 372 745. 09	1 428 066. 74	1 532 502. 32	1 650 921. 56	1 808 553. 55	1 969 451. 60	2 136 739. 60	2 274 610. 70	2 455 526. 20	2 709 049. 60	2 965 405. 30

数据来源:世界银行数据库。

附表 1　20 国、欧盟、G7、金砖五国及全球国内生产总值(1960—2018)　（单位：百万美元）（续表）

国家	1971	1972	1973	1974	1975	1976	1977	1978	1979	1980
阿根廷	33 293.20	34 733.00	52 544.00	72 436.78	52 438.65	51 169.50	56 781.00	58 082.87	69 252.33	76 961.92
澳大利亚	45 149.51	51 967.29	63 737.35	88 831.25	97 170.56	104 921.22	110 201.88	118 338.60	134 712.03	149 774.93
巴西	49 204.46	58 539.01	79 279.06	105 136.01	123 709.38	152 678.02	176 171.28	200 800.89	224 969.49	235 024.60
加拿大	99 271.96	113 082.82	131 321.86	160 408.70	173 834.03	206 575.56	211 612.16	218 632.87	243 072.10	273 853.83
中国	99 800.96	113 687.59	138 544.28	144 182.13	163 431.55	153 940.46	174 938.10	149 540.75	178 280.59	191 149.21
法国	165 966.62	203 494.15	264 429.88	285 552.37	360 832.19	372 319.04	410 279.49	506 707.85	613 953.13	701 288.42
德国	249 985.06	299 801.54	398 374.02	445 303.48	490 636.52	519 754.45	600 498.24	740 469.98	881 345.18	950 290.86
印度	67 350.99	71 463.19	85 515.27	99 525.90	98 472.80	102 717.16	121 487.32	137 300.30	152 991.65	186 325.35
印度尼西亚	9 333.54	10 997.59	16 273.25	25 802.41	30 463.86	37 269.16	45 808.92	51 455.72	51 400.19	72 482.34
意大利	124 672.37	145 260.04	175 492.06	199 564.49	227 695.85	224 717.28	257 596.31	315 058.32	393 677.16	477 256.78
日本	240 151.81	318 031.30	432 082.67	479 626.00	521 541.91	586 161.86	721 411.79	1 013 612.17	1 055 012.12	1 105 385.97
韩国	9 889.96	10 842.22	13 841.89	19 482.04	21 704.75	29 779.34	38 265.08	51 700.62	66 567.98	64 980.82
墨西哥	39 200.00	45 200.00	55 280.00	72 000.00	88 000.00	89 025.97	81 814.16	102 500.00	134 561.40	205 139.09
波兰	—	—	—	—	—	—	—	—	—	—
俄罗斯	—	—	—	—	—	—	—	—	—	—
沙特	7 184.85	9 664.16	14 947.39	45 412.96	46 773.37	64 005.67	74 188.25	80 265.62	111 859.68	164 541.74
南非	20 333.69	21 357.44	29 295.67	36 807.72	38 114.54	36 603.35	40 651.35	46 739.45	57 645.72	82 980.48
土耳其	16 256.62	20 431.10	25 724.38	35 599.91	44 633.71	51 280.13	58 676.81	65 147.02	89 394.09	68 789.29
英国	148 113.90	169 965.03	192 537.97	206 131.37	241 756.64	232 614.56	263 066.46	335 883.03	438 994.07	564 947.71
美国	1 164 850.00	1 279 110.00	1 425 376.00	1 545 243.00	1 684 904.00	1 873 412.00	2 081 826.00	2 351 599.00	2 627 334.00	2 857 307.00
欧盟	975 276.89	1 167 654.44	1 482 695.00	1 666 550.37	1 942 735.08	2 012 264.97	2 278 872.26	2 792 685.97	3 410 455.00	3 892 399.48
G7	2 193 011.70	2 528 744.88	3 019 614.46	3 321 829.41	3 701 201.13	4 015 554.75	4 546 290.44	5 481 963.23	6 253 387.76	6 930 330.56
金砖五国	236 690.09	265 047.22	332 634.29	385 651.76	423 728.27	445 938.99	513 248.06	534 381.39	613 887.46	695 479.64
全球	3 278 240.71	3 783 201.11	4 616 070.04	5 323 823.02	5 929 259.56	6 447 930.19	7 288 410.48	8 597 488.93	9 986 151.67	11 243 090.41

数据来源：世界银行数据库。

附表 1　20 国、欧盟、G7、金砖五国及全球国内生产总值(1960—2018)　(单位:百万美元)(续表)

国家	1981	1982	1983	1984	1985	1986	1987	1988	1989	1990
阿根廷	78 676. 84	84 307. 49	103 979. 11	79 092. 00	88 416. 67	110 934. 44	111 106. 19	126 206. 82	76 636. 90	141 352. 37
澳大利亚	176 642. 28	193 770. 27	177 030. 42	193 242. 17	180 234. 72	182 036. 93	189 060. 35	235 659. 20	299 267. 97	310 777. 22
巴西	263 561. 09	281 682. 30	203 304. 52	209 023. 91	222 942. 79	268 137. 22	294 084. 11	330 397. 38	425 595. 31	461 951. 78
加拿大	306 214. 86	313 506. 53	340 547. 71	355 372. 56	364 756. 50	377 437. 93	431 316. 74	507 354. 35	565 055. 74	593 929. 55
中国	195 866. 38	205 089. 70	230 686. 75	259 946. 51	309 488. 03	300 758. 10	272 972. 97	312 353. 63	347 768. 05	360 857. 91
法国	615 552. 20	584 877. 73	559 869. 18	530 683. 78	553 138. 41	771 470. 78	934 173. 31	1 018 847. 04	1 025 211. 80	1 269 179. 62
德国	800 472. 06	776 576. 44	770 684. 32	725 111. 12	732 534. 89	1 046 259. 38	1 298 176. 11	1 401 233. 23	1 398 967. 44	1 771 671. 21
印度	193 490. 61	200 715. 15	218 262. 27	212 158. 23	232 511. 88	248 985. 99	279 033. 58	296 588. 99	296 042. 35	320 979. 03
印度尼西亚	85 518. 23	90 158. 45	81 052. 28	84 853. 70	85 289. 49	79 954. 07	75 929. 62	84 300. 17	94 451. 43	106 140. 73
意大利	430 702. 85	427 272. 65	443 042. 37	437 887. 69	452 217. 49	640 386. 35	805 713. 13	891 608. 96	928 661. 33	1 181 222. 65
日本	1 218 988. 94	1 134 518. 00	1 243 323. 59	1 318 381. 63	1 398 892. 74	2 078 953. 33	2 532 808. 57	3 071 683. 01	3 054 914. 17	3 132 817. 65
韩国	72 425. 59	77 773. 43	87 024. 43	96 597. 43	100 273. 10	115 537. 13	146 133. 34	196 964. 20	243 526. 05	279 349. 36
墨西哥	263 959. 34	184 609. 16	156 159. 20	184 261. 50	195 219. 79	134 550. 10	147 540. 74	181 611. 55	221 400. 67	261 253. 58
波兰	—	—	—	—	—	—	—	—	—	65 977. 75
俄罗斯	—	—	—	—	—	—	—	554 713. 46	506 500. 17	516 814. 27
沙特	184 291. 80	153 239. 02	129 171. 64	119 624. 86	103 897. 85	86 961. 92	85 695. 86	88 256. 07	95 344. 46	117 630. 27
南非	85 454. 42	78 423. 06	87 415. 85	77 344. 09	59 082. 64	67 521. 60	88 573. 70	951 76. 64	99 030. 86	115 552. 35
土耳其	71 040. 02	64 546. 33	61 678. 28	59 989. 91	67 234. 95	75 728. 01	87 172. 79	90 852. 81	107 143. 35	150 676. 29
英国	540 765. 68	515 048. 92	489 618. 01	461 487. 10	489 285. 16	601 452. 65	745 162. 61	910 122. 73	926 884. 82	1 093 169. 39
美国	3 207 042. 00	3 343 789. 00	3 634 038. 00	4 037 613. 00	4 338 979. 00	4 579 631. 00	4 855 215. 00	5 236 438. 00	5 641 580. 00	5 963 144. 00
欧盟	3 443 856. 55	3 314 524. 36	3 212 766. 14	3 084 700. 59	3 187 922. 65	4 371 479. 25	5 408 631. 35	6 032 857. 75	6 159 693. 15	7 638 459. 49
G7	7 119 738. 58	7 095 589. 26	7 481 123. 19	7 866 536. 88	8 329 804. 20	10 095 591. 42	11 602 565. 46	13 037 287. 32	13 541 275. 30	15 005 134. 07
金砖五国	738 372. 50	765 910. 21	739 669. 39	758 472. 75	824 025. 34	885 402. 92	934 664. 37	1 589 230. 10	1 674 936. 75	1 776 155. 34
全球	11 639 933. 55	11 530 402. 25	11 763 329. 46	12 196 892. 59	12 811 250. 51	15 139 494. 08	17 225 036. 64	19 270 450. 59	20 114 305. 83	22 655 565. 78

数据来源:世界银行数据库。

附表 1　20 国、欧盟、G7、金砖五国及全球国内生产总值(1960—2018)　　（单位：百万美元）（续表）

国家	1991	1992	1993	1994	1995	1996	1997	1998	1999	2000
阿根廷	189 719.98	228 788.62	236 741.72	257 440.00	258 031.75	272 149.75	292 859.00	298 948.25	283 523.00	284 203.75
澳大利亚	325 310.42	324 878.87	311 544.41	322 211.69	367 216.36	400 302.73	434 568.01	398 899.14	388 608.22	415 222.63
巴西	602 860.00	400 599.25	437 798.58	558 112.00	769 305.39	850 426.43	883 199.63	863 723.41	599 388.58	655 420.65
加拿大	610 328.18	592 387.69	577 170.76	578 139.28	604 031.62	628 546.39	652 823.92	631 813.28	676 084.00	742 295.47
中国	383 373.32	426 915.71	444 731.28	564 324.67	734 547.90	863 746.72	961 603.95	1 029 043.10	1 093 997.27	1 211 346.87
法国	1 269 276.83	1 401 465.92	1 322 815.61	1 393 982.75	1 601 094.76	1 605 675.09	1 452 884.92	1 503 108.74	1 492 647.56	1 362 248.94
德国	1 868 945.20	2 131 571.70	2 071 323.79	2 205 074.12	2 585 792.28	2 497 244.61	2 211 989.62	2 238 990.77	2 194 204.13	1 943 145.38
印度	270 105.34	288 208.43	279 296.02	327 275.58	360 281.95	392 897.05	415 867.75	421 351.48	458 820.42	468 394.94
印度尼西亚	116 622.00	128 026.97	158 006.70	176 892.14	202 132.03	227 369.68	215 749.00	95 445.55	140 001.35	165 021.01
意大利	1 246 220.16	1 320 161.65	1 064 958.08	1 099 216.69	1 174 662.07	1 312 426.53	1 241 879.60	1 270 052.53	1 252 023.76	1 143 829.83
日本	3 584 420.08	3 908 809.46	4 454 143.88	4 907 039.38	5 449 116.30	4 833 712.54	4 414 732.84	4 032 509.76	4 562 078.82	4 887 519.66
韩国	325 734.23	350 051.11	386 302.84	455 602.96	556 130.93	598 099.07	557 503.07	374 241.35	485 248.23	561 633.13
墨西哥	313 142.77	363 157.60	500 736.07	527 813.24	360 073.91	410 975.60	500 413.48	526 502.13	600 232.87	707 906.74
波兰	85 500.94	94 337.05	96 045.65	110 803.39	142 137.32	159 942.88	159 117.80	174 388.27	169 717.68	171 885.60
俄罗斯	517 962.96	460 290.56	435 083.71	395 077.30	395 537.19	391 724.89	404 928.95	270 955.49	195 907.13	259 710.14
沙特	132 223.27	137 087.88	132 967.90	135 174.89	143 343.04	158 662.40	165 963.56	146 775.50	161 716.96	189 514.93
南非	123 942.76	134 544.56	134 308.05	139 752.52	155 460.93	147 606.29	152 587.42	137 774.76	136 632.32	136 361.30
土耳其	150 027.83	158 459.13	180 169.74	130 690.17	169 485.94	181 475.56	189 834.65	275 768.69	255 884.30	272 979.39
英国	1 142 797.18	1 179 659.53	1 061 388.72	1 140 489.75	1 341 584.35	1 415 358.81	1 559 078.26	1 650 172.24	1 682 399.29	1 657 816.61
美国	6 158 129.00	6 520 327.00	6 858 559.00	7 287 236.00	7 639 749.00	8 073 122.00	8 577 554.46	9 062 818.21	9 630 664.20	10 252 345.46
欧盟	7 904 393.22	8 610 884.11	7 836 567.48	8 309 312.70	9 635 272.19	9 844 454.10	9 290 133.47	9 616 863.42	9 603 170.13	8 915 877.43
G7	15 880 116.62	17 054 382.95	17 410 359.84	18 611 177.97	20 396 030.38	20 366 085.97	20 110 943.63	20 389 465.53	21 490 101.77	21 989 201.36
金砖五国	1 898 244.38	1 710 558.51	1 731 217.65	1 984 542.07	2 415 133.35	2 646 401.39	2 818 187.71	2 722 848.23	2 484 745.71	2 731 233.89
全球	23 981 092.12	25 464 450.05	25 869 746.92	27 775 143.99	30 871 299.18	31 554 611.85	31 439 654.10	31 378 238.44	32 542 670.42	33 587 693.55

数据来源：世界银行数据库。

附表 1　20 国、欧盟、G7、金砖五国及全球国内生产总值(1960—2018)　　(单位:百万美元)(续表)

国家	2001	2002	2003	2004	2005	2006	2007	2008	2009	2010
阿根廷	268 696. 75	97 724. 00	127 586. 97	164 657. 93	198 737. 10	232 557. 26	287 530. 51	361 558. 04	332 976. 48	423 627. 42
澳大利亚	378 376. 09	394 648. 91	466 488. 06	612 490. 40	693 407. 76	746 054. 21	853 099. 63	1 053 995. 52	927 805. 18	1 146 138. 47
巴西	559 372. 28	507 962. 49	558 319. 92	669 316. 65	891 630. 18	1 107 640. 29	1 397 084. 35	1 695 824. 57	1 667 019. 78	2 208 871. 65
加拿大	736 379. 78	757 950. 68	892 382. 41	1 023 196. 77	1 169 357. 98	1 315 415. 20	1 464 977. 19	1 549 131. 21	1 371 153. 00	1 613 542. 81
中国	1 339 395. 72	1 470 550. 02	1 660 287. 97	1 955 347. 00	2 285 965. 89	2 752 131. 77	3 550 342. 43	4 594 306. 85	5 101 702. 43	6 087 164. 53
法国	1 376 465. 32	1 494 286. 66	1 840 480. 81	2 115 742. 49	2 196 126. 10	2 318 593. 65	2 657 213. 25	2 918 382. 89	2 690 222. 28	2 642 609. 55
德国	1 944 107. 38	2 068 624. 13	2 496 128. 67	2 809 187. 98	2 845 802. 76	2 992 196. 71	3 421 229. 13	3 730 027. 83	3 397 791. 05	3 396 354. 08
印度	485 441. 01	514 937. 95	607 699. 29	709 148. 51	820 381. 60	940 259. 89	1 216 735. 44	1 198 895. 58	1 341 886. 60	1 675 615. 34
印度尼西亚	160 446. 95	195 660. 61	234 772. 46	256 836. 88	285 868. 62	364 570. 51	432 216. 74	510 228. 63	539 580. 09	755 094. 16
意大利	1 167 012. 80	1 270 712. 31	1 574 145. 82	1 803 226. 97	1 857 524. 31	1 947 919. 71	2 210 292. 64	2 398 856. 60	2 191 241. 87	2 134 017. 84
日本	4 303 544. 26	4 115 116. 28	4 445 658. 07	4 815 148. 85	4 755 410. 63	4 530 377. 22	4 515 264. 51	5 037 908. 47	5 231 382. 67	5 700 098. 11
韩国	533 052. 08	609 020. 05	680 520. 72	764 880. 64	898 137. 19	1 011 797. 46	1 122 679. 15	1 002 219. 05	901 934. 95	1094 499. 34
墨西哥	756 706. 30	772 106. 38	729 336. 32	782 240. 60	877 476. 22	975 387. 13	1 052 696. 28	1 109 989. 06	900 045. 35	1 057 801. 30
波兰	190 521. 26	198 680. 64	217 513. 05	255 102. 25	306 125. 17	344 748. 65	429 063. 55	533 815. 79	439 796. 16	479 321. 46
俄罗斯	306 602. 07	345 470. 49	430 347. 77	591 016. 69	764 017. 11	989 930. 54	1 299 705. 76	1 660 846. 39	1 222 644. 28	1 524 917. 47
沙特	184 137. 47	189 605. 92	215 807. 66	258 742. 13	328 459. 61	376 900. 13	415 964. 51	519 796. 80	429 097. 87	528 207. 20
南非	121 514. 66	115 482. 37	175 256. 92	228 590. 03	257 772. 71	271 638. 48	299 415. 51	286 769. 84	295 936. 49	375 349. 44
土耳其	200 251. 93	238 428. 13	311 823. 00	404 786. 74	501 416. 30	552 486. 91	675 770. 11	764 335. 66	644 639. 90	771 901. 77
英国	1 640 246. 15	1 784 473. 92	2 053 018. 78	2 416 931. 53	2 538 680. 00	2 713 749. 77	3 100 882. 35	292 2667. 28	2 410 909. 80	2 475 244. 32
美国	10 581 821. 40	10 936 419. 05	11 458 243. 88	12 213 729. 15	13 036 640. 23	13 814 611. 41	14 451 858. 65	14 712 844. 08	14 448 933. 03	14 992 052. 73
欧盟	9 026 190. 28	9 832 173. 83	11 962 188. 93	13 813 050. 59	14 440 861. 72	15 413 556. 65	17 808 017. 11	19 157 103. 85	17 118 299. 25	17 015 366. 70
G7	21 749 577. 09	22 427 583. 03	24 760 058. 44	27 197 163. 74	28 399 542. 02	29 632 863. 68	31 821 717. 72	33 269 818. 36	31 741 633. 71	32 953 919. 44
金砖五国	2 812 325. 74	2 954 403. 31	3 431 911. 86	4 153 418. 89	5 019 767. 48	6 061 600. 98	7 763 283. 49	9 436 643. 22	9 629 189. 59	11 871 918. 42
全球	33 395 802. 46	34 673 851. 85	38 902 297. 75	43 816 538. 82	47 457 385. 12	51 448 273. 09	57 968 336. 37	63 611 588. 40	60 334 107. 29	66 051 180. 95

数据来源:世界银行数据库。

附表 1　20 国、欧盟、G7、金砖五国及全球国内生产总值(1960—2018)　　（单位:百万美元）(续表)

国家	2011	2012	2013	2014	2015	2016	2017	2018
阿根廷	530 163.28	545 982.38	552 025.14	526 319.67	594 749.29	557 531.38	642 695.86	519 871.52
澳大利亚	1 396 649.91	1 546 151.78	1 576 184.47	1 467 483.71	1 351 693.98	1 208 846.99	1 330 135.76	1 433 904.35
巴西	2 616 200.98	2 465 188.67	2 472 806.46	2 455 994.05	1 802 214.37	1 796 275.44	2 053 594.97	1 868 626.09
加拿大	1 789 140.67	1 823 966.69	1 842 018.42	1 801 480.12	1 552 899.93	1 526 705.53	1 646 867.22	1 713 341.70
中国	7 551 500.43	8 532 230.72	9 570 405.76	10 438 529.15	11 015 542.35	11 137 945.67	12 143 491.45	13 608 151.86
法国	2 861 408.17	2 683 825.23	2 811 077.73	2 852 165.76	2 438 207.90	2 471 285.61	2 586 285.41	2 777 535.24
德国	3 744 408.60	3 527 344.94	3 732 743.45	3 883 920.16	3 360 549.97	3 466 790.07	3 656 749.41	3 947 620.16
印度	1 823 050.41	1 827 637.86	1 856 722.12	2 039 127.45	2 103 587.81	2 290 432.08	2 652 242.86	2 718 732.23
印度尼西亚	892 969.11	917 869.91	912 524.14	890 814.76	860 854.24	931 877.36	1 015 423.46	1 042 173.30
意大利	2 291 991.05	2 087 077.03	2 141 315.33	2 159 133.92	1 835 899.24	1 875 579.88	1 956 960.61	2 083 864.26
日本	6 157 459.59	6 203 213.12	5 155 717.06	4 850 413.54	4 389 475.62	4 926 667.09	4 859 950.56	4 971 323.08
韩国	1 202 463.68	1 222 807.28	1 305 604.98	1 411 333.93	1 382 764.03	1 414 804.16	1 530 750.92	1 619 423.70
墨西哥	1 180 489.60	1 201 089.99	1 274 443.08	1 314 563.97	1 170 564.62	1 077 903.62	1 157 736.19	1 220 699.48
波兰	528 832.19	500 360.82	524 234.32	545 389.13	477 576.87	472 028.00	526 216.50	585 663.82
俄罗斯	2 051 661.73	2 210 256.98	2 297 128.04	2 059 984.16	1 363 594.37	1 282 723.88	1 578 624.06	1 657 554.65
沙特	671 238.84	735 974.84	746 647.13	756 350.35	654 269.90	644 935.54	688 586.13	786 521.83
南非	416 418.87	396 332.70	366 829.39	350 904.58	317 620.52	296 357.28	349 554.12	368 288.94
土耳其	832 523.68	873 982.25	950 579.41	934 185.92	859 796.87	863 721.65	852 676.78	771 350.33
英国	2 659 310.05	2 704 887.68	2 786 022.87	3 063 803.24	2 928 591.00	2 694 283.21	2 666 229.18	2 855 296.73
美国	15 542 581.10	16 197 007.35	16 784 849.19	17 521 746.53	18 219 297.58	18 707 188.24	19 485 393.85	20 544 343.46
欧盟	1 839 9561.14	17 339 358.45	18 077 360.68	18 695 044.78	16 473 793.46	16 576 327.76	17 367 374.06	18 768 076.08
G7	35 046 299.24	35 227 322.04	35 253 744.04	36 132 663.27	34 724 921.24	35 668 499.62	36 858 436.24	38 893 324.63
金砖五国	14 458 832.42	15 431 646.94	16 563 891.77	17 344 539.38	16 602 559.43	16 803 734.35	18 777 507.46	20 221 353.77
全球	73 393 151.74	75 085 087.91	77 236 276.16	79 332 625.23	75 049 412.25	76 163 840.83	80 950 587.98	85 909 727.21

数据来源:世界银行数据库。

附表 2　20 国、欧盟及全球人均国内生产总值(1960—2018)

(单位:美元)

国家	1960	1961	1962	1963	1964	1965	1966	1967	1968	1969	1970	1971	1972	1973	1974	1975
阿根廷	—	—	1 155.89	850.30	1 173.24	1 279.11	1 272.80	1 062.54	1 141.08	1 329.06	1 322.59	1 372.37	1 408.87	2 097.02	2 844.86	2 027.34
澳大利亚	1 807.79	1 874.73	1 851.84	1 964.15	2 128.07	2 277.56	2 340.44	2 576.28	2 720.08	2 986.95	3 299.84	3 489.95	3 943.79	4 763.63	6 473.17	6 994.21
巴西	210.11	205.04	260.43	292.25	261.67	261.35	315.80	347.49	374.79	403.88	445.02	504.75	586.21	775.27	1 004.10	1 153.83
加拿大	2 259.29	2 240.43	2 268.59	2 374.50	2 555.11	2 770.36	3 047.11	3 217.16	3 462.68	3 763.95	4 121.93	4 520.16	5 089.59	5 838.66	7 033.01	7 511.21
中国	89.52	75.81	70.91	74.31	85.50	98.49	104.32	96.59	91.47	100.13	113.16	118.65	131.88	157.09	160.14	178.34
德国	—	—	—	—	—	—	—	—	—	—	2 761.17	3 192.13	3 809.98	5 046.76	5 639.08	6 236.36
法国	1 334.69	1 428.05	1 578.28	1 744.64	1 909.54	2 038.16	2 186.47	2 343.10	2 536.09	2 752.09	2 857.25	3 169.03	3 854.56	4 969.76	5 328.24	6 690.58
英国	1 397.59	1 472.39	1 525.78	1 613.46	1 748.29	1 873.57	1 986.75	2 058.78	1 951.76	2 100.67	2 347.54	2 649.80	3 030.43	3 426.28	3 665.86	4 299.75
印度尼西亚	—	—	—	—	—	—	—	53.54	65.05	74.60	79.71	79.18	90.88	131.02	202.50	233.12
印度	82.19	85.35	89.88	101.13	115.54	119.32	90.00	96.34	99.88	107.62	112.43	118.60	122.98	143.78	163.48	158.04
意大利	804.49	887.34	990.26	1 126.02	1 222.54	1 304.45	1 402.44	1 533.69	1 651.94	1 813.39	2 106.86	2 305.61	2 671.14	3 205.25	3 621.15	4 106.99
日本	479.00	563.59	633.64	717.87	835.66	919.78	1 058.50	1 228.91	1 450.62	1 669.10	2 037.56	2 272.08	2 967.04	3 997.84	4 353.82	4 659.12
韩国	158.21	93.83	106.13	146.30	123.59	108.71	133.45	161.12	198.36	243.34	279.13	300.76	323.60	405.88	561.57	615.20
墨西哥	345.23	363.39	378.15	409.05	469.48	494.97	534.27	565.63	606.21	650.31	689.79	738.56	826.48	981.46	1 242.09	1 476.31
波兰	—	—	—	—	—	—	—	—	—	—	—	—	—	—	—	—
俄罗斯	—	—	—	—	—	—	—	—	—	—	—	—	—	—	—	—
沙特	—	—	—	—	—	—	—	—	777.27	801.05	921.35	1 177.72	1 511.69	2 226.99	6 437.42	6 304.12
土耳其	509.42	283.83	309.45	350.66	369.58	386.36	444.55	481.69	526.21	571.62	489.93	455.10	558.42	686.49	927.80	1 136.38
美国	3 007.12	3 066.56	3 243.84	3 374.52	3 573.94	3 827.53	4 146.32	4 336.43	4 695.92	5 032.14	5 234.30	5 609.38	6 094.02	6 726.36	7 225.69	7 801.46
南非	443.01	454.96	473.01	511.50	549.00	584.70	621.22	675.14	711.23	780.63	834.55	897.13	917.36	1 225.09	1 499.14	1 512.77
欧盟	890.41	959.71	1 037.33	1 135.19	1 245.50	1 346.06	1 448.55	1 546.80	1 602.06	1 762.47	1 950.73	2 195.14	2 611.73	3 296.93	3 685.60	4 274.05
全球	452.75	464.70	490.23	517.34	555.33	592.56	629.62	656.80	694.92	750.80	805.01	871.57	985.79	1 179.61	1 334.50	1 459.04

数据来源:世界银行数据库。

附表 2　20 国、欧盟及全球人均国内生产总值(1960—2018)

(单位:美元)(续表)

国家	1976	1977	1978	1979	1980	1981	1982	1983	1984	1985	1986	1987	1988	1989	1990
阿根廷	1 948.22	2 129.71	2 146.36	2 520.92	2 758.84	2 776.32	2 927.90	3 553.38	2 659.71	2 926.13	3 613.62	3 562.88	3 985.19	2 383.87	4 333.48
澳大利亚	7 476.75	7 765.07	8 242.00	9 281.52	10 194.32	11 833.74	12 766.52	11 518.67	12 431.95	11 437.66	11 364.24	11 624.54	14 254.56	17 798.31	18 211.27
巴西	1 390.62	1 567.01	1 744.26	1 908.49	1 947.28	2 132.88	2 226.77	1 570.54	1 578.93	1 648.08	1 941.49	2 087.31	2 300.38	2 908.50	3 100.28
加拿大	8 809.26	8 919.06	9 123.69	10 043.66	11 170.56	12 337.47	12 481.87	13 425.12	13 877.92	14 114.81	14 461.07	16 308.97	18 936.96	20 715.63	21 448.36
中国	165.41	185.42	156.40	183.98	194.80	197.07	203.33	225.43	250.71	294.46	281.93	251.81	283.54	310.88	317.88
德国	6 634.86	7 682.95	9 482.04	11 281.02	12 138.31	10 209.07	9 913.74	9 864.34	9 313.17	9 429.57	13 461.83	16 677.51	17 931.28	17 764.38	22 303.96
法国	6 866.82	7 532.53	9 264.78	11 179.63	12 713.36	11 104.98	10 496.93	9 993.42	9 419.70	9 763.33	13 540.25	16 302.44	17 680.00	17 694.31	21 793.84
英国	4 138.17	4 681.44	5 976.94	7 804.76	10 032.06	9 599.31	9 146.08	8 691.52	8 179.19	8 652.22	10 611.11	13 118.59	15 987.17	16 239.28	19 095.47
印度尼西亚	278.20	333.69	365.92	356.92	491.58	566.58	583.67	512.96	525.33	516.96	474.86	442.22	481.78	530.00	585.08
印度	161.09	186.21	205.69	224.00	266.58	270.47	274.11	291.24	276.67	296.44	310.47	340.42	354.15	346.11	367.56
意大利	4 033.10	4 603.60	5 610.50	6 990.29	8 456.92	7 622.83	7 556.52	7 832.58	7 739.72	7 990.69	11 315.02	14 234.73	15 744.66	16 386.66	20 825.78
日本	5 197.81	6 335.79	8 821.84	9 105.14	9 465.38	10 361.32	9 578.11	10 425.41	10 984.87	11 584.65	17 111.85	20 745.25	25 051.85	24 813.30	25 359.35
韩国	830.70	1 050.90	1 398.48	1 773.53	1 704.47	1 870.34	1 977.64	2 180.49	2 390.67	2 457.33	2 803.37	3 510.99	4 686.14	5 736.90	6 516.31
墨西哥	1 453.67	1 301.32	1 589.27	2 034.99	3 027.38	3 803.03	2 597.98	2 147.72	2 478.21	2 569.24	1 733.91	1 862.89	2 247.98	2 687.91	3 112.27
波兰	—	—	—	—	—	—	—	—	—	—	—	—	—	—	1 731.21
俄罗斯	—	—	—	—	—	—	—	—	—	—	—	—	3 777.24	3 428.76	3 485.11
沙特	8 202.78	9 038.86	9 282.65	12 241.25	16 977.99	17 871.98	13 944.95	11 039.25	9 632.54	7 919.65	6 304.25	5 932.29	5 856.38	6 085.96	7 246.02
土耳其	1 275.96	1 427.37	1 549.64	2 079.22	1 564.25	1 579.07	1 402.41	1 310.26	1 246.82	1 368.40	1 510.68	1 705.89	1 745.36	2 021.86	2 794.35
美国	8 592.25	9 452.58	10 564.95	11 674.19	12 574.79	13 976.11	14 433.79	15 543.89	17 121.23	18 236.83	19 071.23	20 038.94	21 417.01	22 857.15	23 888.60
南非	1 416.71	1 535.12	1 722.23	2 071.55	2 905.81	2 913.24	2 601.06	2 820.43	2 429.03	1 807.98	2 015.81	2 582.49	2 711.51	2 756.21	3 139.97
欧盟	4 406.24	4 968.99	6 064.88	7 377.17	8 384.72	7 391.08	7 093.70	6 859.97	6 572.02	6 775.65	9 265.92	11 432.23	12 711.96	12 936.46	15 989.22
全球	1 558.83	1 731.72	2 007.66	2 291.56	2 535.64	2 579.62	2 510.18	2 516.02	2 563.99	2 646.87	3 073.51	3 435.68	3 776.82	3 874.87	4 289.74

数据来源:世界银行数据库。

附表 2　20 国、欧盟及全球人均国内生产总值(1960—2018)

(单位:美元)(续表)

国家	1991	1992	1993	1994	1995	1996	1997	1998	1999	2000	2001	2002	2003	2004	2005
阿根廷	5 735.36	6 823.54	6 969.12	7 483.14	7 408.71	7 721.35	8 213.13	8 289.51	7 774.74	7 708.10	7 208.37	2 593.40	3 349.81	4 277.72	5 109.85
澳大利亚	18 821.48	18 569.81	17 634.26	18 046.02	20 319.63	21 861.33	23 468.60	21 318.96	20 533.04	21 679.25	19 490.86	20 082.48	23 447.03	30 430.68	33 999.24
巴西	3 975.39	2 596.92	2 791.21	3 500.61	4 748.22	5 166.16	5 282.01	5 087.15	3 478.37	3 749.75	3 156.80	2 829.28	3 070.91	3 637.46	4 790.44
加拿大	21 768.34	20 879.85	20 121.16	19 935.38	20 613.79	21 227.35	21 829.23	20 952.07	22 238.66	24 190.25	23 738.18	24 169.28	28 200.66	32 034.31	36 266.19
中国	333.14	366.46	377.39	473.49	609.66	709.41	781.74	828.58	873.29	959.37	1 053.11	1 148.51	1 288.64	1 508.67	1 753.42
德国	23 357.76	26 438.23	25 522.63	27 076.61	31 658.35	30 485.87	26 964.05	27 289.06	26 725.92	23 635.93	23 607.88	25 077.73	30 243.58	34 044.05	34 507.37
法国	21 675.06	23 813.71	22 380.10	23 496.52	26 890.22	26 871.83	24 228.94	24 974.27	24 673.20	22 364.03	22 433.56	24 177.34	29 568.39	33 741.27	34 760.19
英国	19 900.73	20 487.17	18 389.02	19 709.24	23 123.18	24 332.70	26 734.56	28 214.27	28 669.54	28 149.87	27 744.51	30 056.59	34 419.15	40 290.31	42 030.29
印度尼西亚	631.78	681.94	827.91	912.20	1 026.39	1 137.41	1 063.71	463.95	671.10	780.19	748.26	900.18	1 065.65	1 150.26	1 263.29
印度	303.06	316.95	301.16	346.10	373.77	399.95	415.49	413.30	442.00	443.31	451.57	470.99	546.73	627.77	714.86
意大利	21 956.53	23 243.47	18 738.76	19 337.63	20 664.55	23 081.60	21 829.35	22 318.14	21 997.62	20 087.59	20 483.22	22 270.14	27 465.68	31 259.72	32 043.14
日本	28 925.04	31 464.55	35 765.91	39 268.57	43 440.37	38 436.93	35 021.72	31 902.77	36 026.56	38 532.04	33 846.47	32 289.35	34 808.39	37 688.72	37 217.65
韩国	7 523.48	8 001.54	8 740.95	10 205.81	12 332.98	13 137.91	12 131.87	8 085.32	10 409.33	11 947.58	11 252.91	12 782.53	14 209.39	15 907.67	18 639.52
墨西哥	3 661.95	4 170.62	5 650.03	5 854.42	3 928.22	4 412.12	5 289.17	5 481.18	6 157.19	7 157.81	7 544.57	7 593.14	7 075.37	7 484.49	8 277.67
波兰	2 235.54	2 459.02	2 497.20	2 874.83	3 682.79	4 140.98	4 116.93	4 510.41	4 389.98	4 492.73	4 981.20	5 196.93	5 693.38	6 681.18	8 021.00
俄罗斯	3 485.06	3 095.66	2 929.46	2 663.39	2 665.78	2 643.93	2 737.57	1 834.86	1 330.76	1 771.60	2 100.36	2 377.54	2 975.13	4 102.37	5 323.47
沙特	7 883.25	7 932.09	7 485.54	7 421.29	7 690.58	8 335.80	8 551.67	7 419.16	8 007.96	9 171.33	8 684.65	8 695.40	9 609.97	11 185.13	13 791.45
土耳其	2 735.71	2 842.37	3 180.19	2 270.34	2 897.87	3 053.95	3 144.39	4 496.50	4 108.12	4 316.55	3 119.57	3 659.94	4 718.20	6 040.61	7 384.25
美国	24 342.26	25 418.99	26 387.29	27 694.85	28 690.88	29 967.71	31 459.14	32 853.68	34 513.56	36 334.91	37 133.24	38 023.16	39 496.49	41 712.80	44 114.75
南非	3 285.95	3 479.07	3 388.73	3 445.23	3 751.85	3 494.38	3 549.58	3 154.02	3 081.57	3 032.43	2 666.47	2 502.28	3 751.28	4 833.63	5 383.66
欧盟	16 496.51	17 919.02	16 256.42	17 194.12	19 898.44	20 295.17	19 121.21	19 763.51	19 698.89	18 261.97	18 457.89	20 055.33	24 310.25	27 960.05	29 115.63
全球	4 466.41	4 669.47	4 670.94	4 939.93	5 408.87	5 449.42	5 353.19	5 269.39	5 392.07	5 492.58	5 391.24	5 527.01	6 123.76	6 811.88	7 287.01

数据来源:世界银行数据库。

附表 2　20 国、欧盟及全球人均国内生产总值(1960—2018)

(单位:美元)(续表)

国家	2007	2008	2009	2010	2011	2012	2013	2014	2015	2016	2017	2018
阿根廷	7 245.45	9 020.87	8 225.14	10 385.96	12 848.86	13 082.66	13 080.25	12 334.80	13 789.06	12 790.24	14 591.86	11 683.95
澳大利亚	40 960.05	49 601.66	42 772.36	52 022.13	62 517.83	68 012.15	68 150.11	62 510.79	56 755.72	49 971.13	54 066.47	57 373.69
巴西	7 348.03	8 831.02	8 597.92	11 286.24	13 245.61	12 370.02	12 300.32	12 112.59	8 814.00	8 712.89	9 880.95	8 920.76
加拿大	44 543.04	46 594.45	40 773.06	47 450.32	52 101.80	52 542.35	52 504.66	50 835.51	43 495.05	42 279.90	45 069.93	46 232.99
中国	2 693.97	3 468.30	3 832.24	4 550.45	5 618.13	6 316.92	7 050.65	7 651.37	8 033.39	8 078.79	8 759.04	9 770.85
德国	41 587.21	45 427.15	41 485.90	41 531.93	46 644.78	43 858.36	46 285.76	47 959.99	41 139.54	42 098.92	4 4240.04	47 603.03
法国	41 508.43	45 334.11	41 575.42	40 638.33	43 790.73	40 874.70	42 592.93	43 008.65	36 613.38	36 962.22	38 679.13	41 463.64
英国	50 566.83	47 287.00	38 713.14	39 435.84	42 038.50	42 462.71	43 444.56	47 417.64	44 966.10	41 074.17	40 361.42	42 943.90
印度尼西亚	1 860.00	2 166.85	2 261.25	3 122.36	3 643.04	3 694.35	3 623.91	3 491.62	3 331.70	3 562.85	3 836.91	3 893.60
印度	1 028.33	998.52	1 101.96	1 357.56	1 458.10	1 443.88	1 449.61	1 573.88	1 605.61	1 729.27	1 981.27	2 009.98
意大利	37 822.67	40 778.34	37 079.76	36 000.52	38 599.06	35 053.53	35 549.97	35 518.42	30 230.23	30 936.13	32 326.84	34 483.20
日本	35 275.23	39 339.30	40 855.18	44 507.68	48 168.00	48 603.48	40 454.45	38 109.41	34 524.47	38 794.33	38 331.98	39 289.96
韩国	23 060.71	20 430.64	18 291.92	22 086.95	24 079.79	24 358.78	25 890.02	27 811.37	27 105.08	27 608.25	29 742.84	31 362.75
墨西哥	9 642.68	10 016.57	8 002.97	9 271.40	10 203.42	10 241.73	10 725.18	10 922.38	9 605.95	8 739.76	9 278.42	9 673.44
波兰	11 255.44	14 001.45	11 527.59	12 599.53	13 893.51	13 145.54	13 781.06	14 347.91	12 572.31	12 431.58	13 856.98	15 420.91
俄罗斯	9 101.26	11 635.27	8 562.81	10 675.00	14 351.21	15 434.57	16 007.09	14 100.73	9 313.79	8 745.38	10 750.59	11 288.87
沙特	16 516.62	20 078.26	16 113.14	19 262.55	23 745.80	25 243.36	24 844.74	24 463.90	20 627.93	19 879.30	20 803.74	23 338.96
土耳其	9 711.87	10 854.17	9 038.52	10 672.39	11 335.51	11 707.26	12 519.39	12 095.85	10 948.72	10 820.63	10 513.65	9 370.18
美国	47 975.97	48 382.56	47 099.98	48 466.82	49 883.11	51 603.50	53 106.91	55 032.96	56 803.47	57 904.20	59 927.93	62 794.59
南非	6 095.62	5 760.81	5 862.80	7 328.62	8 007.41	7 501.47	6 832.46	6 433.19	5 734.63	5 272.92	6 132.48	6 374.03
欧盟	35 630.94	38 185.62	34 019.28	33 740.65	36 506.64	34 328.82	35 683.86	36 787.23	32 319.45	32 425.13	33 908.00	36 569.73
全球	8 684.23	9 412.94	8 820.01	9 540.90	10 478.73	10 594.77	10 770.70	10 933.90	10 223.95	10 256.23	10 777.62	11 312.44

数据来源:世界银行数据库。

附表 3　20 国、欧盟及全球人口数(1960—2018)

（单位：人）

国家	1960	1961	1962	1963	1964	1965	1966	1967	1968	1969	1970
阿根廷	20 481 779	20 817 266	21 153 052	21 488 912	21 824 425	22 159 650	22 494 035	22 828 869	23 168 267	23 517 611	23 880 561
澳大利亚	10 276 477	10 483 000	10 742 000	10 950 000	11 167 000	11 388 000	11 651 000	11 799 000	12 009 000	12 263 000	12 507 000
巴西	72 179 226	74 311 343	76 514 328	78 772 657	81 064 571	83 373 530	85 696 505	88 035 814	90 387 079	92 746 614	95 113 265
加拿大	17 909 009	18 271 000	18 614 000	18 964 000	19 325 000	19 678 000	20 048 000	20 412 000	20 744 000	21 028 000	21 324 000
中国	667 070 000	660 330 000	665 770 000	682 335 000	698 355 000	715 185 000	735 400 000	754 550 000	774 510 000	796 025 000	818 315 000
法国	46 621 669	47 240 543	47 904 877	48 582 611	49 230 595	49 818 028	50 330 262	50 775 794	51 175 508	51 561 836	51 957 738
德国	72814 900	73377 632	74025 784	74 714 353	75 318 337	75 963 695	76 600 311	76 951 336	77 294 314	77 909 682	78 169 289
印度	450 547 679	459 642 165	469 077 190	478 825 608	488 848 135	499 123 324	509 631 500	520 400 576	531 513 824	543 084 336	555 189 792
印度尼西亚	87 751 068	90 098 394	92 518 377	95 015 297	97 596 733	100 267 062	103 025 426	105 865 571	108 779 924	111 758 563	114 793 178
意大利	50 199 700	50 536 350	50 879 450	51 252 000	51 675 350	52 112 350	52 519 000	52 900 500	53 235 750	53 537 950	53 821 850
日本	92 500 572	94 943 000	95 832 000	96 812 000	97 826 000	98 883 000	99 790 000	100 725 000	101 061 000	103 172 000	104 345 000
韩国	25 012 374	25 765 673	26 513 030	27 261 747	27 984 155	28 704 674	29 435 571	30 130 983	30 838 302	31 544 266	32 240 827
墨西哥	37 771 859	38 966 056	40 195 319	41 462 369	42 771 079	44 123 853	45 519 737	46 956 208	48 431 972	49 945 279	51 493 565
波兰	29 637 450	29 964 000	30 308 500	30 712 000	31 139 450	31 444 950	31 681 000	31 987 155	32 294 655	32 548 300	32 664 300
俄罗斯	119 897 000	121 236 000	122 591 000	123 960 000	125 345 000	126 745 000	127 468 000	128 196 000	128 928 000	129 664 000	130 404 000
沙特阿拉伯	4 086 539	4 218 853	4 362 786	4 516 533	4 677 298	4 843 635	5015 357	5195 135	5387 828	5599 904	5836 389
南非	17099 840	17524 533	17965 725	18423 161	18896 307	19384 841	19888 250	20406 864	20942 145	21496 075	22069 776
土耳其	27472 345	28146 910	28 832 827	29 531 365	30 244 261	30 972 994	31 717 507	32 477 992	33 256 464	34 055 390	34 876 303
英国	52 400 000	52 800 000	53 250 000	53 650 000	54 000 000	54 348 050	54 648 500	54 943 600	55 211 700	55 441 750	55 663 250
美国	180 671 000	183 691 000	186 538 000	189 242 000	191 889 000	194 303 000	196 560 000	198 712 000	200 706 000	202 677 000	205 052 000
欧盟	356 906 076	359 998 418	363 200 473	366 516 491	369 850 244	373 032 732	376 039 119	378 917 977	381 605 443	384 216 975	386 322 908
全球	3 032 019 978	3 073 077 563	3 126 066 253	3 191 186 048	3 256 700 083	3 323 623 700	3 393 699 205	3 463 147 267	3 533 536 526	3 608 235 815	3683 676 306

数据来源：世界银行数据库。

附表 3　20 国、欧盟及全球人口数(1960—2018)

(单位:人)(续表)

国家	1971	1972	1973	1974	1975	1976	1977	1978	1979	1980
阿根廷	24 259 561	24 653 175	25 056 478	25 462 302	25 865 776	26 264 681	26 661 398	27 061 047	27 471 036	27 896 528
澳大利亚	12 937 000	13 177 000	13 380 000	13 723 000	13 893 000	14 033 000	14 192 000	14 358 000	14 514 000	14 692 000
巴西	97 482 920	99 859 383	102 259 497	104 706 198	107 216 205	109 790 938	112 425 392	115 121 153	117 878 411	120 694 009
加拿大	21 962 032	22 218 463	22 491 777	22 807 969	23 143 275	23 449 808	23 725 843	23 963 203	24 201 544	24 515 667
中国	841 105 000	862 030 000	881 940 000	900 350 000	916 395 000	930 685 000	943 455 000	956 165 000	969 005 000	981 235 000
法国	52 371 342	52 793 138	53 207 734	53 592 233	53 931 390	54 220 022	54 467 702	54 691 851	54 917 118	55 161 527
德国	78 312 842	78 688 452	78 936 666	78 967 433	78 673 554	78 336 950	78 159 814	78 091 820	78 126 350	78 288 576
印度	567 868 018	581 087 256	594 770 134	608 802 600	623 102 897	637 630 087	652 408 776	667 499 806	682 995 354	698 952 844
印度尼西亚	117 880 144	121 017 314	124 199 687	127 422 211	130 680 727	133 966 941	137 278 058	140 621 730	144 009 845	147 447 836
意大利	54 073 490	54 381 345	54 751 406	55 110 868	55 441 001	55 718 260	55 955 411	56 155 143	56 317 749	56 433 883
日本	105 697 000	107 188 000	108 079 000	110 162 000	111 940 000	112 771 000	113 863 000	114 898 000	115 870 000	116 782 000
韩国	32 882 704	33 505 406	34 103 149	34 692 266	35 280 725	35 848 523	36 411 795	36 969 185	37 534 236	38 123 775
墨西哥	53 076 373	54 689 943	56 324 303	57 966 804	59 607 953	61 242 190	62 869 903	64 494 869	66 123 897	67 761 372
波兰	32 783 500	33 055 650	33 357 200	33 678 899	34 015 199	34 356 300	34 689 050	34 965 600	35 247 217	35 574 150
俄罗斯	131 155 000	131 909 000	132 669 000	133 432 000	134 200 000	135 147 000	136 100 000	137 060 000	138 027 000	139 010 000
沙特阿拉伯	6 100 626	6 392 970	6 711 923	7 054 532	7 419 493	7 802 926	8 207 697	8 646 845	9 137 927	9 691 476
南非	22 665 271	23 281 508	23 913 099	24 552 540	25 195 187	25 836 888	26 480 913	27 138 965	27 827 320	28 556 769
土耳其	35 720 599	36 587 261	37 472 336	38 370 283	39 277 258	40 189 567	41 108 297	42 039 992	42 994 041	43 975 971
英国	55 896 223	56 086 065	56 194 527	56 229 974	56 225 800	56 211 968	56 193 492	56 196 504	56 246 951	56 314 216
美国	207 661 000	209 896 000	211 909 000	213 854 000	215 973 000	218 035 000	220 239 000	222 585 000	225 055 000	227 225 000
欧盟	388 391 969	390 994 983	393 524 737	395 949 389	398 316 577	400 473 489	402 425 490	404 271 768	406 051 885	407 875 852
全球	3 761 307 048	3 837 726 171	3 913 217 944	3 989 385 034	4 063 806 523	4 136 393 107	4 208 770 941	4 282 341 460	4 357 793 599	4 434 021 975

数据来源:世界银行数据库。

附表 3　20 国、欧盟及全球人口数(1960—2018)

(单位:人)(续表)

国家	1981	1982	1983	1984	1985	1986	1987	1988	1989	1990
阿根廷	28 338 515	28 794 548	29 262 047	29 737 093	30 216 279	30 698 964	31 184 415	31 668 949	32 148 134	32 618 651
澳大利亚	14 927 000	15 178 000	15 369 000	15 544 000	15 758 000	16 018 400	16 263 900	16 532 200	16 814 400	17 065 100
巴西	123 570 327	126 498 314	129 448 819	132 383 568	135 274 080	138 108 912	140 891 602	143 627 503	146 328 304	149 003 223
加拿大	24 819 915	25 116 942	25 366 451	25 607 053	25 842 116	26 100 278	26 446 601	26 791 747	27 276 781	27 691 138
中国	993 885 000	1 008 630 000	1 023 310 000	1 036 825 000	1 051 040 000	1 066 790 000	1 084 035 000	1 101 630 000	1 118 650 000	1 135 185 000
法国	55 430 296	55 718 933	56 023 770	56 337 666	56 654 696	56 976 123	57 302 663	57 627 105	57 940 212	58 235 697
德国	78 407 907	78 333 366	78 128 282	77 858 685	77 684 873	77 720 436	77 839 920	78 144 619	78 751 283	79 433 029
印度	715 384 993	732 239 504	749 428 958	766 833 410	784 360 008	801 975 244	819 682 102	837 468 930	855 334 678	873 277 798
印度尼西亚	150 938 232	154 468 229	158 009 246	161 523 347	164 982 451	168 374 287	171 702 763	174 975 954	178 209 150	181 413 402
意大利	56 501 675	56 543 548	56 564 074	56 576 718	56 593 071	56 596 155	56 601 931	56 629 288	56 671 781	56 719 240
日本	117 648 000	118 449 000	119 259 000	120 018 000	120 754 000	121 492 000	122 091 000	122 613 000	123 116 000	123 537 000
韩国	38 723 248	39 326 352	39 910 403	40 405 956	40 805 744	41 213 674	41 621 690	42 031 247	42 449 038	42 869 283
墨西哥	69 407 624	71 058 654	72 709 299	74 352 631	75 983 485	77 599 098	79 200 081	80 788 721	82 368 931	83 943 132
波兰	35 898 587	36 230 481	36 571 808	36 904 134	37 201 885	37 456 119	37 668 045	37 824 487	37 961 529	38 110 782
俄罗斯	139 941 000	140 823 000	141 668 000	142 745 000	143 858 000	144 894 000	145 908 000	146 857 000	147 721 000	148 292 000
沙特阿拉伯	10 311 775	10 988 853	11 701 128	12 418 834	13 118 993	13 794 165	14 445 671	15 070 082	15 666 297	16 233 785
南非	29 333 103	30 150 448	30 993 758	31 841 593	32 678 874	33 495 953	34 297 727	35 100 909	35 930 050	36 800 509
土耳其	44 988 414	46 025 411	47 073 472	48 114 155	49 133 937	50 128 541	51 100 924	52 053 765	52 992 487	53 921 760
英国	56 333 829	56 313 641	56 332 848	56 422 072	56 550 268	56 681 396	56 802 050	56 928 327	57 076 711	57 247 586
美国	229 466 000	231 664 000	233 792 000	235 825 000	237 924 000	240 133 000	242 289 000	244 499 000	246 819 000	249 623 000
欧盟	409 551 932	410 895 587	411 974 420	412 931 311	413 924 483	415 076 369	416 301 856	417 653 043	419 073 156	420 477 979
全球	4 512 268 962	4 593 454 253	4 675 367 633	4 756 998 073	4 840 155 168	4 925 801 334	5 013 576 387	5 102 293 348	5 190 965 222	5 281 340 078

数据来源:世界银行数据库。

附表 3　20 国、欧盟及全球人口数(1960—2018)

(单位:人)(续表)

国家	1991	1992	1993	1994	1995	1996	1997	1998	1999	2000
阿根廷	33 079 000	33 529 326	33 970 111	34 402 672	34 828 170	35 246 374	35 657 429	36 063 459	36 467 218	36 870 787
澳大利亚	17 284 000	17 495 000	17 667 000	17 855 000	18 072 000	18 311 000	18 517 000	18 711 000	18 926 000	19 153 000
巴西	151 648 011	154 259 380	156 849 078	159 432 716	162 019 896	164 614 688	167 209 040	169 785 250	172 318 675	174 790 340
加拿大	28 037 420	28 371 264	28 684 764	29 000 663	29 302 311	29 610 218	29 905 948	30 155 173	30 401 286	30 685 730
中国	1 150 780 000	1 164 970 000	1 178 440 000	1 191 835 000	1 204 855 000	1 217 550 000	1 230 075 000	1 241 935 000	1 252 735 000	1 262 645 000
法国	58 559 311	58 851 217	59 106 768	59 327 192	59 541 899	59 753 100	59 964 851	60 186 288	60 496 718	60 912 500
德国	80 013 896	80 624 598	81 156 363	81 438 348	81 678 051	81 914 831	82 034 771	82 047 195	82 100 243	82 211 508
印度	89 1273 209	909 307 016	927 403 860	945 601 831	963 922 588	982 365 243	1 000 900 030	1 019 483 581	1 038 058 156	1 056 575 549
印度尼西亚	184 591 903	187 739 786	190 851 175	193 917 462	196 934 260	199 901 228	202 826 446	205 724 592	208 615 169	211 513 823
意大利	56 758 521	56 797 087	56 831 821	56 843 400	56 844 303	56 860 281	56 890 372	56 906 744	56 916 317	56 942 108
日本	123 921 000	124 229 000	124 536 000	124 961 000	125 439 000	125 757 000	126 057 000	126 400 000	126 631 000	126 843 000
韩国	43 295 704	43 747 962	44 194 628	44 641 540	45 092 991	45 524 681	45 953 580	46 286 503	46 616 677	47 008 111
墨西哥	85 512 623	87 075 138	88 625 440	90 156 400	91 663 285	93 147 044	94 611 002	96 056 321	97 484 832	98 899 845
波兰	38 246 193	38 363 667	38 461 408	38 542 652	38 594 998	38 624 370	38 649 660	38 663 481	38 660 271	38 258 629
俄罗斯	148 624 000	148 689 000	148 520 000	148 336 000	148 375 726	148 160 042	147 915 307	147 670 692	147 214 392	146 596 557
沙特阿拉伯	16 772 694	17 282 691	17 763 298	18 214 470	18 638 787	19 033 845	19 407 142	19 783 304	20 194 527	20 663 843
南非	37 718 950	38 672 607	39 633 750	40 564 059	41 435 758	42 241 011	42 987 461	43 682 260	44 338 543	44 967 708
土耳其	54 840 590	55 748 948	56 653 804	57 564 204	58 486 456	59 423 282	60 372 568	61 329 676	62 287 397	63 240 194
英国	57 424 897	57 580 402	57 718 614	57 865 745	58 019 030	58 166 950	58 316 954	58 487 141	58 682 466	58 892 514
美国	252 981 000	256 514 000	259 919 000	263 126 000	266 278 000	269 394 000	272 657 000	275 854 000	279 040 000	282 162 411
欧盟	421 730 525	422 963 892	424 341 130	425 399 124	426 203 343	426 896 863	427 538 058	428 109 863	428 815 493	429 328 624
全球	5 369 210 095	5 453 393 960	5 538 448 726	5 622 575 421	5 707 533 023	5 790 454 220	5 873 071 768	5 954 810 550	6 035 284 135	6 115 108 363

数据来源:世界银行数据库。

附表 3　20 国、欧盟及全球人口数(1960—2018)

(单位:人)(续表)

国家	2001	2002	2003	2004	2005	2006	2007	2008	2009	2010
阿根廷	37 275 652	37 681 749	38 087 868	38 491 972	38 892 931	39 289 878	39 684 295	40 080 160	40 482 788	40 788 453
澳大利亚	19 413 000	19 651 400	19 895 400	20 127 400	20 394 800	20 697 900	20 827 600	21 249 200	21 691 700	22 031 750
巴西	177 196 054	179 537 520	181 809 246	184 006 481	186 127 103	188 167 356	190 130 443	192 030 362	193 886 508	195 713 635
加拿大	31 020 902	31 360 079	31 644 028	31 940 655	32 243 753	32 571 174	32 889 025	33 247 118	33 628 895	34 004 889
中国	1 271 850 000	1 280 400 000	1 288 400 000	1 296 075 000	1 303 720 000	1 311 020 000	1 317 885 000	1 324 655 000	1 331 260 000	1 337 705 000
法国	61 357 430	61 805 267	62 244 886	62 704 895	63 179 351	63 621 381	64 016 225	64 374 984	64 707 040	65 027 507
德国	82 349 925	82 488 495	82 534 176	82 516 260	82 469 422	82 376 451	82 266 372	82 110 097	81 902 307	81 776 930
印度	1 075 000 085	1 093 317 189	1 111 523 144	1 129 623 456	1 147 609 927	1 165 486 291	1 183 209 472	1 200 669 765	1 217 726 215	1 234 281 170
印度尼西亚	214 427 417	217 357 793	220 309 469	223 285 676	226 289 470	229 318 262	232 374 245	235 469 762	238 620 563	241 834 215
意大利	56 974 100	57 059 007	57 313 203	57 685 327	57 969 484	58 143 979	58 438 310	58 826 731	59 095 365	59 277 417
日本	127 149 000	127 445 000	127 718 000	127 761 000	127 773 000	127 854 000	128 001 000	128 063 000	128 047 000	128 070 000
韩国	47 370 164	47 644 736	47 892 330	48 082 519	48 184 561	48 438 292	48 683 638	49 054 708	49 307 835	49 554 112
墨西哥	100 298 153	101 684 758	103 081 020	104 514 932	106 005 203	107 560 153	109 170 502	110 815 271	112 463 887	114 092 963
波兰	38 248 076	38 230 364	38 204 570	38 182 222	38 165 445	38 141 267	38 120 560	38 125 759	38 151 603	38 042 794
俄罗斯	145 976 083	145 306 046	144 648 257	144 067 054	143 518 523	143 049 528	142 805 088	142 742 350	142 785 342	142 849 449
沙特阿拉伯	21 202 642	21 805 313	22 456 649	23 132 682	23 816 183	24 498 310	25 184 597	25 888 541	26 630 303	27 421 461
南非	45 571 274	46 150 913	46 719 196	47 291 610	47 880 601	48 489 459	49 119 759	49 779 471	50 477 011	51 216 964
土耳其	64 192 243	65 145 367	66 089 402	67 010 930	67 903 469	68 756 810	69 581 848	70 418 604	71 321 399	72 326 988
英国	59 119 673	59 370 479	59 647 577	59 987 905	60 401 206	60 846 820	61 322 463	61 806 995	62 276 270	62 766 365
美国	284 968 955	287 625 193	290 107 933	292 805 298	295 516 599	298 379 912	301 231 207	304 093 966	306 771 529	309 321 666
欧盟	429 895 628	430 881 944	432 415 939	434 040 236	435 581 949	436 998 049	438 468 400	439 876 674	440 917 800	441 532 412
全球	6 194 460 444	6 273 526 441	6 352 677 699	6 432 374 971	6 512 602 867	6 593 623 202	6 675 130 418	6 757 887 172	6 840 591 577	6 922 947 261

数据来源:世界银行数据库。

附表 3　20 国、欧盟及全球人口数(1960—2018)

(单位:人)(续表)

国家	2011	2012	2013	2014	2015	2016	2017	2018
阿根廷	41 261 490	41 733 271	42 202 935	42 669 500	43 131 966	43 590 368	44 044 811	44 494 502
澳大利亚	22 340 024	22 733 465	23 128 129	23 475 686	23 815 995	24 190 907	24 601 860	24 982 688
巴西	197 514 534	199 287 296	201 035 903	202 763 735	204 471 769	206 163 058	207 833 831	209 469 333
加拿大	34 339 328	34 714 222	35 082 954	35 437 435	35 702 908	36 109 487	36 543 321	37 057 765
中国	1 344 130 000	1 350 695 000	1 357 380 000	1 364 270 000	1 371 220 000	1 378 665 000	1 386 395 000	1 392 730 000
法国	65 342 780	65 659 809	65 998 687	66 312 067	66 548 272	66 721 256	66 865 144	66 977 107
德国	80 274 983	80 425 823	80 645 605	80 982 500	81 686 611	82 348 669	82 657 002	82 905 782
印度	1 250 288 729	1 265 782 790	1 280 846 129	1 295 604 184	1 310 152 403	1 324 509 589	1 338 658 835	1 352 617 328
印度尼西亚	245 116 206	248 452 413	251 806 402	255 129 004	258 383 256	261 554 226	264 645 886	267 663 435
意大利	59 379 449	59 539 717	60 233 948	60 789 140	60 730 582	60 627 498	60 536 709	60 421 760
日本	127 833 000	127 629 000	127 445 000	127 276 000	127 141 000	126 994 511	126 785 797	126 529 100
韩国	49 936 638	50 199 853	50 428 893	50 746 659	51 014 947	51 217 803	51 361 911	51 606 633
墨西哥	115 695 473	117 274 155	118 827 161	120 355 128	121 858 258	123 333 376	124 777 324	126 190 788
波兰	38 063 255	38 063 164	38 040 196	38 011 735	37 986 412	37 970 087	37 974 826	37 974 750
俄罗斯	142 960 868	143 201 676	143 506 911	143 819 666	144 096 870	144 342 396	144 496 740	144 478 050
沙特阿拉伯	28 267 685	29 155 187	30 052 518	30 916 994	31 717 667	32 442 572	33 099 147	33 699 947
南非	52 004 172	52 834 005	53 689 236	54 545 991	55 386 367	56 203 654	57 000 451	57 779 622
土耳其	73 443 863	74 653 016	75 928 564	77 231 907	78 529 409	79 821 724	81 101 892	82 319 724
英国	63 258 810	63 700 215	64 128 273	64 602 298	65 116 219	65 611 593	66 058 859	66 460 344
美国	311 556 874	313 830 990	315 993 715	318 301 008	320 635 163	322 941 311	324 985 539	326 687 501
欧盟	440 746 976	441 395 932	442 469 471	443 576 663	444 543 759	445 485 081	446 132 239	446 786 293
全球	7 004 011 262	7 086 993 625	7 170 961 674	7 255 653 881	7 340 548 192	7 426 103 221	7 510 990 456	75 942 703 56

数据来源:世界银行数据库。

附表 4　20 国、欧盟及全球军队人数(1989—2017)

（单位:人）

国家	1989	1990	1991	1992	1993	1994	1995	1996	1997	1998	1999	2000
阿根廷	95 000	85 000	70 000	65 000	65 000	69 000	98 500	103 700	104 240	104 240	101 740	102 300
澳大利亚	70 000	68 000	68 000	68 000	68 000	65 000	57 100	58 800	58 400	58 400	56 200	51 600
巴西	319 000	295 000	295 000	296 000	296 000	296 000	680 600	680 600	700 300	698 850	676 600	673 200
加拿大	88 000	87 000	86 000	82 000	76 000	75 000	75 700	79 800	72 700	69 950	69 950	68 500
中国	3 900 000	3 500 000	3 200 000	3 160 000	3 030 000	2 930 000	4 130 000	4 135 000	3 640 000	3 820 000	3 820 000	3 910 000
法国	554 000	550 000	542 000	522 000	506 000	506 000	502 400	491 300	473 100	452 200	411 600	389 400
德国	503 000	545 000	457 000	442 000	398 000	362 000	365 000	383 500	347 100	333 500	331 000	221 100
印度	1 260 000	1 260 000	1 270 000	1 270 000	1 270 000	1 270 000	2 149 500	2 223 000	2 233 000	2 265 000	2 263 000	2 372 000
印度尼西亚	285 000	283 000	278 000	283 000	271 000	280 000	460 500	485 200	484 000	499 000	499 000	492 000
意大利	506 000	493 000	473 000	471 000	450 000	436 000	585 000	580 900	580 900	554 100	521 200	503 100
日本	247 000	250 000	250 000	242 000	242 000	233 000	251 500	247 500	247 600	254 600	254 600	248 700
韩国	647 000	650 000	750 000	750 000	750 000	750 000	641 000	668 000	676 500	676 500	676 500	687 500
墨西哥	154 000	175 000	175 000	175 000	175 000	175 000	189 000	190 000	190 000	190 000	193 770	207 800
波兰	350 000	313 000	305 000	270 000	260 000	255 000	302 000	272 900	265 150	264 050	264 050	238 800
俄罗斯	—	—	—	1 900 000	1 500 000	1 400 000	1 800 000	1 622 000	1 823 000	1 702 000	1 482 100	1 427 100
沙特阿拉伯	82 000	146 000	191 000	172 000	172 000	164 000	177 500	178 500	178 000	178 000	178 000	217 000
南非	100 000	85 000	80 000	75 000	75 000	75 000	276 900	277 900	217 440	211 700	78 150	71 600
土耳其	780 000	769 000	804 000	704 000	686 000	811 000	690 000	707 200	821 200	821 200	841 200	827 700
英国	318 000	308 000	301 000	293 000	271 000	257 000	233 000	221 000	218 000	218 000	218 000	212 500
美国	2 240 000	2 180 000	2 120 000	1 920 000	1 820 000	1 720 000	1 635 600	1 572 100	1 533 300	1 594 000	1 575 000	1 454 800
欧盟	3 387 000	3 207 000	3 109 000	3 046 000	3 013 000	3 012 000	3 557 200	3 471 450	3 304 110	3 227 500	3 086 780	2 862 000
全球	24 298 000	23 918 000	22 726 000	24 533 000	23 741 000	23 195 000	30 182 200	30 196 640	29 863 220	29 926 660	29 584 140	29 353 100

数据来源:斯德哥尔摩和平研究院数据库。

附表 4　20 国、欧盟及全球军队人数(1989—2017)

(单位:人)(续表)

国家	2001	2002	2003	2004	2005	2006	2007	2008	2009	2010
阿根廷	101 300	101 100	102 600	102 000	102 000	107 000	107 000	107 000	104 340	104 340
澳大利亚	51 700	50 900	53 600	52 000	53 000	51 000	55 000	55 000	56 552	56 552
巴西	673 200	673 200	673 200	687 000	673 000	754 000	721 000	721 000	713 480	713 480
加拿大	66 100	61 600	61 600	71 000	71 000	64 000	64 000	64 000	65 722	65 700
中国	3 810 000	3 770 000	3 750 000	3 755 000	3 755 000	3 605 000	2 885 000	2 885 000	2 945 000	2 945 000
法国	374 400	361 800	360 400	358 000	359 000	354 000	353 000	353 000	341 967	341 967
德国	308 400	296 000	284 500	284 000	285 000	246 000	244 000	244 000	251 465	251 465
印度	2 352 700	2 387 700	2 414 700	2 617 000	3 047 000	2 589 000	2 576 000	2 582 000	2 625 586	2 625 586
印度尼西亚	492 000	492 000	497 000	582 000	582 000	582 000	582 000	582 000	582 000	582 000
意大利	482 600	471 100	454 300	445 000	445 000	440 000	436 000	436 000	326 939	359 378
日本	252 100	252 100	252 100	251 000	272 000	252 000	242 000	242 000	260 382	260 382
韩国	687 500	690 500	690 500	696 000	693 000	692 000	692 000	692 000	659 500	659 500
墨西哥	203 800	203 800	203 800	203 000	204 000	280 000	286 000	305 000	331 750	331 750
波兰	228 000	184 400	184 400	162 000	162 000	148 000	142 000	143 000	121 400	121 400
俄罗斯	1 386 200	1 397 200	1 369 700	1 452 000	1 452 000	1 446 000	1 476 000	1 476 000	1 495 000	1 430 000
沙特阿拉伯	217 200	215 000	215 000	214 000	216 000	240 000	238 000	238 000	249 000	249 000
南非	67 000	60 000	55 700	55 000	56 000	103 000	62 000	62 000	77 153	77 153
土耳其	665 100	664 800	664 800	616 000	617 000	612 000	612 000	613 000	612 800	612 800
英国	211 400	210 400	212 600	205 000	217 000	181 000	160 000	160 000	178 470	174 020
美国	1 420 700	1 467 000	1 480 000	1 473 000	1 546 000	1 498 000	1 555 000	1 540 000	1 563 996	1 569 417
欧盟	2 691 900	2 647 500	2 536 700	2 392 112	2 412 862	2 294 862	2 257 862	2 254 962	2 069 093	2 101 107
全球	28 211 700	28 306 950	28 161 400	27 081 142	2 853 9442	27 029 682	27 253 882	27 493 342	27 924 096	28 133 971

数据来源:斯德哥尔摩和平研究院数据库。

附表 4　20 国、欧盟及全球军队人数(1989—2017)

(单位:人)(续表)

国家	2011	2012	2013	2014	2015	2016	2017
阿根廷	104 350	104 350	105 650	105 650	105 450	105 450	105 000
澳大利亚	57 050	56 200	56 750	56 750	57 800	57 800	58 000
巴西	713 480	713 480	713 480	729 500	729 500	729 500	730 000
加拿大	65 700	66 000	65 700	70 200	67 500	67 500	72 000
中国	2 945 000	2 993 000	2 993 000	2 993 000	2 843 000	2 695 000	2 695 000
法国	332 250	325 600	318 400	312 350	306 350	306 100	307 000
德国	196 000	186 450	181550	178 600	177 300	179 100	180 000
印度	2 647 150	2 728 700	2 749 700	2 749 700	2 798 800	2 981 050	3 031 000
印度尼西亚	676 500	676 500	676 500	676 500	675 500	675 500	676 000
意大利	367 550	359 500	359 500	356 850	356 850	356 850	347 000
日本	260 086	259 800	259 800	259 800	259 800	260 890	261 000
韩国	659 500	659 500	659 500	632 500	634 500	634 000	634 000
墨西哥	329 750	329 750	325 450	336 050	336 050	336 050	336 000
波兰	118 050	172 700	172 700	172 700	172 700	178 400	191 000
俄罗斯	1 364 000	1 364 000	1 260 000	1 287 000	1 490 000	1 454 000	1 454 000
沙特阿拉伯	249 000	249 000	251 500	251 500	251 500	251 500	252 000
南非	77 582	62 100	77 150	82 250	82 150	81 400	80 000
土耳其	612 800	612 800	612 800	612 800	512 000	512 000	512 000
英国	165 650	169 150	159 150	154 700	152 350	150 250	148 000
美国	1 520 100	1 492 200	1 433 150	1 381 250	1 347 300	1 348 400	1 359 000
欧盟	2 004 680	2 025 550	2 005 400	1 995 100	1 979 130	1 967 550	1 919 000
全球	28 020 079	28 154 374	27 206 623	27 309 630	27 437 280	27 542 350	27 414 000

数据来源:斯德哥尔摩和平研究院数据库。

附表 5　20 国、欧盟及全球军队人数占劳动人口比例(1990—2017)

(单位:%)

国家	1990	1991	1992	1993	1994	1995	1996	1997	1998	1999	2000	2001	2002	2003
阿根廷	0.64	0.51	0.46	0.45	0.47	0.66	0.68	0.66	0.65	0.63	0.62	0.61	0.61	0.60
澳大利亚	0.80	0.80	0.79	0.79	0.74	0.63	0.64	0.63	0.63	0.60	0.54	0.53	0.51	0.53
巴西	0.49	0.48	0.46	0.45	0.44	0.98	0.98	0.97	0.94	0.88	0.86	0.84	0.81	0.79
加拿大	0.59	0.58	0.56	0.51	0.50	0.50	0.53	0.47	0.45	0.44	0.42	0.40	0.36	0.36
中国	0.55	0.49	0.48	0.45	0.43	0.60	0.59	0.51	0.53	0.53	0.53	0.52	0.51	0.50
法国	2.12	2.09	2.00	1.93	1.92	1.90	1.84	1.77	1.68	1.51	1.42	1.36	1.30	1.27
德国	1.40	1.14	1.11	1.00	0.91	0.92	0.96	0.87	0.83	0.82	0.55	0.76	0.73	0.70
印度	0.40	0.39	0.38	0.37	0.36	0.60	0.61	0.60	0.60	0.58	0.60	0.58	0.57	0.56
印度尼西亚	0.39	0.37	0.36	0.33	0.34	0.54	0.55	0.53	0.53	0.51	0.50	0.50	0.50	0.50
意大利	2.06	1.96	2.02	1.94	1.90	2.56	2.53	2.52	2.39	2.24	2.16	2.06	1.99	1.89
日本	0.39	0.38	0.37	0.37	0.35	0.38	0.37	0.36	0.37	0.38	0.37	0.37	0.38	0.38
韩国	3.39	3.81	3.73	3.69	3.59	3.00	3.06	3.03	3.07	3.03	3.01	2.97	2.92	2.92
墨西哥	0.59	0.57	0.55	0.53	0.52	0.54	0.53	0.51	0.50	0.50	0.53	0.51	0.50	0.49
波兰	1.78	1.72	1.51	1.46	1.45	1.74	1.57	1.54	1.53	1.54	1.38	1.30	1.06	1.07
俄罗斯	—	—	2.50	2.02	1.94	2.51	2.28	2.61	2.47	2.03	1.94	1.92	1.91	1.88
沙特阿拉伯	2.90	3.70	3.24	3.17	2.98	3.17	3.14	3.08	3.02	2.95	3.41	3.30	3.14	2.99
南非	0.71	0.64	0.58	0.56	0.54	1.92	1.87	1.42	1.34	0.48	0.43	0.39	0.34	0.32
土耳其	3.91	4.01	3.49	3.57	3.93	3.29	3.33	3.87	3.77	3.79	3.87	3.06	3.01	3.03
英国	1.06	1.04	1.02	0.95	0.90	0.82	0.77	0.76	0.76	0.75	0.73	0.72	0.71	0.71
美国	1.70	1.65	1.47	1.38	1.28	1.20	1.13	1.09	1.12	1.09	0.99	0.96	0.99	0.99
欧盟	1.80	1.73	1.63	1.56	1.55	1.83	1.78	1.69	1.64	1.56	1.44	1.35	1.32	1.26
全球	1.11	1.03	1.03	0.98	0.94	1.19	1.17	1.14	1.13	1.09	1.07	1.02	1.00	0.98

数据来源:斯德哥尔摩和平研究院数据库。

附表5　20国、欧盟及全球军队人数占劳动人口比例(1990—2017)

(单位:%)(续表)

国家	2004	2005	2006	2007	2008	2009	2010	2011	2012	2013	2014	2015	2016	2017
阿根廷	0.59	0.58	0.60	0.60	0.60	0.57	0.57	0.56	0.55	0.56	0.55	0.54	0.53	0.52
澳大利亚	0.51	0.50	0.47	0.50	0.49	0.49	0.48	0.48	0.47	0.47	0.46	0.46	0.45	0.45
巴西	0.79	0.75	0.83	0.78	0.77	0.75	0.75	0.75	0.73	0.72	0.73	0.72	0.71	0.70
加拿大	0.40	0.40	0.36	0.35	0.34	0.35	0.35	0.34	0.34	0.34	0.36	0.34	0.34	0.36
中国	0.50	0.49	0.47	0.38	0.37	0.38	0.38	0.38	0.38	0.38	0.38	0.36	0.34	0.34
法国	1.25	1.24	1.22	1.20	1.20	1.15	1.15	1.11	1.08	1.05	1.04	1.01	1.01	1.01
德国	0.70	0.69	0.59	0.58	0.58	0.60	0.60	0.47	0.45	0.43	0.42	0.41	0.41	0.41
印度	0.59	0.67	0.57	0.57	0.56	0.57	0.57	0.57	0.59	0.58	0.57	0.57	0.60	0.60
印度尼西亚	0.57	0.57	0.56	0.54	0.52	0.52	0.50	0.58	0.56	0.56	0.55	0.54	0.54	0.52
意大利	1.81	1.83	1.80	1.79	1.76	1.33	1.47	1.51	1.44	1.44	1.40	1.41	1.39	1.35
日本	0.38	0.41	0.38	0.36	0.36	0.39	0.39	0.39	0.40	0.39	0.39	0.39	0.39	0.39
韩国	2.89	2.85	2.82	2.79	2.78	2.65	2.61	2.57	2.53	2.50	2.33	2.31	2.28	2.26
墨西哥	0.47	0.46	0.61	0.61	0.64	0.68	0.67	0.65	0.64	0.62	0.63	0.62	0.61	0.60
波兰	0.94	0.92	0.85	0.82	0.81	0.68	0.67	0.65	0.95	0.94	0.94	0.94	0.97	1.03
俄罗斯	1.97	1.96	1.94	1.95	1.94	1.97	1.88	1.79	1.80	1.67	1.71	1.98	1.94	1.96
沙特阿拉伯	2.83	2.72	2.90	2.76	2.66	2.68	2.53	2.37	2.21	2.11	2.02	1.92	1.86	1.81
南非	0.32	0.31	0.55	0.33	0.32	0.40	0.41	0.41	0.32	0.38	0.40	0.38	0.37	0.36
土耳其	2.82	2.76	2.75	2.70	2.62	2.53	2.43	2.33	2.29	2.20	2.13	1.72	1.66	1.60
英国	0.68	0.71	0.58	0.51	0.51	0.56	0.54	0.51	0.52	0.48	0.47	0.46	0.45	0.44
美国	0.98	1.02	0.97	1.00	0.98	1.00	1.00	0.97	0.94	0.90	0.87	0.84	0.83	0.83
欧盟	1.18	1.17	1.11	1.08	1.07	0.98	0.99	0.95	0.96	0.94	0.94	0.93	0.92	0.89
全球	0.95	0.96	0.96	0.90	0.90	0.90	0.90	0.89	0.87	0.83	0.83	0.82	0.81	0.80

数据来源:斯德哥尔摩和平研究院数据库。

附表 6　20 国入境旅游人数(1995—2018)

（单位：人）

国家	1995	1996	1997	1998	1999	2000	2001	2002	2003	2004	2005	2006
阿根廷	2 289 000	2 614 000	2 764 000	3 012 000	2 898 000	2 909 000	2 620 000	2 820 000	2 995 000	3 457 000	3 823 000	4 173 000
澳大利亚	3 726 000	4 165 000	4 318 000	4 167 000	4 459 000	4 931 000	4 856 000	4 841 000	4 746 000	5 215 000	5 499 000	5 532 000
巴西	1 991 000	2 666 000	2 850 000	4 818 000	5 107 000	5 313 000	4 773 000	3 785 000	4 133 000	4 794 000	5 358 000	5 017 000
加拿大	16 932 000	17 286 000	17 669 000	18 870 000	19 411 000	19 627 000	19 679 000	20 057 000	17 534 000	19 145 000	18 771 000	18 265 000
中国	20 034 000	22 765 000	23 770 000	25 073 000	27 047 000	31 229 000	33 167 000	36 803 000	32 970 000	41 761 000	46 809 000	49 913 000
法国	60 033 000	62 406 000	66 591 000	70 109 000	73 147 000	77 190 000	75 202 000	77 012 000	75 048 000	74 433 000	74 988 000	77 916 000
德国	14 847 000	15 205 000	15 837 000	16 511 000	17 116 000	18 983 000	17 861 000	17 969 000	18 399 000	20 137 000	21 500 000	23 569 000
印度	2 124 000	2 288 000	2 374 000	2 359 000	2 482 000	2 649 000	2 537 000	2 384 000	2 726 000	3 457 000	3 919 000	4 447 000
印度尼西亚	4 324 000	5 034 000	5 185 000	4 606 000	4 728 000	5 064 000	5 153 000	5 033 000	4 467 000	5 321 000	5 002 000	4 871 000
意大利	31 052 000	34 080 000	34 692 000	34 933 000	36 516 000	41 181 000	39 563 000	39 799 000	39 604 000	37 071 000	36 513 000	41 058 000
日本	3 345 000	3 837 000	4 218 000	4 106 000	4 438 000	4 757 000	4 772 000	5 239 000	5 212 000	6 138 000	6 728 000	7 334 000
韩国	3 753 000	3 684 000	3 908 000	4 250 000	4 660 000	5 322 000	5 147 000	5 347 000	4 753 000	5 818 000	6 023 000	6 155 000
墨西哥	20 241 000	21 395 000	19 351 000	19 392 000	19 043 000	20 641 000	19 810 000	19 667 000	18 665 000	20 618 000	21 915 000	21 353 000
波兰	19 215 000	19 410 000	19 520 000	18 780 000	17 950 000	17 400 000	15 000 000	13 980 000	13 720 000	14 290 000	15 200 000	15 670 000
俄罗斯	10 290 000	16 208 000	17 463 000	16 188 000	18 820 000	21 169 000	21 595 000	23 309 000	22 521 000	22 064 000	22 201 000	22 486 000
沙特	3 325 000	—	—	—	—	6 585 000	6 727 000	7 511 000	7 332 000	8 599 000	8 037 000	8 620 000
南非	4 488 000	4 915 000	4 976 000	5 732 000	5 890 000	5 872 000	5 787 000	6 430 000	6 505 000	6 678 000	7 369 000	8 396 000
土耳其	7 083 000	7 966 000	9 040 000	8 960 000	6 893 000	9 586 000	10 783 000	12 790 000	13 341 000	16 826 000	20 273 000	18 916 000
英国	21 719 000	22 936 000	23 215 000	23 710 000	23 341 000	23 212 000	20 982 000	22 307 000	22 787 000	25 678 000	28 039 000	30 654 000
美国	43 318 000	46 489 000	47 767 000	46 377 000	48 689 000	51 238 000	46 927 000	43 581 000	41 218 000	46 086 000	49 206 000	50 977 000

数据来源：世界银行数据库。

附表 6　20 国入境旅游人数(1995—2018)

(单位:人)(续表)

国家	2007	2008	2009	2010	2011	2012	2013	2014	2015	2016	2017	2018
阿根廷	4 562 000	4 700 000	4 308 000	6 800 000	6 703 000	6 497 000	6 510 000	7 165 000	6 816 000	6 668 000	6 711 000	6 942 000
澳大利亚	5 644 000	5 586 000	5 490 000	5 790 000	5 771 000	6 032 000	6 482 000	6 922 000	7 449 000	8 269 000	8 815 000	9 246 000
巴西	5 026 000	5 050 000	4 802 000	5 161 000	5 433 000	5 677 000	5 813 000	6 430 000	6 306 000	6 547 000	6 589 000	6 621 000
加拿大	17 935 000	17 142 000	15 737 000	16 219 000	16 014 000	16 344 000	16 059 000	16 537 000	17 971 000	19 971 000	20 883 000	21 134 000
中国	54 720 000	53 049 000	50 875 000	55 664 000	57 581 000	57 725 000	55 686 000	55 622 000	56 886 000	59 270 000	60 740 000	62 900 000
法国	80 853 000	79 218 000	76 764 000	76 647 000	80 499 000	81 980 000	83 634 000	83 701 000	84 452 000	82 682 000	86 758 000	89 322 000
德国	24 421 000	24 884 000	24 220 000	26 875 000	28 374 000	30 411 000	31 545 000	32 999 000	34 970 000	35 555 000	37 452 000	38 881 000
印度	5 082 000	5 283 000	5 168 000	5 776 000	6 309 000	6 578 000	6 968 000	13 107 000	13 284 000	14 570 000	15 543 000	17 423 000
印度尼西亚	5 506 000	6 234 000	6 324 000	7 003 000	7 650 000	8 044 000	8 802 000	9 435 000	10 407 000	11 519 000	14 040 000	15 810 000
意大利	43 654 000	42 734 000	43 239 000	43 626 000	46 119 000	46 360 000	47 704 000	48 576 000	50 732 000	52 372 000	58 253 000	61 567 200
日本	8 347 000	8 351 000	6 790 000	8 611 000	6 219 000	8 358 000	10 364 000	13 413 000	19 737 000	24 040 000	28 691 000	31 192 000
韩国	6 448 000	6 891 000	7 818 000	8 798 000	9 795 000	11 140 000	12 176 000	14 202 000	13 232 000	17 242 000	13 336 000	15 347 000
墨西哥	21 606 000	22 931 000	22 346 000	23 290 000	23 403 000	23 403 000	24 151 000	29 346 000	32 093 000	35 079 000	39 291 000	41 313 000
波兰	14 975 000	12 960 000	11 890 000	12 470 000	13 350 000	14 840 000	15 800 000	16 000 000	16 728 000	17 471 000	18 258 000	19 622 000
俄罗斯	22 909 000	23 676 000	21 339 000	22 281 000	24 932 000	28 177 000	30 792 000	32 421 000	33 729 000	24 571 000	24 390 000	24 551 000
沙特	11 531 000	14 757 000	10 897 000	10 850 000	14 179 000	16 332 000	15 772 000	18 260 000	17 994 000	18 044 000	16 109 000	15 334 000
南非	9 091 000	9 592 000	7 012 000	8 074 000	8 339 000	9 188 000	9 537 000	9 549 000	8 904 000	10 044 000	10 285 000	10 472 000
土耳其	26 122 000	29 792 000	30 187 000	31 364 000	34 654 000	35 698 000	37 795 000	39 811 000	39 478 000	30 289 000	37 601 000	45 768 000
英国	30 870 000	30 142 000	28 199 000	28 295 000	29 306 000	29 282 000	31 063 000	32 613 000	34 436 000	35 814 000	37 651 000	36 316 000
美国	56 135 000	58 007 000	55 103 000	60 010 000	63 477 410	66966 900	71 642 910	75 379 350	77 773 520	76 407 480	77 186 740	79 745 920

数据来源:世界银行数据库。

附表 7　20 国军费开销(1949—2018)　(单位:百万美元,按 2017 年不变价美元计算)

国家	1949	1950	1951	1952	1953	1954	1955	1956	1957	1958	1959	1960	1961	1962	1963	1964	1965
南非	—	—	265	280	239	224	232	261	376	283	266	303	483	780	782	1 095	1 122
阿根廷	5 457	4 325	2 932	2 986	3 894	3 710	3 746	3 506	6 223	3 351	1 886	2 825	3 439	3 332	3 397	2 854	2 753
墨西哥	349	388	394	364	413	521	493	503	547	508	498	561	568	644	723	757	726
印度尼西亚	—	—	—	—	—	—	—	—	—	—	—	—	—	—	—	—	—
波兰	—	—	—	—	—	—	—	—	—	—	—	—	—	—	—	—	—
加拿大	—	3 730	7 559	12 150	13 942	12 970	12 844	13 108	12 518	11 660	10 909	10 667	10 888	11 309	10 803	10 926	10 125
土耳其	—	—	—	—	1 376	1 391	1 407	1 303	1 210	1 176	1 399	1 543	1 734	1 847	1 898	2 036	2 133
意大利	5 504	6 497	7 360	8 238	7 483	8 208	8 086	8 324	8 588	8 842	9 117	9 574	9 833	10 875	12 103	12 395	12 864
澳大利亚		2 974	4 271	5 455	5 490	4 924	5 001	4 847	4 652	4 609	4 636	4 561	4 557	4 749	5 341	6 184	7 142
巴西	—	—	—	—	1 946	—	—	—	2 935	2 938	2 331	2 139	1 996	2 124	2 085	1 946	3 263
韩国	—	—	—	—	190	478	530	759	653	770	817	793	826	959	793	750	788
日本	—	—	—	7 733	8 033	9 050	9 401	8 787	8 409	8 590	8 577	8 590	8 350	8 548	9 292	10 202	10 948
俄罗斯	—	—	—	—	17 551	17 770	20 533	19 555	23 799	17 828	28 563	30 753	32 699	41 573	46 672	44 753	44 154
英国	—	25 916	30 514	39 034	43 368	41 172	39 202	38 477	37 155	36 181	35 998	36 742	36 707	37 178	37 813	38 837	38 953
法国	15 685	16 959	22 714	28 854	32 137	27 394	25 528	32 628	34 926	32 171	32 899	33 769	35 095	36 270	35 599	36 646	37 176
俄罗斯	—	—	—	—	—	—	—	—	—	—	—	—	—	—	—	—	—
沙特	—	—	—	—	—	—	—	—	—	—	—	—	—	—	808	853	1 223
印度	—	—	—	—	—	—	—	2 759	3 300	3 305	3 052	3 081	3 324	4 568	7 479	7 300	7 136
中国	—	—	—	—	—	—	—	—	—	—	—	—	—	—	—	—	—
美国	135 632	145 765	311 882	439 336	452 333	390 280	369 435	374 269	384 948	382 664	385 345	375 861	391 759	424 494	418 713	404 753	402 883

数据来源:斯德哥尔摩和平研究院数据库。

附表 7 20 国军费开销(1949—2018)

(单位:百万美元,按 2017 年不变价美元计算)(续表)

国家	1966	1967	1968	1969	1970	1971	1972	1973	1974	1975	1976	1977	1978	1979	1980
南非	1 215	1 349	1 417	1 462	1 380	1 519	1 554	1 958	2 514	3 158	3 919	4 359	3 911	3 493	3 501
阿根廷	2 847	3 170	3 832	4 679	4 491	4 635	4 768	4 995	5 083	6 453	11 659	12 349	13 196	13 711	12 202
墨西哥	762	758	825	965	901	925	1 117	1 238	1 354	1 457	1 636	1 528	1 553	1 727	1 640
印度尼西亚	—	—	—	—	—	—	—	—	1 305	1 670	1 670	1 732	1 891	2 187	2 540
波兰	—	—	—	—	4 549	4 856	4 887	5 207	5 261	5 604	5 830	6 202	5 946	5 974	5 641
加拿大	10 000	10 632	10 328	9 727	9 746	10 073	10 132	10 063	10 554	11 214	11 386	11 912	12 410	12 015	12 644
土耳其	2 137	2 303	2 574	2 496	2 768	3 172	3 334	3 535	3 964	6 931	7 282	7 012	6 421	5 697	5 905
意大利	13 805	13 560	13 724	13 546	14 298	16 069	17 835	17 806	17 786	16 561	16 510	17 667	18 431	19 613	19 113
澳大利亚	8 691	10 225	10 989	10 623	9 932	9 652	9 656	9 250	9 122	9 270	9 412	9 461	9 566	9 886	10 396
巴西	2 952	2 840	2 947	3 105	3 693	3 680	5 558	6 313	6 611	7 253	8 479	7 758	7 710	8 049	7 063
韩国	1 422	1 581	1 863	2 148	2 220	2 610	3 053	3 071	3 928	4 533	6 516	7 745	9 647	9 061	9 926
日本	11 827	12 675	13 525	14 691	16 095	17 748	19 812	20 908	21 424	22 291	22 487	23 148	24 475	26 045	26 462
俄罗斯	43 338	45 083	40 014	43 889	44 388	47 556	50 871	52 823	55 165	54 915	54 519	54 285	56 593	57 383	58 153
英国	38 745	39 735	39 169	37 016	38 127	38 042	40 465	40 599	40 610	42 665	42 040	40 205	41 483	42 780	45 618
法国	38 296	40 283	40 331	38 577	38 792	39 323	40 352	41 825	41 670	43 539	45 422	47 900	50 615	51 793	52 822
俄罗斯	—	—	—	—	—	—	—	—	—	—	—	—	—	—	—
沙特	2 036	2 231	2 212	2 710	2 971	3 531	4 955	6 398	—	—	—	18 798	21 313	27 397	30 626
印度	6 719	6 278	6 502	6 890	7 105	8 471	8 932	7 889	7 347	8 246	9 467	8 995	9 406	10 136	10 402
中国	—	—	—	—	—	—	—	—	—	—	—	—	—	—	—
美国	479 833	554 090	568 902	544 433	504 042	453 290	455 061	432 380	426 919	402 553	391 964	408 176	410 445	412 890	411 084

数据来源:斯德哥尔摩和平研究院数据库。

附表 7　20 国军费开销(1949—2018)

(单位:百万美元,按 2017 年不变价美元计算)(续表)

国家	1981	1982	1983	1984	1985	1986	1987	1988	1989	1990	1991	1992	1993	1994	1995
南非	3 874	3 810	3 871	4 171	4 142	4 222	4 662	5 472	5 398	4 861	3 993	3 438	3 177	3 387	3 013
阿根廷	12 988	11 193	12 798	10 042	9 278	9 241	9 218	9 214	7 490	5 086	5 104	4 833	4 560	4 879	4 783
墨西哥	2 171	2 099	2 009	2 519	2 625	2 210	2 137	1 987	2 106	2 186	2 305	2 559	2 731	3 433	2 868
印度尼西亚	2 862	2 826	2 596	2 593	2 575	2 534	2 309	2 206	2 262	2 501	2 544	2 739	2 629	2 906	3 058
波兰	5 703	6 288	5 593	6 317	6 811	7 068	6 870	7 103	5 771	5 995	4 221	4 090	4 482	4 475	4 503
加拿大	12 492	13 579	14 800	15 769	16 236	16 539	16 900	17 165	17 078	17 062	15 758	15 584	15 545	15 319	14 438
土耳其	6 662	7 283	6 891	6 699	7 107	7 985	7 626	6 717	7 772	9 391	9 654	10 154	11 227	10 976	11 276
意大利	20 100	22 425	22 915	23 592	23 356	24 939	27 136	28 826	29 053	27 945	28 339	27 524	27 671	26 987	24 647
澳大利亚	11 100	11 669	12 072	13 015	13 646	13 725	13 258	12 788	12 680	12 743	12 960	13 338	13 844	13 998	13 560
巴西	6 893	7 977	7 496	7 944	10 913	9 983	13 691	17 063	17 958	14 970	12 124	9 545	13 115	15 614	17 555
韩国	10 285	10 721	11 160	11 443	12 370	13 300	13 663	14 514	15 436	16 001	16 438	17 449	18 253	18 781	20 531
日本	27 411	28 314	29 715	31 073	32 740	34 181	35 596	37 392	39 011	40 921	41 954	42 585	42 413	42 399	43 101
俄罗斯	58 836	58 077	58 581	57 992	58 116	59 657	60 725	60 239	60 074	63 310	58 590	55 722	50 093	46 717	45 949
英国	44 685	48 717	50 884	53 407	53 909	53 243	52 663	50 797	51 245	51 318	51 910	48 486	46 271	44 998	42 205
法国	54 136	55 170	56 194	55 860	55 795	57 434	59 116	59 085	59 810	59 545	59 933	58 047	57 404	57 700	54 843
俄罗斯	—	—	—	—	—	—	—	—	—	—	—	48 655	42 533	40 208	26 455
沙特	35 663	39 733	32 261	34 648	28 612		25 456	23 298	22 016	27 667	26 384	24 798	26 282	22 685	19 996
印度	10 982	11 916	12 331	13 044	14 632	17 297	18 632	19 078	20 104	19 802	18 490	17 671	19 958	20 048	20 648
中国	—	—	—	—	—	—	—	—	19 287	21 018	22 328	27 126	25 023	24 101	25 015
美国	458 117	542 632	525 742	546 055	588 116	628 689	621 222	607 508	601 268	574 386	504 473	533 052	505 036	476 363	448 560

数据来源:斯德哥尔摩和平研究院数据库。

附表7　20国军费开销(1949—2018)

(单位:百万美元,按2017年不变价美元计算)(续表)

国家	1996	1997	1998	1999	2000	2001	2002	2003	2004	2005	2006	2007	2008	2009	2010
南非	2 619	2 408	2 133	2 044	2 399	2 683	2 940	2 910	3 012	3 344	3 390	3 341	3 317	3 468	3 357
阿根廷	4 244	4 173	4 207	4 335	4 130	4 068	3 467	3 571	3 675	3 860	3 980	4 305	4 278	4 610	4 562
墨西哥	3 044	3 050	3 146	3 310	3 416	3 381	3 270	3 259	3 140	3 375	3 671.5	4 146	4 151	4 704	5 129
印度尼西亚	3 422	4 498	2 941	2 235	2 299	2 044	2 471	3 322	3 714	3 226	3 276	3 939	3 660	3 840	4 510
波兰	4 738	5 192	5 392	5 309	5 160	5 322	5 413	5 633	5 900	6 302	6 699	7 568	6 883	7 261	7 607
加拿大	13 259	12 218	12 641	13 187	12 971	13 314	13 382	13 628	14 144	14 766	15 453	16 847	18 156	18 985	17 148
土耳其	12 620	13 153	13 782	15 217	14 727	13 500	14 364	13 358	12 414	11 965	12 838	12 343	12 482	13 357	13 087
意大利	27 158	28 477	29 419	30 570	32 608	32 073	32 950	33 218	33 326	32 063	31 024	30 139	31 387	30 358	29 491
澳大利亚	13 394	13 634	14 301	15 001	14 960	15 552	16 221	16 523	17 204	17 805	18 756	19 909	20 635	22 189	22 447
巴西	16 326	16 214	17 428	17 853	19 339	22 400	22 699	18 108	18 815	20 358	21 080	22 734	24 184	26 369	29 283
韩国	20 819	21 332	20 587	20 034	21 267	21 875	22 478	23 242	24 264	26 242	27 187	28 419	30 278	32 181	32 449
日本	43 885	44 257	44 307	44 076	44 307	45 083	45 308	45 365	45 184	45 102	44 527	43 948	43 525	44 341	44 496
俄罗斯	45 050	43 387	43 537	44 417	43 716	42 998	43 115	42 526	41 223	40 582	39 645	39 679	40 819	42 362	42 824
英国	41 963	40 626	40 864	40 809	41 871	43 565	46 397	49 727	50 306	50 740	51 006	52 587	54 983	56 163	55 407
法国	53 539	53 732	52 304	52 744	52 147	51 987	53 055	54 655	56 147	54 996	55 250	55 462	54 907	58 612	55 932
俄罗斯	24 980	27 310	16 241	18 036	24 335	26 298	29 133	30 547	31 928	36 284	40 161	43 715	48 033	50 396	51 420
沙特	19 964	27 112	31 319	27 875	30 722	32 724	28 724	28 928	32 100	38 764	44 157	50 864	49 921	51 303	53 396
印度	21 023	23 272	24 280	28 217	29 116	30 130	30 037	30 708	35 670	37 961	38 143	38 604	43 786	51 553	51 759
中国	26 561	28 493	31 211	37 971	41 264	49 798	57 835	62 509	69 162	76 558	88 317	98 805	108 187	131 063	137 890
美国	424 161	421 967	412 438	413 453	429 453	432 941	486 110	553 274	603 024	631 782	641 593	658 438	707 151	763 872	784 835

数据来源:斯德哥尔摩和平研究院数据库。

附表 7　20 国军费开销(1949—2018)

(单位:百万美元,按 2017 年不变价美元计算)(续表)

国家	2011	2012	2013	2014	2015	2016	2017	2018
南非	3 477	3 634	3 706	3 710	3 741	3 679	3 639	3 449
阿根廷	4 497	4 441	4 976	5 148	5 098	4 960	5 460	5 337
墨西哥	5 352	5 876	6 166	6 819	7 071	6 302	5 781	6 375
印度尼西亚	5 170	5 936	7 981	7 032	8 225	7 620	8 178	7 661
波兰	7 714	7 781	7 718	8 587	10 219	9 653	9 871	10 749
加拿大	17 727	16 857	15 582	15 836	18 194	18 436	21 343	21 352
土耳其	13 214	13 504	13 838	13 917	14 355	16 630	17 824	22 088
意大利	28 880	26 696	25 674	23 701	22 695	25 709	26 448	26 082
澳大利亚	22 136	21 360	21 175	22 982	25 333	27 741	27 691	26 836
巴西	28 364	28 910	29 067	29 648	28 961	27 491	29 283	30 769
韩国	32 893	33 731	34 753	36 120	37 523	38 463	39 171	41 157
日本	45 095	44 552	44 363	44 836	45 627	45 351	45 387	45 362
俄罗斯	41 599	42 591	40 133	39 951	41 177	42 918	45 382	46 192
英国	53 388	51 237	49 199	47 921	46 834	46 903	46 433	46 883
法国	54 568	53 814	53 679	54 473	56 672	58 795	60 417	59 542
俄罗斯	54 877	63 584	66 682	71 467	77 023	82 576	66 527	64 193
沙特	54 122	61 251	70 194	82 732	88 233	63 141	70 400	65 843
印度	52 261	52 075	51 691	54 214	54 729	60 311	64 559	66 578
中国	148 656	161 441	176 476	191 627	204 202	215 718	227 829	239 223
美国	775 156	731 086	673 102	631 513	616 483	612 889	605 803	633 565

数据来源:斯德哥尔摩和平研究院数据库。

附表 8　20 国军费占当年国内生产总值比例(1949—2018)

（单位:%）

国家	1949	1950	1951	1952	1953	1954	1955	1956	1957	1958	1959	1960	1961	1962	1963	1964	1965	1966	1967	1968	1969
阿根廷	—	2.9	—	—	—	—	—	—	—	—	0.8	1.6	2.1	2.7	1.7	1.2	1.1	1.2	1.4	1.7	1.9
澳大利亚	—	2.9	3.7	5.2	4.8	4.0	3.9	3.7	3.3	3.3	3.1	2.4	2.4	2.4	2.4	2.6	3.0	3.5	3.8	3.8	3.4
巴西	—	—	—	—	3.6	—	—	—	4.4	4.1	3.0	2.7	2.4	2.4	2.3	2.0	3.4	3.0	2.9	2.6	2.6
加拿大	—	2.4	4.7	6.8	7.4	6.9	6.2	5.7	5.3	4.9	4.4	4.2	4.1	4.0	3.6	3.4	2.9	2.7	2.7	2.5	2.3
中国	—	—	—	—	—	—	—	—	—	—	—	—	—	—	—	—	—	—	—	—	—
法国	—	5.5	7.1	8.6	9.0	7.3	6.4	7.7	7.3	6.8	6.7	6.5	6.3	6.1	5.6	5.4	5.2	5.1	5.1	4.9	4.4
德国	—	—	—	—	4.2	4.0	4.1	3.6	4.1	3.0	4.4	4.0	4.0	4.8	5.2	4.7	4.3	4.2	4.3	3.6	3.6
印度	—	—	—	—	—	—	—	2.0	2.5	1.9	2.1	2.0	2.1	2.7	4.0	3.8	3.9	3.6	3.2	3.2	3.1
印度尼西亚	—	—	—	—	—	—	—	—	—	—	—	—	—	—	—	—	—	—	—	—	—
意大利	—	—	3.8	4.0	3.3	3.5	3.3	3.2	3.1	3.0	3.0	2.7	2.6	2.6	2.8	2.7	2.7	3.0	2.8	2.6	2.4
日本	—	—	. .	2.1	2.0	2.2	2.1	1.7	1.5	1.4	1.3	1.1	0.9	0.9	0.9	0.9	0.9	0.9	0.8	0.8	0.8
韩国	—	—	. .	. .	2.4	5.9	6.2	8.3	6.8	7.4	7.6	7.2	6.7	6.9	4.8	4.1	4.4	4.7	4.7	4.7	4.7
墨西哥	0.9	0.9	0.8	0.7	0.8	0.9	0.8	0.7	0.7	0.7	0.6	0.7	0.7	0.7	0.7	0.7	0.6	0.6	0.5	0.5	0.6
波兰	—	—	—	—	—	—	—	—	—	—	—	—	—	—	—	—	—	—	—	—	—
俄罗斯	—	—	—	—	—	—	—	—	—	—	—	—	—	—	—	—	—	—	—	—	—
沙特	—	—	—	—	—	—	—	—	—	—	—	—	—	—	5.9	6.0	7.7	11.3	11.5	8.1	9.6
南非	—	—	1.6	1.7	1.4	1.2	1.2	1.3	1.3	1.0	0.9	1.0	1.5	2.3	2.1	2.7	2.6	2.7	2.8	2.8	2.6
土耳其	—	—	—	—	—	—	—	—	—	—	—	3.5	3.8	3.7	3.4	3.4	3.6	3.1	3.3	3.3	3.1
英国	—	6.4	7.4	9.3	9.8	9.0	8.1	7.7	7.1	6.8	6.5	6.3	6.2	6.2	6.1	5.9	5.8	5.6	5.6	5.3	4.9
美国	5.1	4.9	9.7	13.3	13.0	11.2	9.7	9.5	9.6	9.7	9.0	8.6	8.8	8.9	8.5	7.7	7.2	8.1	9.1	8.9	8.3

数据来源:斯德哥尔摩和平研究院数据库。

附表 8　20 国军费占当年国内生产总值比例(1949—2018)

（单位:%）(续表)

国家	1970	1971	1972	1973	1974	1975	1976	1977	1978	1979	1980	1981	1982	1983	1984	1985	1986	1987	1988	1989
阿根廷	1.9	1.8	1.8	1.8	1.7	2.0	3.8	4.0	4.7	4.7	3.1	3.5	2.7	2.7	2.2	2.3	2.3	2.3	2.1	1.9
澳大利亚	3.0	2.8	2.7	2.4	2.3	2.3	2.2	2.2	2.2	2.2	2.2	2.3	2.4	2.5	2.5	2.5	2.5	2.4	2.2	2.1
巴西	2.9	2.6	2.4	2.2	1.9	2.0	2.0	1.7	1.6	1.5	1.1	1.1	1.3	1.3	1.2	1.4	1.2	1.7	2.1	2.7
加拿大	2.2	2.1	2.0	1.8	1.8	1.9	1.8	1.8	1.8	1.7	1.8	1.7	2.0	2.1	2.1	2.1	2.1	2.1	2.0	1.9
中国	—	—	—	—	—	—	—	—	—	—	—	—	—	—	—	—	—	—	—	2.5
法国	4.1	3.9	3.8	3.7	3.7	3.8	3.8	3.8	3.8	3.7	3.8	3.9	3.8	3.9	3.8	3.7	3.7	3.7	3.5	3.4
德国	3.2	3.3	3.4	3.4	3.5	3.5	3.3	3.2	3.2	3.1	3.1	3.2	3.2	3.2	3.1	3.0	3.0	2.9	2.8	2.7
印度	3.2	3.7	3.7	3.2	3.2	3.5	3.5	3.2	3.1	3.3	3.1	3.2	3.3	3.3	3.4	3.6	4.1	4.2	3.7	3.5
印度尼西亚	—	—	—	—	2.7	3.5	3.4	3.2	3.2	3.0	2.9	2.9	2.9	2.4	2.3	2.2	2.0	1.7	1.5	1.4
意大利	2.1	2.2	2.4	2.2	2.1	2.0	1.8	1.9	1.9	1.9	1.8	1.8	2.0	2.0	2.0	1.9	2.0	2.1	2.1	2.0
日本	0.8	0.8	0.8	0.8	0.9	0.9	0.9	0.9	0.9	0.9	0.9	0.9	0.9	1.0	1.0	1.0	1.0	1.0	0.9	0.9
韩国	4.4	4.7	5.0	4.0	4.5	4.9	5.9	6.0	6.4	5.5	6.4	6.4	6.2	5.7	5.3	5.2	4.9	4.5	4.3	4.3
墨西哥	0.5	0.5	0.5	0.5	0.6	0.6	0.6	0.5	0.5	0.5	0.4	0.5	0.5	0.5	0.7	0.7	0.6	0.6	0.5	0.5
波兰	—	—	—	—	—	—	—	—	—	—	2.7	2.9	3.2	2.9	3.1	3.0	2.9	2.8	2.6	1.8
俄罗斯	—	—	—	—	—	—	—	—	—	—	—	—	—	—	—	—	—	—	—	
沙特	9.4	8.6	10.1	10.8	—	—	—	15.6	16.7	15.8	12.6	13.3	17.7	17.0	19.0	17.0	..	16.9	15.2	13.4
南非	2.3	2.5	2.4	2.6	3.1	3.9	4.7	5.3	4.6	3.9	3.3	3.6	3.6	3.6	3.7	3.7	3.8	4.2	4.6	4.4
土耳其	3.3	3.5	3.4	3.3	3.2	5.1	4.9	4.7	4.2	3.4	3.9	3.8	4.3	3.9	3.6	3.5	3.6	3.3	2.9	3.1
英国	4.6	4.5	4.6	4.4	4.5	4.8	4.6	4.4	4.2	4.2	4.5	4.5	4.8	4.8	4.9	4.8	4.5	4.2	3.8	3.6
美国	7.7	6.6	6.3	5.7	5.7	5.4	5.0	5.0	4.8	4.8	5.0	5.4	6.6	6.0	5.9	6.1	6.3	6.1	5.7	5.5

数据来源:斯德哥尔摩和平研究院数据库。

附表 8　20 国军费占当年国内生产总值比例(1949—2018)

(单位:%)(续表)

国家	1990	1991	1992	1993	1994	1995	1996	1997	1998	1999	2000	2001	2002	2003	2004	2005	2006	2007	2008	2009
阿根廷	1.5	1.5	1.4	1.4	1.5	1.5	1.2	1.1	1.1	1.2	1.1	1.2	1.1	1.1	0.9	0.8	0.8	0.8	0.8	0.9
澳大利亚	2.1	2.2	2.2	2.2	2.1	2.0	1.9	1.9	1.9	1.9	1.8	1.9	1.9	1.8	1.8	1.8	1.8	1.8	1.8	1.9
巴西	2.4	2.0	1.5	1.9	2.0	1.9	1.7	1.6	1.7	1.6	1.7	2.0	1.9	1.5	1.5	1.5	1.5	1.5	1.4	1.5
加拿大	2.0	1.9	1.9	1.8	1.7	1.6	1.4	1.2	1.3	1.2	1.1	1.1	1.1	1.1	1.1	1.1	1.1	1.2	1.2	1.4
中国	2.5	2.3	2.5	2.0	1.7	1.7	1.7	1.7	1.7	1.9	1.9	2.1	2.2	2.1	2.1	2.0	2.0	1.9	1.9	2.1
法国	3.3	3.3	3.2	3.2	3.2	3.0	2.9	2.8	2.7	2.6	2.5	2.4	2.4	2.5	2.5	2.4	2.4	2.3	2.3	2.5
德国	2.7	2.1	2.0	1.8	1.6	1.6	1.6	1.5	1.5	1.5	1.4	1.4	1.4	1.4	1.3	1.3	1.3	1.2	1.3	1.4
印度	3.1	2.9	2.7	2.8	2.7	2.6	2.5	2.6	2.7	3.0	2.9	2.9	2.8	2.7	2.8	2.8	2.5	2.3	2.6	2.9
印度尼西亚	1.4	1.3	1.4	1.2	1.3	1.2	1.3	1.5	1.0	0.8	0.7	0.6	0.7	0.9	0.9	0.8	0.7	0.8	0.6	0.6
意大利	1.9	1.9	1.8	1.8	1.7	1.5	1.6	1.6	1.6	1.7	1.7	1.7	1.7	1.7	1.7	1.6	1.5	1.5	1.5	1.6
日本	0.9	0.9	0.9	1.0	0.9	0.9	0.9	0.9	0.9	0.9	0.9	0.9	1.0	1.0	0.9	0.9	0.9	0.9	0.9	1.0
韩国	4.0	3.7	3.7	3.4	3.2	2.9	2.7	2.7	2.8	2.5	2.5	2.4	2.3	2.3	2.3	2.5	2.5	2.5	2.6	2.7
墨西哥	0.5	0.5	0.5	0.5	0.6	0.5	0.5	0.5	0.5	0.5	0.5	0.5	0.5	0.4	0.4	0.4	0.4	0.5	0.4	0.5
波兰	2.6	2.3	2.2	2.5	2.3	2.0	2.0	2.0	2.0	1.9	1.8	1.9	1.9	1.9	1.9	1.9	1.9	2.0	1.8	1.8
俄罗斯	—	—	4.4	4.2	4.5	3.8	3.8	4.0	2.7	3.1	3.3	3.5	3.8	3.7	3.3	3.3	3.2	3.1	3.1	3.9
沙特	14.0	12.5	11.3	12.5	10.6	9.3	8.5	11.0	14.3	11.4	10.5	11.4	9.8	8.7	8.1	7.7	7.8	8.5	7.4	9.6
南非	3.9	3.2	2.8	2.5	2.6	2.1	1.8	1.6	1.4	1.3	1.4	1.5	1.5	1.5	1.4	1.4	1.3	1.2	1.1	1.2
土耳其	3.5	3.8	3.9	3.9	4.1	3.9	4.1	4.1	3.2	3.9	3.7	3.6	3.8	3.3	2.7	2.4	2.4	2.3	2.2	2.5
英国	3.6	3.7	3.5	3.2	3.0	2.6	2.4	2.3	2.2	2.2	2.1	2.2	2.2	2.3	2.2	2.2	2.1	2.1	2.3	2.4
美国	5.3	4.6	4.7	4.3	3.9	3.6	3.4	3.2	3.0	2.9	2.9	2.9	3.2	3.6	3.8	3.9	3.8	3.9	4.2	4.6

数据来源:斯德哥尔摩和平研究院数据库。

附表 8　20 国军费占当年国内生产总值比例(1949—2018)

(单位:%)(续表)

国家	2010	2011	2012	2013	2014	2015	2016	2017	2018
阿根廷	0.8	0.8	0.8	0.8	0.9	0.9	0.8	0.9	0.9
澳大利亚	1.9	1.8	1.7	1.6	1.8	2.0	2.1	2.0	1.9
巴西	1.5	1.4	1.4	1.3	1.3	1.4	1.4	1.4	1.5
加拿大	1.2	1.2	1.1	1.0	1.0	1.2	1.2	1.3	1.3
中国	1.9	1.8	1.8	1.9	1.9	1.9	1.9	1.9	1.9
法国	2.3	2.3	2.2	2.2	2.2	2.3	2.3	2.3	2.3
德国	1.4	1.3	1.3	1.2	1.2	1.2	1.2	1.2	1.2
印度	2.7	2.7	2.5	2.5	2.5	2.4	2.5	2.5	2.4
印度尼西亚	0.6	0.7	0.7	0.9	0.8	0.9	0.8	0.8	0.7
意大利	1.5	1.5	1.4	1.4	1.3	1.2	1.3	1.4	1.3
日本	1.0	1.0	1.0	1.0	1.0	1.0	0.9	0.9	0.9
韩国	2.6	2.6	2.6	2.6	2.7	2.6	2.6	2.6	2.6
墨西哥	0.6	0.5	0.6	0.6	0.7	0.7	0.6	0.5	0.5
波兰	1.8	1.8	1.8	1.8	1.9	2.1	1.9	1.9	2.0
俄罗斯	3.6	3.4	3.7	3.8	4.1	4.9	5.5	4.2	3.9
沙特	8.6	7.2	7.7	9.0	10.7	13.3	9.9	10.3	8.8
南非	1.1	1.1	1.1	1.1	1.1	1.1	1.1	1.0	1.0
土耳其	2.3	2.1	2.1	2.0	1.9	1.8	2.1	2.1	2.5
英国	2.4	2.3	2.2	2.1	1.9	1.9	1.8	1.8	1.8
美国	4.7	4.6	4.2	3.8	3.5	3.3	3.2	3.1	3.2

数据来源:斯德哥尔摩和平研究院数据库。

附表 9　20 国人均军费开支(1988—2018)

(单位:美元)

国家	1988	1989	1990	1991	1992	1993	1994	1995	1996	1997	1998	1999	2000	2001	2002	2003
阿根廷	84.8	44.7	62.7	86.1	96.7	98.8	108.6	108.6	95.4	93.2	93.8	94.5	88.2	85.0	29.4	35.9
澳大利亚	353.1	375.2	393.4	406.6	393.6	380.7	417.1	424.1	448.9	429.8	380.8	411.9	381.5	365.5	408.0	504.0
巴西	40.8	59.7	61.8	44.1	32.3	45.2	66.3	88.2	85.3	83.2	84.4	57.1	64.7	61.5	53.6	46.0
加拿大	367.3	393.3	412.2	404.3	380.1	357.7	330.0	312.9	290.9	265.7	256.8	269.6	270.0	270.0	271.2	314.9
中国	—	9.9	8.6	8.4	10.3	10.3	8.2	10.2	11.7	12.8	13.8	16.5	17.9	21.6	24.7	26.9
法国	640.7	623.3	747.7	746.1	784.8	737.6	765.5	820.2	793.2	703.0	678.3	655.8	567.3	555.4	604.5	758.3
德国	447.9	426.9	534.9	496.7	524.3	462.2	448.9	506.6	478.8	407.6	406.7	400.1	345.5	336.4	359.4	429.1
印度	13.6	12.4	12.1	9.7	8.9	8.9	9.4	10.2	10.1	11.5	11.7	13.4	13.6	13.6	13.5	14.7
印度尼西亚	7.8	7.9	8.9	9.2	10.1	10.1	11.5	12.6	14.4	15.9	4.7	5.4	5.3	4.3	6.3	9.7
意大利	304.8	309.5	363.0	377.7	387.8	318.8	315.5	300.2	363.3	352.5	364.4	367.5	347.0	339.4	373.9	461.3
日本	228.3	225.4	231.3	262.4	287.2	328.9	359.2	395.3	347.8	320.2	297.7	338.7	356.8	319.1	307.5	331.7
韩国	183.7	222.8	235.6	252.6	264.9	279.1	301.6	355.1	358.6	321.4	224.3	257.2	291.2	271.2	293.8	328.3
墨西哥	12.0	13.8	15.5	18.4	22.5	25.7	31.3	18.2	21.6	24.6	25.1	29.0	32.7	34.3	33.3	30.7
波兰	47.3	39.5	40.6	45.2	49.3	55.4	58.7	70.7	80.1	82.8	90.5	83.7	81.6	94.2	98.1	108.0
俄罗斯	867.4	766.7	763.1	—	—	52.3	91.3	85.9	106.9	119.0	54.0	44.0	63.0	80.1	96.0	117.4
沙特	881.2	809.2	1 001.8	969.6	883.8	921.1	779.8	704.5	697.3	929.3	1 049.2	902.7	961.5	987.0	844.6	831.1
南非	118.5	113.8	116.2	100.8	93.4	80.8	84.4	78.2	60.4	55.3	42.9	38.6	41.4	38.9	37.6	54.0
土耳其	51.2	63.7	98.6	103.4	110.5	124.9	92.0	113.0	126.4	129.1	143.2	159.8	158.0	112.4	138.9	155.5
英国	603.3	587.5	681.0	733.8	709.2	591.3	596.7	590.7	593.1	611.4	629.7	620.5	598.0	597.3	668.2	787.9
美国	1 183.1	1 215.8	1 212.4	1 099.3	1 185.2	1 144.7	1 096.4	1 049.7	1 009.7	1 015.4	995.4	1 007.6	1 069.9	1 097.9	1 240.7	1 431.7

数据来源:斯德哥尔摩和平研究院数据库。

附表 9　20 国人均军费开支(1988—2018)

(单位:美元)(续表)

国家	2004	2005	2006	2007	2008	2009	2010	2011	2012	2013	2014	2015	2016	2017	2018
阿根廷	37.8	43.4	46.7	57.5	69.1	73.1	84.3	97.3	108.4	120.8	115.9	126.3	102.8	123.3	92.8
澳大利亚	601.3	654.1	692.1	820.5	873.1	872.2	1 049.6	1 183.2	1 148.7	1 072.3	1 098.4	1 010.3	1 093.6	1 132.5	1 078.3
巴西	52.9	72.7	86.8	107.2	126.7	131.6	172.8	185.9	169.5	162.4	159.9	119.5	116.7	139.9	131.7
加拿大	354.8	402.3	453.7	527.5	579.0	560.4	565.3	619.4	586.0	525.2	501.4	499.0	490.0	582.8	585.1
中国	30.7	34.7	41.6	50.9	64.2	78.1	85.1	100.9	114.4	130.1	144.4	153.2	153.9	161.6	176.7
法国	870.6	864.0	885.1	978.0	1 059.0	1 066.9	980.2	1 019.8	943.4	976.5	991.0	858.6	886.2	929.8	978.0
德国	465.1	465.9	467.2	523.1	592.6	586.3	571.8	594.8	573.2	565.2	565.7	487.3	507.6	552.7	601.1
印度	18.0	20.2	20.6	24.0	27.6	31.9	37.4	39.8	37.4	37.1	39.4	39.2	42.8	48.2	49.1
印度尼西亚	10.9	9.5	11.4	14.4	13.7	13.8	19.2	23.8	26.2	33.3	27.2	29.6	28.3	31.0	27.9
意大利	517.3	505.7	501.6	539.2	619.1	571.0	536.1	566.1	498.6	502.1	464.9	372.8	421.2	445.6	469.0
日本	353.6	345.2	323.5	315.4	360.6	400.3	425.2	472.8	467.3	382.1	365.8	329.0	363.8	356.0	366.5
韩国	367.6	454.9	514.9	565.1	529.7	497.7	568.6	623.0	639.6	683.9	745.3	722.8	726.2	768.3	841.8
墨西哥	29.2	33.4	37.1	42.7	43.5	42.0	50.3	54.3	57.8	64.0	69.7	61.5	47.2	44.8	50.2
波兰	124.5	153.7	172.6	224.1	243.9	206.2	229.4	246.7	234.5	242.1	270.2	266.9	239.7	258.6	304.3
俄罗斯	145.5	190.3	240.8	304.1	392.7	360.1	410.2	490.3	568.0	615.3	589.1	461.6	481.0	462.0	426.4
沙特	900.2	1 062.2	1 203.5	1 404.6	1 473.5	1 547.8	1 649.7	1 718.6	1 942.4	2 238.1	2 624.1	2 762.8	1 972.8	2 137.3	2 013.3
南非	64.2	73.1	71.0	70.7	65.2	70.5	81.2	87.9	84.7	76.6	71.4	63.1	56.6	64.2	63.4
土耳其	163.0	177.9	194.3	220.1	243.1	229.2	248.0	235.7	240.8	246.2	230.7	202.9	224.5	220.7	231.5
英国	901.2	914.8	945.4	1 074.4	1 057.1	923.3	917.5	944.5	910.4	879.7	910.3	823.6	731.4	701.6	751.0
美国	1 588.4	1 705.5	1 771.7	1 852.9	2 047.4	2 184.3	2 262.1	2 286.9	2 185.5	2 027.4	1 919.7	1 863.2	1 862.6	1 867.1	1 985.5

数据来源:斯德哥尔摩和平研究院数据库。

附表 10.1　20 国全球治理指标“政府问责”(1996—2018)

国家	1996	1998	2000	2002	2002	2003	2004	2005	2006	2007	2008	2009	2010	2011	2012	2013	2014	2015	2016	2017	2018
阿根廷	0.39	0.31	0.42	0.26	0.16	0.35	0.36	0.27	0.40	0.45	0.36	0.28	0.36	0.34	0.30	0.28	0.35	0.41	0.49	0.53	0.57
澳大利亚	1.44	1.41	1.47	1.41	0.19	1.44	1.50	1.51	1.38	1.37	1.37	1.38	1.42	1.45	1.50	1.44	1.36	1.36	1.35	1.38	1.43
巴西	0.24	0.33	0.30	0.47	0.16	0.44	0.39	0.46	0.50	0.54	0.57	0.52	0.57	0.51	0.48	0.42	0.47	0.46	0.45	0.45	0.39
加拿大	1.57	1.55	1.53	1.50	0.19	1.55	1.67	1.51	1.42	1.38	1.41	1.40	1.35	1.38	1.44	1.45	1.41	1.47	1.45	1.48	1.52
中国	−1.36	−1.44	−1.38	−1.59	0.16	−1.51	−1.46	−1.50	−1.75	−1.72	−1.70	−1.70	−1.68	−1.64	−1.64	−1.63	−1.62	−1.66	−1.56	−1.50	−1.45
法国	1.31	1.17	1.18	1.15	0.19	1.12	1.46	1.48	1.30	1.26	1.30	1.24	1.20	1.17	1.24	1.22	1.22	1.21	1.14	1.15	1.18
德国	1.33	1.29	1.31	1.41	0.19	1.41	1.50	1.49	1.37	1.34	1.34	1.33	1.30	1.35	1.39	1.41	1.44	1.42	1.36	1.39	1.42
印度	0.48	0.39	0.35	0.43	0.16	0.45	0.40	0.41	0.44	0.45	0.46	0.46	0.44	0.44	0.40	0.43	0.41	0.43	0.44	0.39	0.38
印度尼西亚	−0.92	−1.02	−0.27	−0.27	0.16	−0.30	−0.26	−0.12	−0.08	−0.02	−0.01	0.00	−0.04	−0.01	0.07	0.04	0.15	0.18	0.17	0.13	0.18
意大利	1.13	1.06	1.04	1.04	0.19	0.99	1.18	1.06	1.06	1.11	1.03	1.03	0.96	0.91	0.92	0.95	1.00	1.03	1.03	1.05	1.05
日本	1.07	0.95	0.96	1.01	0.19	1.08	1.04	1.01	0.95	0.97	0.95	1.02	1.04	1.07	1.10	1.11	1.04	0.99	0.99	1.01	1.02
韩国	0.67	0.64	0.64	0.75	0.16	0.72	0.73	0.75	0.69	0.70	0.66	0.71	0.74	0.73	0.73	0.71	0.68	0.63	0.64	0.74	0.80
墨西哥	−0.04	0.06	0.26	0.35	0.16	0.35	0.32	0.20	0.15	0.12	0.13	0.20	0.18	0.12	0.11	0.11	0.00	−0.08	−0.07	−0.08	−0.01
波兰	1.04	1.09	1.08	1.09	0.16	1.01	1.02	0.94	0.80	0.88	0.95	1.03	1.04	1.03	1.06	1.00	1.11	1.04	0.84	0.78	0.72
俄罗斯	−0.22	−0.41	−0.35	−0.44	0.15	−0.54	−0.57	−0.65	−0.92	−0.92	−0.87	−0.90	−0.89	−0.88	−0.98	−1.02	−1.04	−1.09	−1.13	−1.09	−1.06
沙特	−1.50	−1.62	−1.60	−1.70	0.16	−1.64	−1.32	−1.54	−1.78	−1.71	−1.73	−1.82	−1.79	−1.91	−1.87	−1.88	−1.88	−1.84	−1.73	−1.68	−1.64
南非	0.84	0.85	0.75	0.66	0.16	0.70	0.72	0.65	0.65	0.58	0.58	0.57	0.60	0.59	0.58	0.60	0.64	0.65	0.65	0.63	0.66
土耳其	−0.13	−0.62	−0.29	−0.22	0.16	−0.03	0.01	0.00	−0.06	−0.05	−0.04	−0.06	−0.08	−0.14	−0.21	−0.25	−0.34	−0.37	−0.61	−0.71	−0.83
英国	1.27	1.20	1.32	1.28	0.19	1.33	1.60	1.44	1.38	1.34	1.32	1.30	1.29	1.30	1.34	1.33	1.28	1.30	1.29	1.33	1.38
美国	1.35	1.34	1.31	1.34	0.19	1.34	1.33	1.29	1.10	1.11	1.14	1.10	1.13	1.13	1.16	1.10	1.07	1.11	1.11	1.05	1.04

数据来源:世界银行全球治理指标。

附表 10.2　20 国全球治理指标“政治稳定”(1996—2018)

国家	1996	1998	2000	2002	2003	2004	2005	2006	2007	2008	2009	2010	2011	2012	2013	2014	2015	2016	2017	2018
阿根廷	0.11	−0.13	0.10	−0.78	−0.36	−0.61	−0.04	0.00	0.10	−0.09	−0.23	−0.08	0.16	0.10	0.07	−0.01	0.01	0.20	0.17	0.02
澳大利亚	1.40	1.07	1.33	1.19	0.88	0.94	0.89	0.94	0.93	0.96	0.86	0.89	0.94	1.00	1.03	1.03	0.88	1.05	0.89	0.98
巴西	−0.22	−0.34	0.19	0.33	0.01	−0.28	−0.26	−0.29	−0.36	−0.31	0.17	0.01	−0.13	0.05	−0.26	−0.07	−0.33	−0.38	−0.42	−0.36
加拿大	1.23	0.95	1.17	1.22	1.05	0.88	0.83	1.04	1.01	1.04	1.13	0.94	1.08	1.11	1.06	1.18	1.27	1.26	1.10	0.99
中国	−0.10	−0.39	−0.21	−0.33	−0.56	−0.39	−0.50	−0.54	−0.50	−0.49	−0.45	−0.66	−0.60	−0.54	−0.54	−0.52	−0.55	−0.50	−0.23	−0.26
法国	0.89	0.70	0.79	0.93	0.18	0.35	0.40	0.60	0.56	0.55	0.51	0.68	0.60	0.55	0.45	0.30	0.11	−0.10	0.28	0.11
德国	1.29	1.24	1.41	1.10	0.58	0.64	0.89	1.03	1.00	0.95	0.86	0.80	0.84	0.78	0.93	0.93	0.70	0.68	0.59	0.60
印度	−0.97	−1.20	−1.00	−1.21	−1.51	−1.28	−1.01	−1.06	−1.15	−1.11	−1.35	−1.28	−1.33	−1.29	−1.23	−1.00	−0.95	−0.95	−0.76	−0.96
印度尼西亚	−1.13	−1.73	−2.00	−1.58	−2.09	−1.91	−1.52	−1.42	−1.20	−1.06	−0.75	−0.85	−0.77	−0.59	−0.52	−0.42	−0.62	−0.37	−0.50	−0.53
意大利	1.11	1.19	0.92	0.84	0.43	0.27	0.49	0.53	0.45	0.55	0.35	0.47	0.50	0.51	0.50	0.46	0.38	0.37	0.31	0.31
日本	1.16	1.25	1.20	1.18	1.03	1.03	1.04	1.14	1.01	0.89	0.98	0.88	1.00	0.95	1.02	0.97	1.07	0.98	1.11	1.06
韩国	0.57	0.51	0.40	0.24	0.25	0.43	0.48	0.42	0.57	0.42	0.41	0.33	0.41	0.27	0.28	0.11	0.16	0.16	0.32	0.54
墨西哥	−0.92	−0.42	−0.20	−0.06	−0.12	−0.21	−0.45	−0.64	−0.73	−0.80	−0.69	−0.73	−0.67	−0.66	−0.71	−0.85	−0.80	−0.63	−0.72	−0.57
波兰	0.83	0.84	0.31	0.74	0.58	0.15	0.36	0.35	0.68	0.91	0.94	1.02	1.07	1.05	0.97	0.84	0.87	0.51	0.52	0.55
俄罗斯	−1.17	−1.09	−1.40	−0.72	−1.19	−1.51	−1.27	−0.91	−0.86	−0.75	−0.97	−0.93	−1.00	−0.82	−0.74	−0.94	−1.03	−0.95	−0.64	−0.50
沙特	−0.19	0.11	0.23	0.00	0.14	−0.66	−0.24	−0.52	−0.47	−0.34	−0.49	−0.23	−0.46	−0.48	−0.43	−0.29	−0.63	−0.46	−0.58	−0.52
南非	−0.38	−0.54	−0.23	−0.25	−0.31	−0.13	−0.16	0.05	0.22	0.05	−0.11	−0.03	0.02	−0.03	−0.05	−0.15	−0.21	−0.14	−0.28	−0.28
土耳其	−1.26	−1.23	−0.80	−0.81	−0.77	−0.83	−0.60	−0.59	−0.82	−0.82	−1.03	−0.92	−0.96	−1.22	−1.25	−1.09	−1.49	−2.01	−1.79	−1.33
英国	0.98	0.93	1.04	0.68	0.27	0.14	0.13	0.67	0.58	0.49	0.12	0.41	0.35	0.40	0.49	0.42	0.52	0.36	0.33	0.05
美国	0.94	0.88	1.08	0.29	0.08	−0.23	−0.06	0.49	0.38	0.59	0.45	0.44	0.59	0.63	0.64	0.58	0.68	0.40	0.34	0.48

数据来源:世界银行全球治理指标。

附表 10.3　20 国全球治理指标“政府效能”(1996—2018)

国家	1996	1998	2000	2002	2003	2004	2005	2006	2007	2008	2009	2010	2011	2012	2013	2014	2015	2016	2017	2018
阿根廷	0.17	0.38	0.03	−0.28	−0.05	−0.06	−0.12	−0.05	−0.02	−0.15	−0.32	−0.16	−0.12	−0.24	−0.28	−0.16	−0.08	0.16	0.15	0.03
澳大利亚	1.80	1.68	1.81	1.72	1.84	2.01	1.75	1.71	1.83	1.79	1.71	1.77	1.70	1.62	1.64	1.61	1.56	1.57	1.54	1.60
巴西	−0.14	−0.08	0.09	0.06	0.20	0.02	−0.10	−0.32	−0.21	−0.09	−0.09	−0.04	−0.12	−0.13	−0.09	−0.14	−0.18	−0.17	−0.29	−0.45
加拿大	1.74	1.95	1.93	1.92	1.99	1.92	1.89	1.90	1.76	1.79	1.75	1.78	1.78	1.77	1.79	1.76	1.76	1.78	1.85	1.72
中国	−0.35	−0.12	−0.11	−0.06	−0.08	−0.06	−0.12	0.07	0.18	0.15	0.09	0.09	0.09	0.02	0.00	0.32	0.41	0.35	0.42	0.48
法国	1.25	1.51	1.71	1.60	1.71	1.78	1.67	1.63	1.47	1.58	1.48	1.43	1.36	1.34	1.48	1.40	1.44	1.41	1.35	1.48
德国	1.72	1.88	1.89	1.72	1.42	1.49	1.51	1.65	1.64	1.52	1.58	1.57	1.55	1.59	1.54	1.73	1.74	1.73	1.72	1.62
印度	−0.11	−0.06	−0.13	−0.12	−0.09	−0.16	−0.11	−0.10	0.12	−0.02	−0.01	0.03	0.01	−0.17	−0.17	−0.21	0.09	0.08	0.09	0.28
印度尼西亚	−0.71	−0.61	−0.29	−0.41	−0.46	−0.42	−0.48	−0.33	−0.28	−0.24	−0.30	−0.21	−0.26	−0.27	−0.20	−0.04	−0.24	0.01	0.04	0.18
意大利	0.84	0.87	0.77	0.80	0.80	0.65	0.56	0.36	0.20	0.28	0.42	0.44	0.38	0.42	0.46	0.37	0.45	0.53	0.50	0.41
日本	0.91	1.07	1.20	1.07	1.22	1.36	1.29	1.59	1.45	1.46	1.45	1.53	1.47	1.42	1.62	1.81	1.78	1.82	1.62	1.68
韩国	0.47	0.36	0.75	0.91	0.92	0.90	0.99	1.05	1.24	1.05	1.09	1.20	1.25	1.20	1.13	1.16	1.01	1.06	1.07	1.18
墨西哥	0.23	0.36	0.24	0.27	0.21	0.12	0.07	0.09	0.17	0.19	0.18	0.16	0.31	0.34	0.35	0.20	0.21	0.13	−0.03	−0.15
波兰	0.68	0.69	0.61	0.51	0.55	0.47	0.48	0.37	0.39	0.47	0.53	0.64	0.62	0.68	0.72	0.83	0.80	0.71	0.64	0.66
俄罗斯	−0.45	−0.73	−0.72	−0.31	−0.40	−0.44	−0.50	−0.44	−0.39	−0.36	−0.41	−0.47	−0.47	−0.42	−0.35	−0.11	−0.20	−0.20	−0.08	−0.06
沙特	−0.18	−0.20	−0.22	−0.30	−0.30	−0.36	−0.37	−0.17	−0.12	−0.09	−0.10	−0.01	−0.30	0.03	0.07	0.21	0.20	0.26	0.26	0.32
南非	1.02	0.66	0.73	0.67	0.69	0.64	0.64	0.44	0.47	0.51	0.48	0.39	0.41	0.35	0.44	0.34	0.29	0.31	0.29	0.34
土耳其	−0.08	−0.26	0.01	0.08	0.05	0.01	0.15	0.12	0.31	0.27	0.28	0.29	0.35	0.41	0.38	0.37	0.22	0.05	0.08	0.01
英国	1.88	1.93	1.85	1.84	1.81	1.89	1.77	1.67	1.65	1.64	1.51	1.57	1.56	1.55	1.50	1.63	1.74	1.60	1.41	1.34
美国	1.52	1.76	1.80	1.68	1.60	1.76	1.54	1.59	1.65	1.61	1.51	1.56	1.52	1.53	1.52	1.47	1.46	1.48	1.55	1.58

数据来源:世界银行全球治理指标。

附表 10.4　20 国全球治理指标“法规质量”(1996—2018)

国家	1996	1998	2000	2002	2003	2004	2005	2006	2007	2008	2009	2010	2011	2012	2013	2014	2015	2016	2017	2018
阿根廷	0.52	0.57	0.26	−0.92	−0.71	−0.71	−0.55	−0.64	−0.67	−0.74	−0.85	−0.76	−0.72	−0.93	−0.96	−1.07	−0.91	−0.47	−0.29	−0.24
澳大利亚	1.37	1.49	1.64	1.47	1.61	1.72	1.60	1.62	1.68	1.77	1.82	1.70	1.86	1.79	1.80	1.86	1.79	1.90	1.93	1.93
巴西	0.30	0.36	0.36	0.30	0.31	0.03	0.04	−0.03	−0.03	0.05	0.10	0.15	0.17	0.09	0.07	−0.08	−0.19	−0.21	−0.11	−0.31
加拿大	1.49	1.60	1.52	1.58	1.56	1.63	1.57	1.56	1.61	1.65	1.70	1.70	1.69	1.71	1.74	1.85	1.72	1.74	1.89	1.67
中国	−0.27	−0.30	−0.34	−0.51	−0.33	−0.31	−0.15	−0.20	−0.17	−0.15	−0.22	−0.23	−0.22	−0.24	−0.29	−0.28	−0.29	−0.26	−0.15	−0.14
法国	1.05	0.87	0.96	1.02	1.25	1.23	1.25	1.24	1.29	1.28	1.22	1.31	1.16	1.13	1.16	1.08	1.13	1.07	1.16	1.17
德国	1.48	1.29	1.51	1.56	1.53	1.48	1.52	1.57	1.62	1.49	1.52	1.57	1.55	1.54	1.55	1.70	1.72	1.82	1.78	1.75
印度	−0.55	−0.46	−0.16	−0.35	−0.35	−0.43	−0.29	−0.28	−0.30	−0.39	−0.33	−0.38	−0.34	−0.47	−0.47	−0.45	−0.39	−0.31	−0.25	−0.18
印度尼西亚	−0.05	−0.34	−0.21	−0.64	−0.80	−0.70	−0.63	−0.38	−0.34	−0.35	−0.36	−0.42	−0.35	−0.28	−0.20	−0.11	−0.22	−0.12	−0.11	−0.07
意大利	0.86	0.75	0.83	0.94	1.08	1.09	1.00	0.98	0.94	0.97	0.97	0.90	0.72	0.75	0.78	0.64	0.73	0.71	0.70	0.67
日本	0.77	0.59	0.84	0.53	1.10	1.14	1.26	1.26	1.13	1.13	1.10	1.02	1.08	1.14	1.12	1.14	1.22	1.43	1.37	1.33
韩国	0.45	0.28	0.60	0.82	0.77	0.80	0.82	0.75	0.90	0.73	0.84	0.93	0.99	0.89	0.99	1.11	1.11	1.11	1.11	1.09
墨西哥	0.13	0.21	0.25	0.45	0.36	0.43	0.19	0.38	0.39	0.34	0.22	0.25	0.28	0.48	0.47	0.43	0.36	0.29	0.20	0.15
波兰	0.72	0.72	0.75	0.77	0.74	0.82	0.83	0.73	0.77	0.83	0.95	0.98	0.93	0.96	1.05	1.05	1.00	0.95	0.88	0.88
俄罗斯	−0.43	−0.51	−0.58	−0.24	−0.15	−0.12	−0.13	−0.40	−0.30	−0.39	−0.34	−0.35	−0.35	−0.34	−0.35	−0.39	−0.52	−0.42	−0.48	−0.54
沙特	−0.31	−0.27	−0.10	−0.05	0.11	0.05	0.11	−0.04	0.02	0.12	0.16	0.16	0.03	0.10	0.08	0.00	0.03	0.08	0.00	−0.05
南非	0.52	0.33	0.44	0.66	0.80	0.66	0.70	0.68	0.49	0.50	0.41	0.36	0.41	0.38	0.42	0.29	0.28	0.21	0.23	0.17
土耳其	0.10	0.50	0.35	0.10	0.04	0.06	0.28	0.29	0.32	0.26	0.28	0.30	0.37	0.42	0.43	0.40	0.27	0.20	0.04	−0.05
英国	2.02	2.05	1.87	1.76	1.68	1.74	1.61	1.84	1.87	1.79	1.58	1.73	1.66	1.65	1.77	1.83	1.85	1.76	1.71	1.76
美国	1.59	1.67	1.76	1.60	1.60	1.57	1.61	1.64	1.49	1.53	1.40	1.45	1.46	1.30	1.27	1.28	1.26	1.50	1.63	1.58

数据来源:世界银行全球治理指标。

附表 10.5　20 国全球治理指标"法治程度"(1996—2018)

国家	1996	1998	2000	2002	2003	2004	2005	2006	2007	2008	2009	2010	2011	2012	2013	2014	2015	2016	2017	2018
阿根廷	0.52	0.57	0.26	−0.92	−0.71	−0.71	−0.55	−0.64	−0.67	−0.74	−0.85	−0.76	−0.72	−0.93	−0.96	−1.07	−0.91	−0.47	−0.29	−0.24
澳大利亚	1.37	1.49	1.64	1.47	1.61	1.72	1.60	1.62	1.68	1.77	1.82	1.70	1.86	1.79	1.80	1.86	1.79	1.90	1.93	1.93
巴西	0.30	0.36	0.36	0.30	0.31	0.03	0.04	−0.03	−0.03	0.05	0.10	0.15	0.17	0.09	0.07	−0.08	−0.19	−0.21	−0.11	−0.31
加拿大	1.49	1.60	1.52	1.58	1.56	1.63	1.57	1.56	1.61	1.65	1.70	1.70	1.69	1.71	1.74	1.85	1.72	1.74	1.89	1.67
中国	−0.27	−0.30	−0.34	−0.51	−0.33	−0.31	−0.15	−0.20	−0.17	−0.15	−0.22	−0.23	−0.22	−0.24	−0.29	−0.28	−0.29	−0.26	−0.15	−0.14
法国	1.05	0.87	0.96	1.02	1.25	1.23	1.25	1.24	1.29	1.28	1.22	1.31	1.16	1.13	1.16	1.08	1.13	1.07	1.16	1.17
德国	1.48	1.29	1.51	1.56	1.53	1.48	1.52	1.57	1.62	1.49	1.52	1.57	1.55	1.54	1.55	1.70	1.72	1.82	1.78	1.75
印度	−0.55	−0.46	−0.16	−0.35	−0.35	−0.43	−0.29	−0.28	−0.30	−0.39	−0.33	−0.38	−0.34	−0.47	−0.47	−0.45	−0.39	−0.31	−0.25	−0.18
印度尼西亚	−0.05	−0.34	−0.21	−0.64	−0.80	−0.70	−0.63	−0.38	−0.34	−0.35	−0.36	−0.42	−0.35	−0.28	−0.20	−0.11	−0.22	−0.12	−0.11	−0.07
意大利	0.86	0.75	0.83	0.94	1.08	1.09	1.00	0.98	0.94	0.97	0.97	0.90	0.72	0.75	0.78	0.64	0.73	0.71	0.70	0.67
日本	0.77	0.59	0.84	0.53	1.10	1.14	1.26	1.26	1.13	1.13	1.10	1.02	1.08	1.14	1.12	1.14	1.22	1.43	1.37	1.33
韩国	0.45	0.28	0.60	0.82	0.77	0.80	0.82	0.75	0.90	0.73	0.84	0.93	0.99	0.89	0.99	1.11	1.11	1.11	1.11	1.09
墨西哥	0.13	0.21	0.25	0.45	0.36	0.43	0.19	0.38	0.39	0.34	0.22	0.25	0.28	0.48	0.47	0.43	0.36	0.29	0.20	0.15
波兰	0.72	0.72	0.75	0.77	0.74	0.82	0.83	0.73	0.77	0.83	0.95	0.98	0.93	0.96	1.05	1.05	1.00	0.95	0.88	0.88
俄罗斯	−0.43	−0.51	−0.58	−0.24	−0.15	−0.12	−0.13	−0.40	−0.30	−0.39	−0.34	−0.35	−0.35	−0.34	−0.35	−0.39	−0.52	−0.42	−0.48	−0.54
沙特	−0.31	−0.27	−0.10	−0.05	0.11	0.05	0.11	−0.04	0.02	0.12	0.16	0.16	0.03	0.10	0.08	0.00	0.03	0.08	0.00	−0.05
南非	0.52	0.33	0.44	0.66	0.80	0.66	0.70	0.68	0.49	0.50	0.41	0.36	0.41	0.38	0.42	0.29	0.28	0.21	0.23	0.17
土耳其	0.10	0.50	0.35	0.10	0.04	0.06	0.28	0.29	0.32	0.26	0.28	0.30	0.37	0.42	0.43	0.40	0.27	0.20	0.04	−0.05
英国	1.59	1.67	1.76	1.60	1.60	1.57	1.61	1.64	1.49	1.53	1.40	1.45	1.46	1.30	1.27	1.28	1.26	1.50	1.63	1.58
美国	2.02	2.05	1.87	1.76	1.68	1.74	1.61	1.84	1.87	1.79	1.58	1.73	1.66	1.65	1.77	1.83	1.85	1.76	1.71	1.76

数据来源：世界银行全球治理指标。

附表 10.6　20 国全球治理指标“腐败控制”(1996—2018)

国家	1996	1998	2000	2002	2003	2004	2005	2006	2007	2008	2009	2010	2011	2012	2013	2014	2015	2016	2017	2018
阿根廷	−0.10	−0.11	−0.19	−0.47	−0.48	−0.42	−0.39	−0.34	−0.34	−0.44	−0.44	−0.36	−0.37	−0.44	−0.43	−0.54	−0.55	−0.28	−0.26	−0.08
澳大利亚	1.88	1.85	1.92	1.81	1.95	2.03	1.95	1.96	2.01	2.04	2.05	2.03	2.04	1.99	1.79	1.85	1.88	1.82	1.80	1.81
巴西	−0.02	0.08	0.04	0.08	0.09	0.02	−0.14	−0.11	−0.08	0.01	−0.07	0.05	0.17	−0.04	−0.08	−0.34	−0.40	−0.38	−0.53	−0.42
加拿大	2.03	2.09	2.12	2.03	1.99	1.83	1.88	1.96	2.00	2.00	2.06	2.07	1.98	1.93	1.89	1.84	1.89	1.99	1.92	1.87
中国	−0.27	−0.27	−0.22	−0.52	−0.36	−0.56	−0.61	−0.51	−0.59	−0.52	−0.51	−0.56	−0.51	−0.44	−0.36	−0.34	−0.28	−0.25	−0.27	−0.27
法国	1.25	1.39	1.37	1.23	1.35	1.33	1.37	1.46	1.46	1.41	1.44	1.47	1.53	1.46	1.33	1.31	1.31	1.40	1.26	1.32
德国	1.91	2.05	1.86	1.94	1.93	1.86	1.89	1.80	1.74	1.76	1.76	1.78	1.74	1.83	1.81	1.84	1.84	1.84	1.84	1.95
印度	−0.38	−0.25	−0.35	−0.52	−0.42	−0.41	−0.36	−0.28	−0.40	−0.34	−0.45	−0.47	−0.54	−0.51	−0.52	−0.43	−0.35	−0.28	−0.24	−0.19
印度尼西亚	−0.86	−1.18	−0.92	−1.14	−0.97	−0.93	−0.88	−0.84	−0.62	−0.59	−0.84	−0.75	−0.70	−0.64	−0.61	−0.56	−0.46	−0.40	−0.25	−0.25
意大利	0.41	0.52	0.73	0.55	0.51	0.38	0.41	0.48	0.34	0.27	0.20	0.13	0.18	0.07	0.05	−0.03	0.02	0.08	0.19	0.24
日本	1.19	1.10	1.27	0.97	1.21	1.22	1.22	1.33	1.24	1.34	1.38	1.56	1.56	1.63	1.66	1.69	1.57	1.52	1.52	1.42
韩国	0.38	0.35	0.32	0.50	0.56	0.39	0.62	0.35	0.60	0.47	0.54	0.47	0.53	0.54	0.61	0.55	0.37	0.46	0.48	0.60
墨西哥	−0.51	−0.45	−0.25	−0.18	−0.17	−0.30	−0.27	−0.26	−0.27	−0.24	−0.30	−0.36	−0.40	−0.41	−0.51	−0.76	−0.77	−0.72	−0.93	−0.86
波兰	0.71	0.82	0.71	0.40	0.42	0.14	0.27	0.27	0.30	0.46	0.45	0.50	0.56	0.66	0.60	0.64	0.67	0.74	0.72	0.64
俄罗斯	−1.05	−0.98	−1.00	−0.93	−0.76	−0.80	−0.82	−0.91	−1.01	−1.11	−1.13	−1.09	−1.07	−1.04	−1.01	−0.92	−0.95	−0.82	−0.89	−0.85
沙特	−0.16	−0.25	−0.19	0.20	−0.15	−0.29	−0.10	−0.19	−0.17	−0.01	−0.02	0.04	−0.31	−0.04	−0.02	0.09	0.05	0.23	0.36	0.36
南非	0.73	0.67	0.63	0.35	0.35	0.46	0.57	0.45	0.25	0.21	0.18	0.13	0.06	−0.12	−0.07	−0.06	0.03	0.12	−0.02	−0.02
土耳其	−0.15	−0.30	−0.20	−0.52	−0.18	−0.18	−0.03	0.03	0.11	0.11	0.09	0.03	0.04	0.16	0.09	−0.15	−0.15	−0.19	−0.19	−0.34
英国	1.98	2.11	2.14	2.06	2.04	1.93	1.90	1.79	1.74	1.68	1.63	1.60	1.62	1.67	1.70	1.74	1.88	1.90	1.84	1.83
美国	1.57	1.60	1.66	1.92	1.76	1.83	1.55	1.35	1.39	1.45	1.29	1.27	1.27	1.41	1.31	1.38	1.40	1.37	1.38	1.32

数据来源:世界银行全球治理指标。